中国高校艺术专业技能与实践系列教材

国家产品艺术设计高水平专业群系列教材

品牌包装项目实战教程

PINPAI BAOZHUANG XIANGMU SHIZHAN JIAOCHENG

桂元龙◆总主编

路玲娟 梅竞放◆编 著

人民美術出版社

北京

图书在版编目（CIP）数据

品牌包装项目实战教程 / 桂元龙总主编 ; 路玲娟, 梅竞放编著. -- 北京 : 人民美术出版社, 2024. 9.
(中国高校艺术专业技能与实践系列教材) (国家产品艺术设计高水平专业群系列教材). -- ISBN 978-7-102-09383-3
Ⅰ. TB482
中国国家版本馆CIP数据核字第20246K8R41号

中国高校艺术专业技能与实践系列教材
ZHONGGUO GAOXIAO YISHU ZHUANYE JINENG YU SHIJIAN XILIE JIAOCAI
国家产品艺术设计高水平专业群系列教材
GUOJIA CHANPIN YISHU SHEJI GAO SHUIPING ZHUANYEQUN XILIE JIAOCAI

品牌包装项目实战教程
PINPAI BAOZHUANG XIANGMU SHIZHAN JIAOCHENG

编辑出版　人民美術出版社
（北京市朝阳区东三环南路甲3号　邮编：100022）
http://www.renmei.com.cn
发行部：（010）67517611
网购部：（010）67517604

总 主 编　桂元龙
编　　著　路玲娟　梅竞放
策划编辑　教富斌
责任编辑　李春立
装帧设计　翟英东
责任校对　姜栋栋
责任印制　胡雨竹
制　　版　人民美术出版社印制设计部
印　　刷　天津裕同印刷有限公司
经　　销　全国新华书店

开　本：889mm×1194mm　1/16
印　张：14.25
字　数：190千
版　次：2024年9月　第1版
印　次：2024年9月　第1次印刷
ISBN 978-7-102-09383-3
定　价：89.00元

序言
FOREWORD

喜闻桂元龙教授主编“国家产品艺术设计高水平专业群系列教材”即将付梓，欣喜之。

常记得著名美学家朱光潜先生的座右铭：“此身、此时、此地。”朱老先生对这句话的解读，朴素且实在：凡是此身应该做且能够做的事情，绝不推诿给别人；凡是此刻做且能做的事情，便不推延到将来；凡是此地应该做且能够做的事，不要等未来某一个更好的环境再去做。在当代高职教育人的身上，我亦深深感受到了这样的勤勉与担当。作为与中华人民共和国一同成长起来的新时代职教人，于教材创新这件事，他们觉得能做、应该做、应该现在做。于是，我们迎来了桂元龙教授主编的“国家产品艺术设计高水平专业群系列教材”。

情怀和梦想之所以充满诗意，往往因为它们总是时代的一个个注脚，不经意就照亮了人间前程。中华人民共和国的高职教育，历经改革开放 40 多年的发展，在新时代的伊始，亦明晰了属于自己的诗和远方。“双高”计划的出台，其意义不仅仅是点明了现代高职教育高质量发展的道路，更是几代人“大国工匠”的梦想一点点地照进现实的写照。

时光迈入新世纪第二个十年，《国家职业教育改革实施方案》《关于实施中国特色高水平高职学校和专业建设计划的意见》等政策文件的发布，吹响了中国现代职业教育再攀高峰的号角。广东轻工职业技术学院作为粤港澳大湾区内历史最悠久、专业（群）门类最齐全、全面服务产业转型升级的国家示范性高职院校，亦在 2019 年成功申报为国家“双高”职校，艺术设计学院产品艺术设计专业群成功申报为国家“双高”专业群，更是可喜可贺！“国家产品艺术设计高水平专业群系列教材”诞生在这样的背景下，于我看来，这是对我们近 40 年中国特色高等职业教育最好的献礼。

教材是教学之本，教育活动中，各专业领域的知识与技术成果最终都将反映在教材上，并以此作为媒介向学生传播。由此观之，作为国家“三教改革”重点领域之一的教材，其重要性不言而喻。依据什么原则筛选放入教材内容、应该把什么样的内容放入教材、在教材中如何组织内容，这是现代高等职业教育教材编制的经典三问。而“国家产品艺术设计高水平专业群系列教材”则用“项目化”“模块化”“立体化”三个词，完美回答了这一系列灵魂拷问。在高质量发展成为当代高等职业教育生命线的当下，“引领改革、支撑发展、中国标准、世界一流”成为广东轻工艺术设计高职教育者的新追求。以桂元龙教授为总主编的编写团队秉持这一理念和追求，率先编写和使用这样一套高水平教材，作为他们对现代高等职业教育的思考和实践，无疑是走在了中国特色高等艺术设计职业教育的最前沿。

这种思考和实践，无论此身、此时、此地，于这个时代而言，都恰到好处！

是为序。

中国工业设计协会秘书长
浙江大学教授、博士生导师
应放天
2022 年 7 月 20 日于生态设计小镇

前 言
PREFACE

近年来，随着现代商业、物流产业的快速发展，包装行业在全球范围持续、稳定增长。由于商业竞争日益激烈，企业为保持品牌年轻化，加强品牌形象重塑，把产品包装作为品牌与消费者直接沟通的信息载体。品牌产品包装设计促进了产品的商品化，在不断满足人们高质量、高品质生活需要的同时，传播品牌文化，营造紧跟时尚的生活美学氛围，对人才培养提出了更高要求。

通过调查发现，许多学生在拿到教材后，往往只是翻阅几下便将其束之高阁。这不仅让我们感到惋惜，也引发了我们的深思：什么样的教材才能真正对学生有用，能够被他们接受？随着申报的“‘文创 +’时代产教融合视域下艺术设计院校三教改革路径研究”获得教育部人文社科立项（项目批准号：21YJA880043），我便想通过研究好好编写一本教材，解决一些问题。

2023 年，我参加了全国包装设计大会，在聆听几十位知名设计师演讲的过程中，找到了那些能够激发学生灵感、提升设计能力、产生社会责任感的优秀包装设计作品。这些作品不仅具有商业价值，更蕴含着对消费者的情感关怀、对环境的爱护以及对传统文化的传承。这些深刻的内涵，正是我希望在教材中传递给学生的。会后，我专程赶赴杭州，拜访了杭州东韵广告有限公司的设计总监梅竞放先生。在深入交谈中发现，他不仅包装设计做得优秀，还是一个有情怀、有社会责任感的设计专家。他表示能帮助到设计专业学生的成长、成材是一件功德无限、有福报的事情，他愿意大力支持。

教材编写的思路如下。

1. 系统构建项目化教学内容

《品牌包装设计实战教程》立足品牌形象塑造，通过恰当的产品包装设计，提升品牌价值。按照品牌包装设计项目准备、品牌包装设计项目实训、品牌包装设计发展趋势与获奖作品赏析组织教材内容。品牌包装设计实训项目模块安排了设计案例分析、知识点、项目实训，帮助学生循序渐进，边学边练，用系统思维开展品牌包装设计项目任务，解决包装产业链、市场流通环节与设计教育链之间的复杂关系。帮助学生学会在商品流通环节中开展市场调研、设计定位、创意设计。在了解消费者心理需求的基础上开展品牌产品包装的造型结构设计、品牌形象设计、材料设计、视觉创意设计、色彩印刷材料管理，使产品包装更好地保护商品、传播品牌文化、关注消费者使用体验、彰显品牌调性、促进商品销售，推动品牌的可持续发展。

2. 加强产教融合，校企合作开发教材

为了保障学生专业能力符合包装设计师的能力要求，加强与包装生产企业、包装设计公司、印刷公司的沟通与交流，使教材的内容与企业对人才的需求相匹配。教材编写得到了杭州东韵广告策划有限公司、深圳卓上品牌设计顾问有限公司、上海菲世文化传播有限公司、星光集团（苏州）有限公司、雅昌文化（集团）有限公司等企业的大力支持。在课程内容体系厘定、包装设计项目遴选、项目实践任务的设计等方面，企业设计专家、印刷工艺大师、包装材料设计师都为教材的编写提出了许多建设性意见，使本教材的内容体系以真实项目为载体，以项目工作流程为驱动，集创新、科技、市场、消费心理于一体，提升学习者明言知识、意会知识、与实践融合的能力。

3. 以岗定需，以赛促教，开发适用教材

我们根据品牌包装设计师职业岗位专业能力，以及全国职业技能大赛包装设计师赛项所需的知识、技能、包装设计项目实践流程，研发了这套具有针对性的教材。以品牌包装设计实践任务为驱动，遵循“实用、创新、环保、高效”的原则，培养学生根据调研信息，确定产品包装设计定位与概念、包装设计策略、包装成本控制、包装艺术设计等综合职业能力。教材内容与在线精品资源课程内容互补，各类包装设计大赛真题实做项目训练，帮助学生树立设计为民的服务意识、包装创新意识、环保意识、质量意识、安全意识，培养良好的职业道德和职业素养等，使学生在实际操作中感知、体验、实践，从而提高他们的综合能力。同时，注重教材的实用性和前瞻性，结合行业发展趋势，融入最新技术，使学生能够学以致用，适应未来职场需求。

4. 潜移默化融入课程思政元素，传播真、善、美

包装既能保护商品、传播商品信息，成为品牌与消费者沟通的桥梁，又能给消费者提供良好的使用体验。赏心悦目的包装视觉艺术，能传达出设计师、品牌对人性的关爱。因此，本教材遴选的包装设计项目案例，从满足消费者精神文化的需求、温暖情感的渴望、美好生活的追求出发，通过学生对案例的学习与项目实践，将真、善、美的思想内化于心，外化于包装设计实践，在学习中潜移默化陶冶道德情操，在保持职业道德底线的同时，树立设计服务人民的职业理念。从包装设计能反馈设计师的格局与人品，希望学生的包装设计作品能传达出对生活环境的感恩与保护，对弱势群体的真切关怀，不断满足人们对消费美学与更高生活品质的需求。

本教材在编写过程中，得到了相关设计知识产权所有企业的大力支持，同时，也得到了广告艺术设计专业教学团队同仁和同学们的大力支持，在此深表感谢！非常感恩！因为你们的大格局，为艺术设计人才的培养支撑起了一片蓝天。

在教材编写过程中，有些包装设计作品由于诸多因素没能联系到原作者，如涉及版权等问题，恳请相关作者及时与我们联系、商榷。感谢大家的理解！

路玲娟

2024 年 6 月

课程计划
CURRICULAR PLAN

章名	章节内容	课时
模块一 品牌包装设计项目准备	第一节　包装的发展历程	6
	第二节　品牌包装的内涵	
	第三节　包装设计与品牌竞争	
	第四节　品牌包装设计流程	
模块二 品牌包装设计项目实训 （根据具体课时，选择训练项目）	第一节　绿色赋能，助力乡村振兴的包装设计	26
	第二节　品类开发，重塑品牌的包装设计	26
	第三节　文化传承，传播中华文明的包装设计	26
	第四节　国际交流，推动设计对话的包装设计	26
模块三 品牌包装设计发展 趋势与获奖作品赏析	第一节　新消费时代品牌包装设计发展趋势	6
	第二节　国内外获奖包装设计作品赏析	

目　录
CONTENTS

模块一　品牌包装设计项目准备

第一节　包装的发展历程

第二节　品牌包装的内涵

第三节　包装设计与品牌竞争

第四节　品牌包装设计流程

模块一　品牌包装设计项目准备

模块概述

本模块包含四节内容：第一节为包装的发展历程，主要阐述与分析包装发展的四个阶段，学生通过了解包装的发展，深谙包装产生的必然性，领悟包装与不同历史时期的社会经济、商业文化、科技发展、消费心理之间的内在关系；第二节为品牌包装的内涵，通过对包装的概念、分类、功能与品牌包装的内涵的阐述，帮助学生进一步明确品牌包装的学理概念与行业定位；第三节为包装设计与品牌竞争，帮助学生了解品牌包装设计的原则，以及如何通过品牌优势差异化设计提高品牌竞争力；第四节为品牌包装设计流程，帮助学生了解品牌包装设计的全流程及其具体内容。

第一节　包装的发展历程

包装的发展历程从某种意义上讲，反映了人类商业文明发展的历史。从古代自然经济社会到现代繁荣的商品经济社会，在人类文明进化历程中，每次社会变革，新材料、新技术的发明，生产力的提高以及人们生活方式的进步，都会对包装的功能和形态产生很大影响。包装设计的发展与演变过程能清晰地反映出人类文明进步的足迹。18 世纪 60 年代的西方工业革命，通常被视为传统包装和现代包装的分水岭：之前为传统包装时期，根据生产力不同分为原始包装时期和手工业包装时期；之后现代包装时期分为工业包装时期和信息包装时期。

一、传统包装时期

(一)原始包装时期

在人类没有产生之时，自然界就存在天然包装。天然包装是大自然对地球生物的呵护，使它们生来就自带保护装置，以应对多变的自然环境，如坚果种子从外层果皮、果肉到里面坚硬的果核，层层保护，即使种子经由食物链后，也能在合适的条件下破土而出。原始人类使用的包装，可以追溯到距今 1 万年左右的原始社会后期，那时生产力落后，工具原始，不具备大规模制造的能力。原始人类首先从大自然中采集藤条、植物叶片、兽皮等做成人体的包装。随着工具的制造与使用，生产力逐渐提升，在长期的生产生活过程中，原始人类因地制宜，从身边的自然环境中发现并使用许多天然材料，用于日常剩余产品的包裹与存储，如使用藤蔓捆扎猎物，使用植物的叶、贝壳、兽皮等包裹、盛装物品，这是原始时期的包装原型。

随着时代的变迁，人们在生产劳动过程中，从使用天然的包装材料逐渐演进到使用人造器皿来储运物品，如用植物纤维等制作最原始的篮、筐，用火煅烧石头形成容器，制作泥坯烧制陶壶、陶碗、陶罐等，用来盛装和保存食物、水和其他物品，产生了早期的包装容器概念。其中陶器的发明是包装历程的第一次飞跃，创造了坚固耐用、造型丰富、

图 1-1-1　锯齿菱格纹彩陶罐　新石器时代

图 1-1-2　白陶鬶　新石器时代

表面装饰美观的陶器，满足人们日常实用和精神审美需求（图 1-1-1、图 1-1-2）。

包装容器用材的合理性和制作的巧妙性，充分体现了古人在包装中所追求的美与用的统一，对于今天的包装设计仍然具有很大的启迪和借鉴作用。当然，从现今对包装概念的理解来看，原始时期的容器已经具备了包装的盛放、存储、运输等基本功能，但它并不能称为真正意义上的包装。

（二）手工业包装时期

手工业时期，生产力和生产技术不断进步，社会分工日趋细化，用于交换的商品大量出现，社会对包装除了有保护、储运商品的功能需求，还有招揽顾客促进商品销售的功能需求，这些需求促进了包装工艺技术的大发展，如青铜、金、银、铁等金属材料的使用及其铸造工艺的发展，促进了这一时期的金属盛装器的造型多样性，纹饰繁复精美，不仅兼具盛放、储运的功能，而且赋予了包装审美特性及精神内涵，其中青铜器的发明是包装发展历程的第二次飞跃（图 1-1-3、图 1-1-4）。具有防

图 1-1-3　青铜器　商代

图 1-1-4　青铜器　商代

图 1-1-5　双层九子漆奁　西汉

水、耐腐特性的天然漆的使用，使漆装饰工艺得到发展。漆器胎薄、体轻、坚固、质美的特点，成为最受欢迎的包装物之一。漆器包装形式除了单盒，还出现了现代套装产品包装形式的雏形——双层九子漆奁（图 1-1-5）。漆奁沿口镶包金银片，既起到加固作用，又显得华美、富丽。

纸包装材料的出现是包装发展历程的第三次飞跃。东汉时期蔡伦发明了造纸术，纸逐渐替代了以往成本昂贵的绢、锦，成为广泛使用的包装材料。纸在商业活动中被大量运用到茶叶、食品、中药等物品的包装中。随着印刷技术的应用，纸包装的信息传播功能得以增强，如北宋印有促销性广告文字的刘家功夫针铺包装纸可见一斑（图 1-1-6）。另外，纸作为包装材料在不断改进，如加染料制成的有色包装纸，加蜡制成的防油、防潮的包装纸等。

图 1-1-6　刘家功夫针铺包装纸　北宋

手工业时期的包装主要由手工匠人集聚的作坊生产，由于依靠手工制作完成，因此制约了生产能力，但在包装材料和加工工艺方面，逐渐形成了各自的风格与特点，代表了这个时期的科技水平。这个时期开始出现具有商业功能的包装，可以说是现代包装的前身。

二、现代包装时期

（一）工业包装时期

到了工业革命时期，随着生产力大幅提升，商品经济的繁荣促进包装在运输和销售环节中的作用越发明显，包装产业也随之快速发展，产业链逐步完善，现代包装概念开始形成。技术的进步使得包装材料从天然材料扩展到人工材料，塑料、玻璃、复合材料的出现极大地丰富了包装方式，同时防水、防火、抗压、防伪等新型纸张扩增了纸质包装的功能与适用范围。新型黏结剂、真空包装技术、智能包装等新技术带来了加工工艺的革命。

工业革命造成了人们生产、生活、消费方式乃至审美观念的变化，社会开始步入消费时代，这成为 20 世纪末至今全球经济甚至社会文化的重要特征。随着商品从卖方市场向买方市场的转变，市场竞争因产能过剩而不断加剧，商品包装成为无声销售员，成为市场经济下品牌商品竞争的利器。仓储式超级市场营销模式的普及，使品牌商品竞争转化为品牌包装的竞争。

在日益成熟的品牌意识下，企业更加注重包装在营销中与广告公关等其他营销活动的协同作战。品牌商品系列化、规范化、个性化的包装设计是现代企业参与市场竞争的必要手段，它不仅高效率地传达商品信息，而且成为企业品牌形象的重要组成部分。品牌策略指导下的包装设计已不再是完成一件独立的包装设计，而是更为重视与品牌战略之间的关系。

（二）信息包装时期

随着计算机信息技术的快速发展，市场消费能力不断升级，扁平化、快节奏社会生活使经济进入快速消费时代。网络信息技术的快速发展、物联网的进步，改变了人们的生活方式、商业模式，也影响着包装行业产业链的发展。产品包装逐渐走向高端化，智能包装开始走进人们的视野，人们可以融入不少的创新思维，加入更多的机械、电气、电子和化学性能等新技术，使其既具有通用的包装功能，又具有一些特殊的性能，以满足商品的特殊要求和特殊的环境条件，如智能药品包装设计，只需按动按钮就能取出准确用量的药物。另外，新的商业运营模式随着互联网电商平台、抖音直播平台等的普遍运用，在物联网的支持下，逐渐成为新的主流，包装也从“售前包装”逐渐转变为“售后包装”，同时出现虚拟包装与物质形态包装的孪生——虚拟包装传递更多商品信息，而物质包装更加注重保护功能与消费者使用体验。人们通过在线产品包装信息，既能下单完成购买行为，又能通过扫描产品包装上的二维码，追溯产品的原料生产状态。包装不仅是静态的物质呈现，还能动态反映所包装产品生命周期的环境变化、产品故事等。与此同时，品牌战略得到企业进一步的重视，各品牌产品包装更新升级频率加快，包装朝着“懂消费者的好伙伴”方向努力（图 1-1-7）。总之，在信息时代背景下，新观念、新理念，以及新媒介、新材料和新技术的层出不穷，使包装这个传统媒介面临前所未有的发展机遇与挑战。

图 1-1-7　花西子包装　帕特广告

第二节 品牌包装的内涵

一、包装的概念

包装是伴随产品商品化，从生产车间走向市场流通各环节的重要组成部分，起着保护产品、传递商品信息、吸引消费受众、增加产品附加值以及提高品牌流量的作用。包装设计是产品品牌塑造的途径之一，是产品品牌传播成功与否的重要因素。激烈的市场竞争不但推动了产品与消费的发展，还推动了产品品牌战略升级，包装设计在其中的作用日益重要。

《辞海》中，“包”有包藏、包裹、收纳的含义，“装”既可以理解为装、藏，又可以理解为装扮、美化。前者重在技术、物质层面，强调包装的功能性；后者重在艺术、文化层面，强调包装的情感性；“包装”同时具有名词和动词两种词性：名词指包装物，是盛装商品的容器和辅助物（图1-2-1）；动词指包装行为与过程，是实施盛装、封缄、包扎等技术活动。

图 1-2-1 普洱茶包装 凯毅

我国国家标准 GB/T 4122.1—2008 中规定包装的定义：“为在流通过程中保护产品、方便储运、促进销售，按一定技术方法而采用的容器、材料及辅助物等的总体名称。也指为达到上述目的而采用容器、材料和辅助物的过程中施加一定技术方法等的操作活动。”在不同国家和地区文化背景之下，包装的概念有一定差异，但总体来说，包装概念中都包含收纳、保护、美化、传播的属性。

包装的概念随着时代的发展也是不断变化的。围绕商品信息传达和形象塑造进行的推广策划、设计与发布活动，都可能被看成对商品的包装，这里的包装明显是动词词性。例如，对商品形态、品牌形象的设计与推广，对商品促销活动的策划与实施，如品牌的包装、栏目的包装、明星的包装、企业的包装等。随着社会文明的不断发展，包装的概念还会得到进一步的延展，而本书中的包装是指包装的名词性，特指商品的有形包装物。

包装设计是产品设计的外延，是将产品转化为商品的一种手段，是有目的地对包装的结构、形态和视觉传达的设计活动。根据产品营销、品牌塑造对包装的要求，通过分析市场、目标消费群心理，采用合适的设计策略，使包装成为产品与消费者的沟通纽带。通过对产品进行定位设计，从选择合适的包装材料、开展包装容器造型、包装结构设计到商品信息视觉传达艺术设计、印刷工艺规划、印前文件制作、打样、测试等，既要呈现包装的物质形态，又要设计包装在生产、销售、消费使用等环节的开合、展陈方式，是综合性强且跨多学科专业知识技能的设计活动。包装设计既要综合运用造型艺术设计、平面构成、立体构成、文字设计、色彩构成、插图设计、摄影技术、材料学、印刷工艺等专业知识，又要运用图形图像软件、人工智能技术辅助包装设计、三维建模与 3D 打印技术辅助设计打样等。包装设计是和市场流通结合最紧密的设计，设计的成败完全由市场来检验，所以营销学、市场经济学、品牌策划、消费心理，始终贯穿在包装设计过程中，同时需要系统考虑包装生命周期内，包装设计的可持续生态发展问题。

二、包装的分类与功能

（一）包装的分类

商品种类繁多，形态各异，其功能侧重点也各不相同。了解包装的分类是开展包装设计工作的前提。通常人们习惯把包装分为两大类，即运输包装和销售包装。运输包装也称工业包装，它通常不与消费者直接见面，主要用于商品的运输，是以保护商品为主要目的的包装。这种类型的包装设计注重商品在搬运、陆运、海运以及空运过程中的保护性，同时可以控制商品在流通过程中储运成品的合理化程度。销售包装称为商业包装或消费包装，是与消费者直接接触的包装。它的目的是引起消费者的注意，激发消费购买欲，在消费者购买、携带、使用过程中，起到对商品的保护与品牌宣传作用，在生产者、商家、消费者之间起到纽带和桥梁作用。包装通常还会按以下方式进行专项分类。

1.按包装用途分类

包装按用途可分为通用包装、专用包装、礼品包装、快消品包装、特殊用品包装、复用包装、集装运输包装、快递包装等，图 1-2-2 所示为运输包装，图 1-2-3 所示为商品销售包装。

2.按包装材料分类

包装按材料可分为木箱包装、玻璃包装、纸质包装、塑料类包装、金属包装、陶瓷包装等。如图 1-2-4 至图 1-2-6 所示，分别为玻璃包装、纸质

图 1-2-2　运输包装

图 1-2-3　商品销售包装

图 1-2-4　玻璃包装

图 1-2-5　纸质包装

图 1-2-6　金属包装

包装和金属包装。

3.按包装的商品内容分类

包装按商品内容可分为食品包装、药品包装、酒类包装、饮料包装、家纺制品包装、五金产品包装、电子产品包装、危险品包装、蔬菜瓜果包装、花卉包装和工艺品包装等。图 1-2-7 至图 1-2-9 所示分别为蜂蜜包装、休闲食品包装和酒包装。

4.按包装工艺技术分类

包装按工艺技术可分为防水包装、一般包装、缓冲包装、防潮包装、充气包装、吸塑包装、喷雾包装、真空包装和压缩包装等。图 1-2-10 至图 1-2-12 所示分别为喷雾包装、注塑包装和真空包装。

5.按包装的商品销售方式和区域分类

包装按商品销售方式可分为经济包装、促销包装、线上销售包装等；按区域可分为内销包装、外销包装。

6.按包装的设计风格分类

包装按设计风格可分为传统包装、现代包装、简约包装、卡通包装、民族风包装、叙事性包装等。

图 1-2-7　蜂蜜包装

图 1-2-8　休闲食品包装

图 1-2-9　酒包装

图 1-2-10　喷雾包装

图 1-2-11　注塑包装

图 1-2-12　真空包装

7.按包装的形态和结构分类

包装按形态可分为袋、盒、箱、包、瓶、罐、碗等，按结构可分为开窗结构、吊挂结构、便携结构、易开结构、组合结构、POP 结构等。

（二）包装的功能

包装如同商品的外衣，是实用性与精神性的完美统一。实用功能主要是指包装对商品在流通过程中的保护、运输、防伪、便利、环保等，精神功能主要是指对商品的宣传、促销、美化等。

1.保护功能

保护功能是指包装能使商品在各环节流通中保持良好品质，这是包装最重要的功能之一。在进行包装设计时，要根据商品特性，从商品的物理防护、化学防护、生物防护、包装材料的选择和包装结构的设计上加以体现。易碎的和易损坏的产品包装，外包装材料要有一定的抗压性，内部要附加抗撞击缓冲结构和材料，如玻璃类、陶瓷类的产品包装。易挥发商品要用密封性强的材料和开启结构，如香水及酒类包装。

图 1-2-13 所示为生鲜食品的包装设计，用透明高分子材料封装，既能直观展示商品，又具有密封保护性。图 1-2-14 所示为酒类产品的包装设计，酒类产品属于液体，多使用玻璃瓶作为包装材料。玻璃材质具有密封性好、保存时间久的特点，并且人们通过玻璃瓶身能直接观察产品的品质。

2.便利功能

便利功能是指包装在仓储、运输、销售、使用过程中便于操作的功能总称。便利功能集中体现在包装结构设计的合理性上。包装结构分为外形结构、开启结构、大小结构和设计结构。

（1）合理的外形结构

外形结构是指包装的外在形态，这种结构需要和商品的形态相吻合，使两者构成有机的整体。合理、巧妙的外形结构设计为携带提供方便，便于购买者提、拿、带。图 1-2-15 所示为啤酒包装设

图 1-2-13　生鲜食品包装

图 1-2-14　酒包装

图 1-2-15　啤酒包装

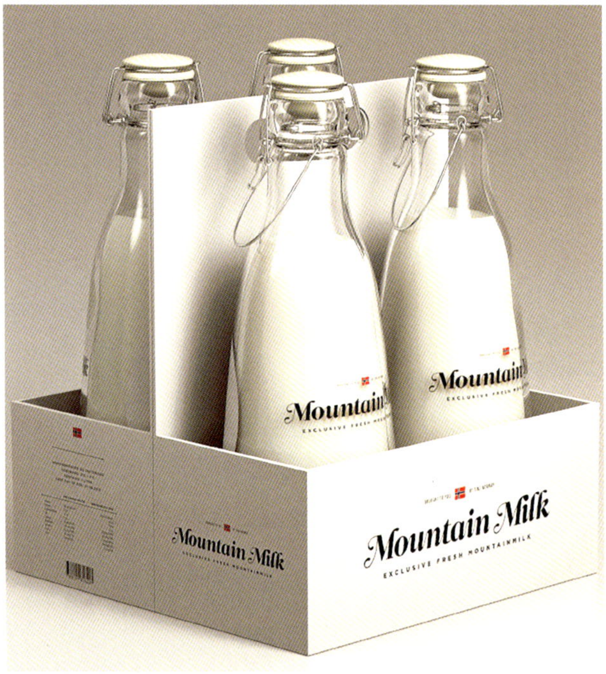

图 1-2-16　牛奶包装

计，啤酒产品本身采用了玻璃瓶的包装方式，为了便于多瓶啤酒的搬运，设计了带有中间提手的包装箱，不仅能够起到对商品的保护、宣传作用，而且便于购买者提拿。

（2）合理的开启结构

包装的盒、瓶、听、罐等都需要开启，在这类包装中已有很多成熟的技术，如易拉罐、光盘的塑料套封以及防伪瓶盖等，很容易开启且手感舒适。有效地利用这些技术手段开发各种可能性，目的是为消费者提供更多使用上的方便。图 1-2-16 所示为牛奶包装设计，采用极简的包装设计方式，透明的玻璃瓶身只有品牌名称和少量说明文字，顶部的瓶盖设计非常特别，采用瓶塞的方式悬挂于瓶口，方便用户的开启和反复使用。

（3）合理的大小结构

一次使用和多次使用的商品，体现在大小结构上有不同的特点：一次使用的商品要简洁、方便；多次使用的商品要利于存放，便于多次使用。

图 1-2-17 所示为农夫山泉 380mL 水包装设计，满足消费者在会议室单次饮水量的需求，以免一次喝不完浪费水资源或占据随身携带空间。图 1-2-18 所示为同品牌 5L 水包装，满足办公室、居家用水的需要，如果容量太少会增加换水次数，给消费者带来不便。

（4）合理的设计结构

设计结构是指包装在使用过程中和使用之后的结构设计。前者是指合理地按商品结构进行包装；后者是指在使用完商品之后，使包装结构便于折叠、压缩，利于回收。图 1-2-19 所示为汉堡、薯条、饮料套装组合结构包装，方便组装、携带和回收。

图 1-2-17　380mL 水包装

图 1-2-18　5L 水包装

图 1-2-19　系列茶包装

3.促销功能

包装的促销功能体现在准确地传达商品信息、吸引消费者注意、激发消费者购买欲望、产生购买行为等方面。

包装作为商品的外衣，同时也是传达商品信息的载体。商品信息包括商品商标、品牌、商品名、商品形象、使用说明、成分、生产日期、保质期、厂家信息、容积和质量等，借助视觉语言，使消费者形成对商品包装形式、色彩、图案、编排、结构所组成的形象认知，促进消费者产生购买行为。图 1-2-20 所示为一款果汁茶饮产品包装设计，通过水果形象的拉长变形设计，传递给消费者茶饮内包含挤压出的果汁的即视感。

图 1-2-20　雀巢果汁茶饮包装

4.美化功能

当今时代是追求颜值的时代，建立在实用基础上的美化功能，由其自身的造型、图形、色彩、肌理等因素构成，产生的美感往往能左右消费者的购买行为。

不同地域、不同阶层和不同信仰的人群有着不同的审美习惯和趣味。在当今视觉文化背景下，包装已经成为社会美育的一部分，体现了包装的视觉美对人们精神、文化诉求的关照。

当然，美化要恰如其分，包装的过度夸张的美化和不足以体现商品价值的美化都是不可取的。设计者既不能为追求附加值而在包装上夸大商品的档次，又不能无视包装的美化功能作用。无论采用什么样的包装材料和设计手段，都要和具体的产品相结合，脱离了产品，其美化也就毫无意义。图 1-2-21 所示为百威啤酒包装，用尊贵的紫米色和

图 1-2-21　百威尚樽啤酒包装　潘虎包装实验室

酒金宣纸材料，与玻璃材质形成对比；玻璃材质上凸起的标志与代表 24 节气的棱形成肌理对比。整个包装既营造了高端质感，也传递了中国传统的东方自然主义美学。

5.防伪跟踪功能

防伪功能是基于商品安全的考虑，用于防止商品被仿冒和伪造。防伪的主要手段有印刷防伪、材料防伪、结构防伪、电子防伪等（图 1-2-22）。防伪手段的合理运用可起到保护产品和商品生产权益的作用，并能在一定程度上有效杜绝消费者的选择与购买失误。当今防伪技术、材料及手段的开发利用已成为一个新兴的行业。印刷防伪采用特殊的印刷手段增加仿制难度，一般用凹版印刷、特殊油

二维码防伪

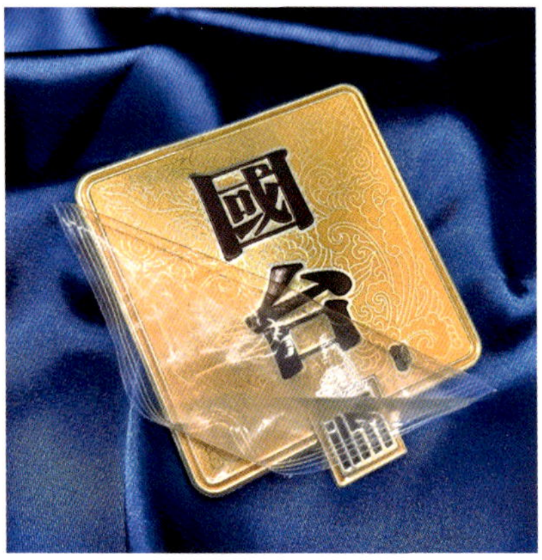

金属标签防伪

NFC鉴真溯源防伪与多项防伪措施

材料防伪

图 1-2-22　包装防伪

墨印刷、激光印刷、全息印刷等方式。随着科技的进步，有了防伪设计专门软件，防伪印刷的方式也越来越多样化。结构防伪是以破坏性结构设计的，防止旧包装的再次使用。例如，高档酒包装采用蜡封、铅封、塑封或一次性破损的陶瓶盖，同时一次性封口及一次性破损标签也广泛应用于各类商品包装的封口。电子防伪通过防伪密码或防伪芯片来实现，防伪密码通过网络或电话方式查询防伪密码来了解商品的真伪；芯片防伪可通过电子扫描来进行产品验证，跟踪产品的生产与销售流通环节。

三、品牌的内涵

在满足日常生活水平需要的前提下，人们对品牌的要求也日益提高，企业发展与壮大的前提必然是品牌形象的提升，而商品的包装设计作为品牌传播的一个重要载体，在新商业运营环境与营销模式下，对企业的品牌宣传和形象提升起着重要的作用。

（一）品牌的概念

随着商品的大量过剩，消费者与商品沟通信息变得不对称，消费者在选购商品时支出的时间、体力、试错等非货币成本增加。因为市场分工带来的头脑分工必然导致信息不对称，在交易中，购买方永远不如售卖方了解产品的质量。在经典的信息经济学框架中，消除这种信息不对称的最重要手段是声誉机制，即品牌影响力，消费者通过卖方之前的声誉推断自己购买的商品质量是不是可靠。大家可以想象，如果没有品牌，面对浩如烟海的商品，我们的搜寻从哪里开始？事实上，品牌给我们提供了一个搜寻的出发点，比如我们到商场买运动装，习惯上会直奔知名品牌柜台，如果没有合适的再逛其他店，就是这个道理。有了品牌，以及我们对某些品牌商品的整体认知，可以大大缩减我们寻找合适商品的时间。品牌成为我们判断某个搜寻方向能否成功的标识，这可以大大减少消费者找到合适商品的时间和精力。考虑到自己的声誉带来的长期损益，目光长远的企业不再有弄虚作假的动机，而是转向建立品牌，并在不断保持优良声誉的情况下打造成名牌。

什么是品牌？品牌是消费者头脑中对某类产品的具象画像，是消费者对产品和服务认知的总和。当你问及人们某一品牌时，人们往往第一时间想到的是它的标识符号、包装、色彩等，这种品牌印象多是视觉导向的，是人们对一个企业及其产品、售后服务、文化价值的一种评价和认知，是一种信任。当品牌文化被市场认可并接受后，品牌才产生其市场价值。结合当今商业环境和消费心理学，品牌被赋予了新的定义：人们在接触商品、服务以及相关宣传时，通过与心目中已经熟悉的同类商品和服务对比，形成的对商品和服务的识别印象和对比感受。因此，没有对比就没有品牌。如何提高品牌知名度，形成品牌流量，产生品牌价值呢？只有品牌形成良好的市场口碑并具有一定的影响力，品牌才产生品牌资产。企业为了使产品与消费者之间建立良好的沟通，采用品牌化策略，通过传播、塑造品牌形象来提高商品品牌的知名度与市场占有率。品牌策略的核心在于品牌的维护与传播，如何把品牌做到消费者心坎里去，是品牌策略中最重要的一个环节。

（二）品牌核心要素

品牌核心要素大致分为显性和隐性两个层面。显性品牌要素是指品牌形象，包含标志策略与设计、品牌基因系统、品牌应用系统、品牌包装系统、终端店形象系统。只有将品牌的名称、意义、设计，以及产品、包装、广告语、服务、销售、传播等市场行为最大限度地整合起来，品牌才是完整的，才能真正成为企业的无形资产，成为连接企业与消费者之间的纽带。

隐性品牌形象包含品牌承诺、品牌个性、品牌体验。品牌承诺是企业对消费者在商品、服务品质方面的保证，需要企业始终如一地履行诺言。品牌个性就像人的个性一样，它是通过品牌传播赋予品牌的一种心理特征，如高贵的、清雅的、亲和的、精致的、强劲的、古典的、现代的……是品牌形象的内核，是品牌使用者个性的类化。它创造了品牌的形象识别，使我们可以把一种品牌当作人看待，使品牌人格化。品牌体验强调的是商品多次使用以后带给消费者的全过程体验感受，而品牌产品的包装、开启、使用也是体验过程的环节之一。如果在品牌使用过程中带给消费者不良的经历，必然使得品牌受挫乃至夭折。而优秀的品牌使用过程能改变消费者对产品的情感，使企业形成一种无形的价值。从某种角度来讲，消费者才是品牌的最后拥有者，企业拥有品牌无形资产。因此，品牌承诺、品牌个性与品牌体验是品牌的内涵因素，存在于品牌的建设、传播、管理过程中，是品牌长久生存的核心要素。

无论是品牌的显性要素还是隐性要素，包装设计都是发挥重要作用的环节之一。在显性要素中，包装系统通过给消费者留下深刻的品牌产品视觉形象而形成抽象的品牌调性感观与清晰的视觉识别记忆，而隐性要素中品牌的个性和使用体验也离不开包装结构宜人性设计的高度配合。

四、品牌包装的价值

产品为什么要包装？因为产品需要让自身的优势尽可能多地传播给消费者，并且要超越自身价值之上，形成高附加值，从而获得商业利润。产品只有具备了视觉美感和文化品位，才能与消费者产生深层沟通，才能打动消费者的心。试想，如果一个产品的包装形象很差，你能相信它的产品品质会很好吗？

如何包装？包装是将产品概念、定位结合创意思维，以特定的材料和形式形成对产品的装载，帮助产品提升价值的行为。不同行业、不同的产品类型，包装材料形式等各有不同。包装除了有保护产品、方便携带和运输的作用，还要有传播产品个性特征的作用。

包装要体现出与产品相对应的审美趣味。包装的材料、形式要体现出产品的文化品位，和产品一起影响消费者的认知和选择。不同价值、价格形态的产品包装形式是各不相同的，只有与产品个性相吻合的包装，才能达到最好的传播效果；过于高档或过于简陋的包装都是不适合的，反而会削弱产品的魅力。

品牌的整体包装需要围绕品牌的核心概念进行不同角度的延伸，从品牌传播语、色彩、材料、空间、灯光等，使消费者接触到品牌能够获得一个全方位的感受。

包装完整的产品在到达消费者手里之前，需要让消费者了解、认同并愿意为此消费，这就需要企业对产品和品牌进行推广。

（一）品牌包装的概念

什么是品牌包装？包装不仅是指为产品披上一件外衣，还是指在与消费者接触的各类场合中，把产品的个性特征以各种载体形式进行塑造和推广的行为。包装是对产品概念由内至外的诠释，它从包装物的形式、材料，到终端卖场的各类推广物品，形成一个对消费者由大到小的环境的影响。就如我们光临一家品牌专卖店，它的店面形象、橱窗、产品陈列、功能区域的划分、营业员的服装、价格牌、POP、服装画册设计是否精致等各个细节，都是围绕一个品牌概念进行的。消费者从整体环境到细小环节，都在感受着品牌的文化影响力，从而留下一个深刻的印象。这是整体包装，并且这个包装会随着产品的推广持续动态中，因产品运作的不同阶段而有所调整。在保持统一格调的基础上，包装的每个阶段又有独立的主题，做到既丰富又统一。就如奥利奥的VI系统是统一的，而在不同时间段会有不同的推广主题，让消费者始终保持新鲜感，从而不断光临消费。

包装主要包括产品包装和品牌包装两种形式。产品包装主要是针对产品所做的由内至外的包装形式，包括包装纸、盒、箱等形式。品牌包装有广义和狭义之分。广义的品牌包装是一个较为宽泛的包装概念，它是指针对品牌概念所做的整体商业文化的包装，从品牌视觉形象系统、品牌文化传播、商业环境的设计等系列行为，构成一个对品牌完整的塑造体系。狭义的品牌包装是指基于品牌的产品包装，主要是针对品牌产品所做的由内至外的，体现品牌调性、传播品牌文化信息、促进商品销售的包装形式，包括包装容器及其外观艺术设计形式。本书的内容是基于狭义的品牌包装而展开的，帮助学生在信息化时代，建立基于品牌的产品包装设计思维与知识技能结构。

（二）包装设计在品牌竞争中的重要性

随着品牌不断涌现，同品类品牌产品同质化严重，在品牌目标空前一致的大背景下，品牌如何突围呢？

在这里，我们仍要回归到根源思考，品牌价值有两个决定性的要素：一是品牌所在品类中的地位强弱是否能够起到主导作用，二是所在品类价值的大小。包装为何发挥着越来越重要的作用？在今天，随着市场细分，消费者的品牌偏好发生了变化，人们开始追求有调性和使命感的品牌，品牌开始成为具有相同价值观人群连接的平台。同时，随着互联网的高速发展，消费者获取信息资源的途径变得丰富与多元，传播越来越碎片化，品牌与消费者之间的传播途径也多起来。电商的崛起，使得人们对于非即时性消费商品愿意通过线上购买，延迟满足。一方面，消费者理性的购买选择，不会被品牌的自说自话轻易打动并建立信任；另一方面，消费者也非常感性，愿意为自己喜欢的产品买单。当人们在信息碎片化时代剔除广告的情况下，品牌终端与消费者直接面对面的产品包装则成了消费者与品牌产生关系的核心纽带。包装在消费者决策变化的过程中迎来了更重要的使命：包装需要用精美的设计、有触感的材料和优美的造型来取悦它的目标消费者，还需要将它代言的品牌与其他竞争品牌清晰地区分开来，以此增加销量并提升品牌的价值，使企业获得可观的收益。

第三节　包装设计与品牌竞争

一、品牌包装设计原则

要使品牌包装具有品牌个性，达到美化产品、传播品牌文化、促进产品销售的目的，需要遵循以下设计原则。

（一）品牌差异化原则

现代消费市场的商品琳琅满目，令人目不暇接。没有时代感，缺乏鲜明个性的品牌包装，很容易被淹没在商品的海洋中，丧失对消费者的吸引力。而新颖别致、符合品牌文化的品牌包装，则可以提升品牌的识别度，利于企业营销和消费者购买。品牌差异化原则是在基于对企业品牌文化与营销策略的深入理解上，以品牌产品包装的材料设计、造型结构设计、包装外观视觉艺术设计、印刷工艺设计等方面为切入点，创造出区别于同品类商品的包装设计。产品包装新颖别致，突出品牌产品个性，这样的产品才能在同类中脱颖而出，给消费者留下深刻的印象（图 1-3-1）。

（二）功能性原则

品牌包装最基本的功能是保护、便于储运和使用。包装保护功能体现在包装的结构强度上，要保证产品的外观不受损坏；包装材料的使用要保证产品的内在质量不遭破坏；用品牌标识、防伪方式的包装保证商品的生产可靠性；要确保包装个性鲜明，不会被误认。

便于储运和使用功能是指包装从工厂到消费者购买使用的过程中，能方便地搬运、携带、存放和方便拆装作业、消费使用的功能。便于储运与使用是产品生产和消费链中重要的两个环节，不仅能降低企业生产成本，还可以提高消费者对品牌的忠诚度。例如，耐克的“一个盒子”（One Box）是一个典型的为电商场景考量的项目。耐克把鞋盒直接设计成了快递箱，用上了和快递箱一样的牛皮纸配色，上面的文字用白色油墨印刷，盒子的盖子用胶带固定——考虑到顾客可能会退货，盒子做了两道胶带，让顾客可以重新密封盒子并退回鞋子（图 1-3-2）。又如，大部分品牌

图 1-3-1　超市货架上的产品包装

图 1-3-2　耐克“一个盒子”（One Box）包装

企业的瓶装饮料或罐装食品，都非常注重便于包装集装与携带结构的设计和便于包装开启结构的设计，这对产品的回购起着非常重要的作用。这些包装因品牌企业对消费者的人文关怀而得到消费者的好感。

（三）多元统一性原则

包装设计作为外在的形象，要与品牌代表的商品内容相统一。这种统一是使产品成为品牌的一个重要因素。优良的内在质量与精美的包装相一致，经过整合营销和反复消费，品牌的美誉度和知名度会不断提升，美的价值会不断确立，会逐渐成为人们心目中的名牌产品和美好象征。这种统一能使消费者通过包装清晰了解产品的品质。包装是品牌与消费者最贴近的广告宣传载体。在注重产品外包装与内在质量相统一的同时，要注意品牌包装的多样性，即要根据品牌文化，用合适的包装材料、包装造型结构、包装色彩设计、图形设计、字体设计及生产工艺来突出品牌个性

图 1-3-3　闻绮巧克力专卖店

定位（图 1-3-3）。

包装的多元性，并不是杂乱和复杂的，而是强调在品牌包装设计过程中，应该将不同的设计元素统一起来，形成一个和谐、有序的整体，从而提升品牌的辨识度和记忆度，避免出现过多的风格和流派，以免让消费者感到混乱。

品牌包装的表现形式无论是平面设计还是立体设计，都应该采用统一的表现手法和技巧。同时，不同产品线之间的包装也应该保持一定的统一性，以确保品牌的整体感和一致性。

（四）符合消费者审美原则

不同国家、不同民族、不同地区的消费者，以及不同职业、年龄、文化程度的消费者，各有自身的审美价值观。如不同国家和地区的消费者，对色彩、图案的爱好、厌恶、禁忌是不同的。符合消费者的审美就是要求包装在造型、构图、色彩、装饰等构成要素运用上，除了传递品牌信息，还要与消费者审美倾向和审美能力相匹配，满足销售地区人们的民族文化需求和爱好，并通过积极的、进步的、健康的、能引起消费者愉悦和美感情趣的内容与形式，来加深消费者对品牌的认知（图 1-3-4）。

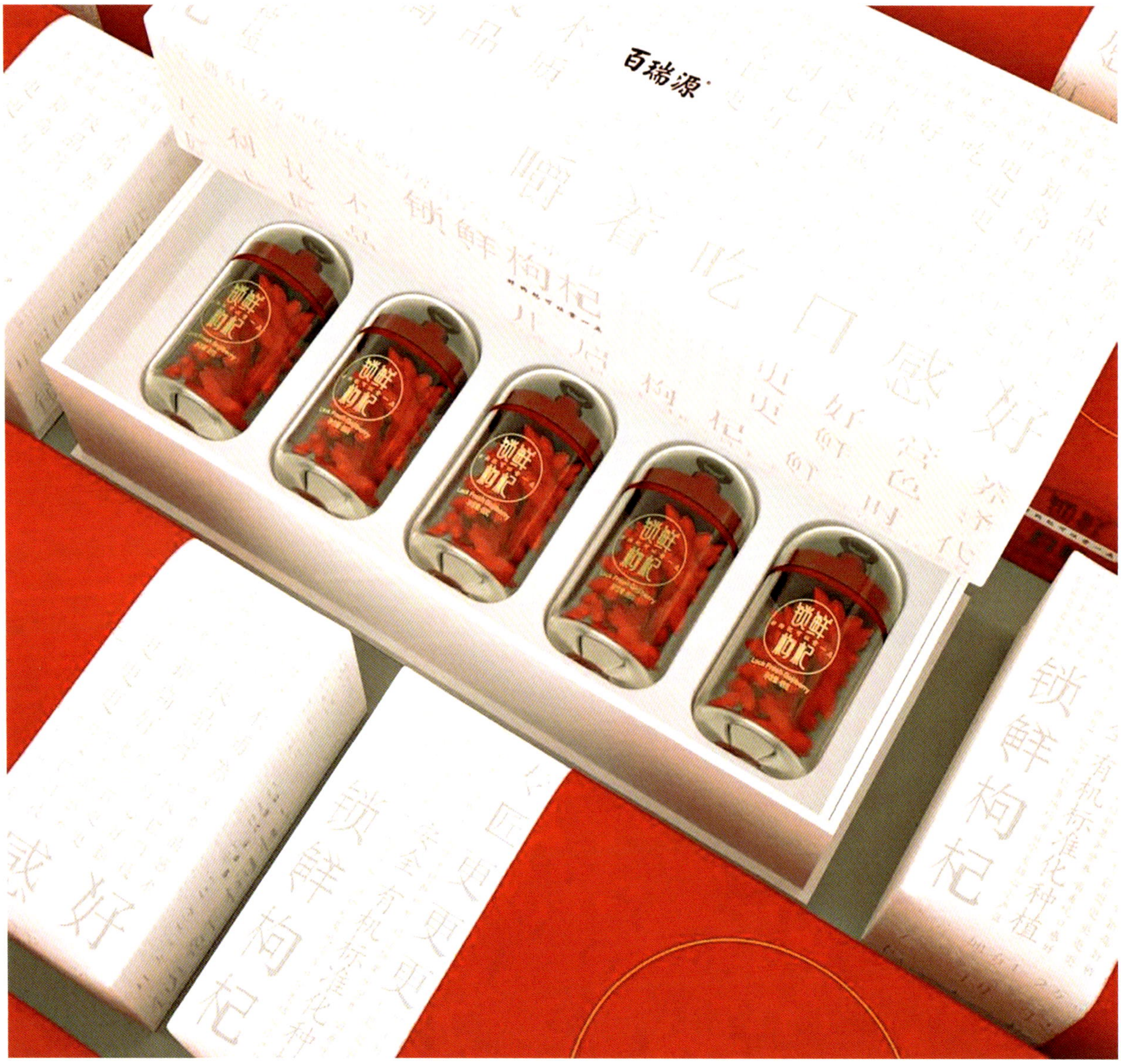

图 1-3-4　百瑞源锁鲜枸杞包装　夏科

（五）富有联想性原则

商品包装不仅代表了一个承载与保护商品的实体，还具有向消费者传达商品文化、提升附加价值等功能。商品在包装设计时，必须将产品作为品牌识别要素的一部分，它会引导消费者对品牌产生延伸思考和联想，对后续的购买甚至是品牌旗下其他产品的购买产生影响。消费者对很多产品的购买不再是因为它的功能，而是冲着品牌的人格化调性与叙事感觉，这种精神上的追求与归属感就是品牌带来的联想。而这种包装品牌格调和故事氛围的成功塑造，将对产品的售价产生较大影响。如图 1-3-5 所示，水包装灵感来自真正的泉水，因此采用了带有溪流波纹的瓶形，让人联想到其原产地的自然风味。

二、包装设计塑造品牌形象

在商业竞争激烈的时代，品牌包装设计作为品牌形象的重要组成部分，其重要性不言而喻。它

图 1-3-5　水包装　提示设计（Prompt Design）

不仅关乎品牌的视觉形象，还是传递品牌价值、吸引消费者的重要手段。以下几点关注品牌包装的设计，可给消费者传递别具一格的品牌形象。

（一）深入挖掘品牌内涵

设计之前，需要对品牌的核心价值观、定位以及目标受众进行深入研究。了解品牌的创始人故事、历史背景、愿景和使命以及产品的独特卖点，这些都是开展品牌包装设计、塑造品牌形象的重要基础。

（二）确定包装设计风格与调性

基于对品牌和受众的了解，选择适合的设计风格和调性至关重要。无论是简约、复古、现代，还是极简、奢华，每种风格都有其独特的魅力和吸引力，关键在于找到与品牌调性相契合的设计风格，从而强化品牌形象，提升消费者对品牌的认知。

（三）巧妙运用色彩与图形元素

色彩和图形元素是品牌识别的重要标识。选择与品牌调性相符合的颜色，并运用简洁而富有辨识度的图形元素，能够为品牌包装设计增添独特的魅力。色彩的情感表达和图形的象征意义，都能在无形中拉近品牌与消费者的距离。

（四）注重版式与布局的美感

合理的版式与布局在品牌包装设计中同样不可忽视。文字的排版、图片的摆放以及空白的使用，都关乎整体视觉效果的和谐与美感。合理的版式与布局设计能够引导消费者的视线，突出重要信息，从而提升品牌的视觉冲击力。

（五）整合品牌元素，呈现完美设计

将以上所有元素巧妙整合，是实现完美品牌包装设计的关键环节。在这个过程中，设计师需充分

运用自己的专业素养和创造力，确保整体视觉效果的统一和谐性。这样，才能最终呈现出一个既符合品牌定位又能吸引目标受众的优秀设计。

三、品牌包装竞争优势梳理

品牌包装竞争优势是指品牌通过包装设计、品牌形象塑造、产品差异化等方式来吸引消费者并增加产品附加值的优势。新业态、新商业营销通道赋予包装建立消费者与产品的沟通并产生黏性的使命。那如何履行包装的使命，提升品牌竞争力呢？在同品类产品品牌同质化比较严重的当下，差异化成为品牌寻求突破的法宝。当下，包装成为品牌产品终端与消费者直接沟通的纽带，如何通过品牌产品包装设计的优势差异化来满足消费者的心理需求、提高品牌的识别度、增强品牌黏性，无疑是品牌竞争破局的重要手段。品牌优势差异化运用的前提条件是进行品牌竞争策略梳理、竞争优势提炼，通常从以下角度来梳理品牌包装设计竞争优势。

（一）从品牌核心理念角度

品牌历史是否悠久、品牌文化是否符合当下文化潮流、品牌理念是否符合新时代中国特色社会主义核心价值观，品牌是否具有明确目标消费群体的情感叙事空间，其包装设计在同类品牌中是否具有独特性。

（二）从品牌产品质量与产品品类角度

与同类品牌比较，产品质量是否符合国家标准、满足目标消费群体对产品品质的要求，产品品类是否符合当下生活方式或者能引领生活时尚潮流。

（三）从品牌形象角度

品牌形象包装设计是否能够传达品牌的理念、价值观和特点；与同类产品品牌形象进行比较分析，是否符合目标消费群体的视觉审美、精神需求，是否具有鲜明的品牌辨识度。

（四）从包装设计档次角度

包装设计与同类品牌产品相比，是否通过独特的包装造型结构、材料、工艺的设计突出产品的特点，达到目标消费群体对产品的消费档次需求，提升品牌价值。

（五）从产品使用情景角度

与同类品牌相比，包装设计是否更符合消费者现代生活情景，便于携带、使用、社交，更有利于提升生活品质。

（六）从增加产品附加值角度

与同类品牌相比，包装是否具有更高的附加值，能够满足消费者个性化需求。例如，在包装上添加二维码或者使用 RFID 技术，实现产品追溯、防伪等功能；与传统工艺美术技艺结合，开发可重复使用或再利用的品牌包装，以提高产品的附加值。

从品牌历史、品牌产品质量与产品品类、消费人群、品牌文化等全方位进行梳理分析，在与同品类品牌的对比分析中找出该品牌的竞争优势差异，通过设计将竞争优势差异化转化为品牌可持续投资的资产、消费者可直观感知的产品价值点，包装设计就成为将品牌竞争优势差异化转化为品牌可持续投资的重要环节。

四、品牌包装差异化设计方法

品牌包装设计差异化的核心体现在具有竞争性的感官优势和体验优势上。品牌包装的感官优势差异化主要通过包装规格差异、外观造型差异、工艺材质差异、色彩差异、图文沟通差异来实现。品牌包装的体验优势差异主要通过购买体验差异和使用体验差异来实现。

（一）感官优势差异化

感官优势差异化是指品牌通过包装规格、外观造型、色彩、结构、图文沟通、版式等因素表现在感官上的竞争优势，可视化地转化为消费者可感知的产品价值。

1.包装规格差异化

通过包装规格差异化快速切入增长市场的案例比较多见。例如，可口可乐旗下的恶魔（Monster）能量饮料品牌，当年在美国市场与红牛竞争时就采用了包装规格差异化的方法获得成功（图1-3-6、图1-3-7）。又如，达利集团推出的和其正480mL罐装凉茶，区别于王老吉的310mL罐装凉茶（图1-3-8、图1-3-9），宣传语是“大罐更尽兴”，意在通过差异化的大容量包装规格抢占王老吉的市场份额。

2.外观造型差异化

外观造型差异化对于新创品牌来说尤为重要，它是建立品牌独特性、提升终端辨识率最有效的方法之一，也是品牌包装设计的重头戏，但外观造型

图1-3-6　330mL 恶魔（Monster）能量饮料包装

图1-3-7　250mL 红牛能量饮料包装

图1-3-8　480mL 和其正凉茶包装

图1-3-9　310mL 王老吉凉茶包装

图 1-3-10　张裕可雅 XO 30 年包装　武宽夫

差异化受生产工艺技术限制最大，如受成型技术、灭菌技术、生产线设备等因素的限制。例如，张裕可雅 XO 30 年包装设计（图 1-3-10），容器造型设计使用联想思维，将蒸馏器的造型与天鹅形态进行融合，展现品牌优雅的调性特征。与其他 XO 形成外观造型的差异。在瓶颈与瓶盖之间的曲线像天鹅颈般修长，线条流畅，姿态优美，消除了蒸馏器造型自身的冰冷感和工业感；渗透着中国瓷器和书法的美学底蕴，宛如一件高贵的艺术品。

追求包装外观造型差异化，在每次从作品到样品再到产品，最终实现商品化的过程中，都聚集了设计团队人员的集体智慧，这个过程也要求设计师对其中的每个环节都有深入的了解，能在合理的范围内进行创意设计。

3.工艺材质差异化

工艺材质差异化是继外观造型差异化后又一个可供设计师大做文章的方向。材质本身就自带价值或价格标签。同样一瓶水，装在塑料瓶里和装在玻璃瓶里给人的感觉完全不一样，大多数人会觉得装在玻璃瓶里的水有更高的价值感。

但是在真实的竞争环境里，成本与效率的双重框定，使同一品类、同一价格带的产品在包装材质及工艺运用上不会有很大悬殊。如何在成本与效率的要求下做出比竞争产品具有更高价值感的产品包装，是所有品牌都希望上市包装能呈现的效果，甚至可以通过包装材质与工艺的运用带来品类升级的感官体验。例如，摩森康胜（Molson Coors）公司旗下的银子弹啤酒（Coors Light）推出了一个根据温度和光线变色的包装（图 1-3-11）。在最适宜饮用的温度下，罐装上的蓝色会显示出来；当消费者把瓶子放在太阳下，罐装上的黄色、橘色和红色会出现。此系列限量版啤酒共有 6 种图案设计。这个包装给银子弹啤酒带来了很大的关注。当年，虽然整个大众啤酒行业销售持平，但银子弹啤酒的销售额增加了 3%。

4.色彩差异化

色彩差异化要根据品牌联想产品特性及品类特征等进行构建。最经典的案例，如可口可乐的易拉罐、吹塑瓶，大都设计成红底白字的视觉外观，百事可乐大都设计成蓝白为主体的视觉外观，而雪碧包装设计采用绿与黄为配色（图 1-3-12）。这种红与白、蓝与白、绿与黄等对比鲜明的色彩搭配，强烈地突出了可口可乐、百事可乐和雪碧的品牌个性。

图 1-3-11　银子弹啤酒（Coors Light）包装

图 1-3-12　品牌包装色彩差异化

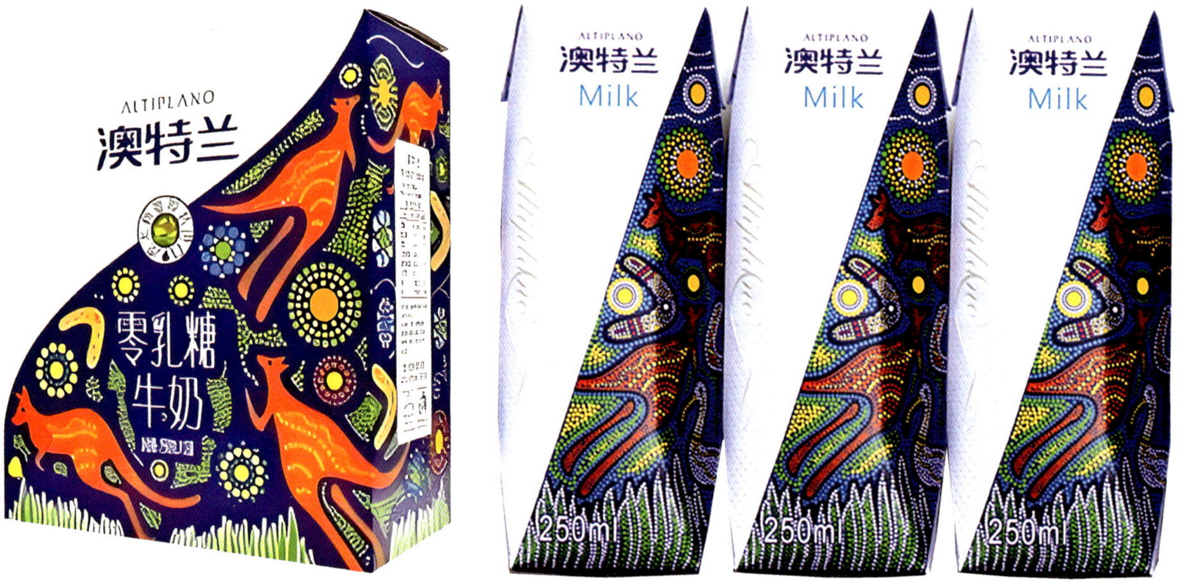

图 1-3-13　澳特兰牛奶包装　品赞设计

5.图文沟通差异化

图文沟通差异化是竞争优势差异化的基础，在同一品类，相同品牌势能、相同价格区间、相同包装容器的产品中较为常见。例如，采用利乐包的牛奶品类中，澳大利亚进口纯牛奶——澳特兰包装设计（图 1-3-13），与市场上常见的进口牛奶包装上的图文沟通方式相比，选用了澳大利亚最具代表性的动物——袋鼠作为图文沟通的基础，营造出一幅阳光明媚的清晨，露珠从草尖滑落，袋鼠们在欢快地跳跃的画面。表现技法上选用澳大利亚民间艺术家创作的点彩法，保证竞争优势通过设计语言的转化，达到与消费者精准、高效沟通的目的，使消费者一眼就能看出它传达的牛奶产地信息，并感受到它的美。包装的正面进行整体分割，左边是纯白的牛奶色，右边是浓郁的澳大利亚风情插画，两者形成强烈的对比，在终端货架陈列非常显眼。而该包装通过澳大利亚风情差异化图文的呈现，使其从进口牛奶品牌中脱颖而出。

（二）体验优势差异化

体验优势也是差异化竞争优势的重要环节，它由购买体验差异化和使用体验差异化构成。

1.购买体验差异化

购买体验差异化在消费分级的当下，越来越受到品牌商的重视。在终端选购时，很多商品处于密封状态，包装上除了品牌商描述的信息，还可以通过设计途径使消费者获得更多味觉体验信息，为购买作决策。例如，宝洁旗下的当妮（Downy）留香珠的包装设计（图 1-3-14），在购买体验上做了新的突破，消费者在不破坏商品包装的前提下，摇一摇、挤一挤就能透过外盖上的 3 个小孔，闻到包装瓶内留香珠的香气，从而降低消费者购买时担心买错商品带来的金钱损失风险。

2.使用体验差异化

使用体验的优劣很大程度上会影响消费者的复购率，在产品和品质都不稀缺的当下，如何在成本与效率的双重框定下做出差异化的使用体验，是每个身处存量市场的品牌企业值得花时间和力气去寻求的机会点。例如，伊肤泉面膜，为了给消费者新鲜释放的使用体验，开发出膜、液分离的包装袋。

图 1-3-14　当妮（Downy）留香珠包装

图 1-3-15　膜、液分离面膜包装

消费者使用时沿虚线折叠，通过挤压，将液体突破屏障，进入面膜，充分浸润后取出使用（图 1-3-15）。这个细微的包装改动在消费者端得到了积极的肯定，使用体验的差异化构建，为品牌在存量市场带来新的增长。又如，一些中药丸的包装，为了每次用药量取用的便利，从原来的大容量瓶装拆分成每次用量的小包集合装，一次一袋即可，患者不用每次清点，避免药丸洒落。包装的小小改变，温暖了患者，方便了患者对药物的取用，使患者不排斥使用中成药。

如果说包装设计的感官优势差异化设计使消费者从包装视觉层面留下对品牌的深刻印象，那么品牌包装的体验优势差异化设计更要贴近消费者的生活体验，与消费者产生共情，需更多的换位感受，想消费者所想、急消费者所急，才能收获大批忠实“粉丝”。

第四节　品牌包装设计流程

优秀的品牌包装设计应该具有保护商品、使用便利、提升品牌形象、促进销售等功能。一般而言，一套完整的包装设计工作流程分为设计前期、设计中期和设计后期，包含设计项目接单、市场调研、策略梳理、创意设计、创意提案、消费者定量调研、设计修改与调整、消费者定性调研、包装完稿制作、包装打样、包装完稿调整、包装文件的检查与存储、包装制版与印刷签样、生产上市共 14 个步骤（图 1-4-1）。当然，每件产品的具体情况不同，在设计环节上也会有所不同。

设计前期包含设计项目接单、市场调研、策略梳理、创意设计、创意提案，设计中期包含提案后的消费者定量调研、设计修改与调整、消费者定性调研、包装完稿制作，设计后期包含包装打样、包装完稿调整、包装文件的检查与存储、包装制版与印刷签样、生产上市。

一款商业包装的诞生，通常是包装设计委托方、包装设计方、包装生产方合作形成共识的结果。因此，三方围绕具体项目，坦诚互信，发挥各方所长，实行有效设计管理。设计方与委托方营销部门充分沟通，在营销策略的基础上开展包装创新设计，满足委托方的项目意图，在生产方的技术、设备及生产管理配合下，使得包装创意设计最大化实现。三方的沟通与合作，关系着商业包装是否可以顺利诞生并在市场上获得成功。

一、设计前期

（一）设计项目接单

根据委托方企业内部不同管理机制，有些企业考察比较设计公司后，直接委托设计项目，有些企业采用设计项目竞标的方式等来找符合企业产品营销策略的设计公司委托设计项目。

1. 委托接单

委托接单是设计方接受委托方的包装设计任务

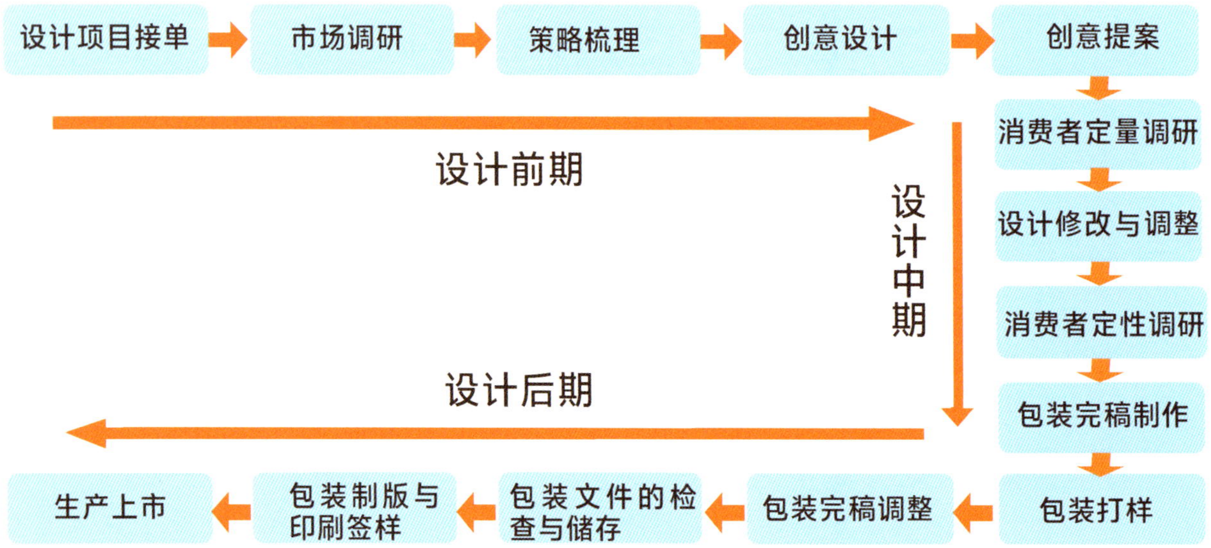

图 1-4-1　品牌包装设计流程

的开始，也是双方针对设计内容、质量要求和合作方式进行沟通以取得共识的必要过程。委托接单首先是双方互相考察对方的实力与诚信，确定合作内容、设计要求、项目设计佣金以及合作的方式，并以书面合同形式详细约定甲乙双方彼此职责、权利和义务，交稿时间与方式、付款金额与方式等。

2. 竞标接单

竞标接单是委托方在委托设计前的一轮筛选，把深入理解企业理念与战略、初期方案符合企业品牌营销策略的设计公司挑选出来，再进入委托下单流程。在竞标接单过程中，首先要深入了解企业信息，加强与企业的交流和沟通，了解企业的发展历程、企业文化、经营理念、发展规划，以及企业产品的市场占有率、产品形象的整体风格特点、行业地位、业界口碑等。了解欲委托包装设计产品的特性、核心价值、可发掘的卖点、价位、档次、功能，以及包装成本预算、目标市场、预计上市时间、销售渠道及相关的法律规定等。找出产品与众不同的特性，这个特性很有可能是该产品的核心价值和卖点，可能源于产品的价值功能，也可能源于产品的文化内涵。其次要根据委托企业设计意图，向企业提交一份初期设计提案。提案一般包括以下 10 个方面内容：对产品的理解和阐述，对市场的了解和判断，创意、设计方向描述，初期的设计方案说明，过程环节与时间节点，参与项目的成员介绍，与客户联系沟通的方式，设计文件的提交方式，需要客户配合的工作，设计费用的预期报价。

（二）市场调研

包装设计是一个系统的工程，只有经过科学的、有序的程序和方法才有可能获得成功的包装设计方案，才能在产品投放市场时实现包装的附加值。包装设计市场调研的目的是获取、分析、研究相关产品信息，获得产品包装在市场营销中的定位与设计策略。调研工作流程一般包括：确立调研目的，明确调研内容、调研方式，设计调研方案，实施调研过程，分析调研信息，撰写调研报告 6 个阶段。

1.确立调研目的

调研是为了确保设计任务顺利完成而必须进行的首要基础工作。调研包括两点内容，一是调查，二是研究。调查是一个全面收集信息、了解真实情况的过程；研究是将汇总的信息进行梳理，在分析提炼后找出设计方向。任何调研都不是盲目的，包装设计调研也一样，通常需要根据产品与包装在市场营销方面的各种需求与性质来确定调研的目的。设计师在设计之前需通过沟通了解企业的真实想法和相关情况。

（1）对新产品的初次包装设计调研

调研的重点是抓住新产品在社会生活中的地位、使用价值、发展走向等。调研的目的是新产品包装上市后，具有获得成功的可能性。

（2）对品牌升级改良性的包装设计调研

调研的重点必定是抓住“为什么要进行产品包装的改良”这个问题，具体的调研内容主要是了解与原产品有竞争性的产品的总体情况。

2.明确调研内容

明确包装设计相关信息需要调查的具体内容，可以根据调研目的来开展，一般包括商品自身状况调研、商品销售环境调研、商品包装设计调研、目标消费群体调研、竞争品牌包装调研等。

（1）商品自身状况调研

了解商品自身的特点与市场状况，从商品的个性特征、市场需求、营销情况和品牌印象等角度，了解商品目前在市场中的状况及发展趋向。

（2）商品销售环境调研

从销售渠道、营销方式、地域风俗和文化特征等方面了解商品的市场营销环境。从宏观和微观角度，调查经济环境、地域环境和商品竞争环境，以及商品运输流程、陈列销售等方面的内容。

（3）商品包装设计调研

从原有包装的设计创意、形式、材料、制作等角度，了解市场与消费者对其情况的反应。同时还要了解同类商品的包装，包括品牌、包装风格、价位、诉求点和零售终端摆放方式等，并对其优劣进行分析。

（4）目标消费群体调研

收集目标消费者的性别、年龄、收入情况、文化背景、消费习惯、购买动机、审美趋向和价值取向等信息。通过目标消费人群画像，了解商品目标消费群体的消费观念、消费行为和消费心理特征，调查目标消费群体在接触包装时的行为特征。

（5）竞争品牌包装调研

调研竞争对手商品包装使用的设计策略、造型结构、材料工艺、视觉效果以及市场销售反馈情况。

3.设计调研方案

（1）调研方案的内容

调研方案的内容包括确定调研的类型、资料收集的手段、资料来源（调研对象）、调查问卷的设计等。其中，调研的类型有探索性调研、描述性调研、因果性调研等，资料收集的手段可以是电话访问、网络问卷、面对面访问、小组访谈等，资料主要来源于客户、政府机构、行业协会、各类媒体、调研公司。调查问卷设计的类型分很多种，如网络问卷的设计、期刊问卷的设计、一般问卷的设计等。总之，在不违反法律法规和道德准则的前提下，应积极尝试和探讨获取有价值信息的调查方式与方法。

（2）调研活动方案设计

调研活动方案的设计是在结合前面调研目的、调研内容的前提下进行的整个调研流程细节的设计。调研方案是具体的任务，内容包括确定调研人员、调研地点、调研时间、调研的具体步骤等。调研方案在整个调研过程中最具指导性，完善的调研方案能帮助调研人员轻松完成调研，也能帮助包装设计人员准确获得需要的信息。

4.实施调研过程

调研过程的实施是将调研方案付诸行动的过程，按照前期设计的方案按部就班地进行下去。实施调研如果没有产品生产企业的支持而需要设计师自己去完成，在时间和经费上必然会受到约束，这时，设计师可以选择一些操作性较强的方法来进行调研，如观察调研法、访谈调研法、问卷调研法等。

（1）观察调研法

观察调研法是以客观的态度获得一手资料的方法。方法有参与观察法、旁观观察法、长期跟踪法、短期跟踪法等。调研人员置身销售现场对消费者的采购行为、商品包装材质、包装造型结构、视觉体验（色彩、图形、版式）、同品类其他品牌商品包装展开调研和记录，同时需对消费者使用商品的体验状态进行观察。

观察调研法因其直观性的特点，使调研结果更为真实和客观，但由于是调研者单方面的活动，无法细致了解消费者的购买动机、态度、情感，以及消费者选购行为中的随意性等，因此观察人员必须坚持客观、公正、实事求是的调研态度。

（2）访谈调研法

访谈调研法是调研中常用的一种方法，通过与被调研者的访谈，可以得到消费者更为实际、具体的信息，这些信息与消费者的购买态度、行为、方式有直接关联，可以帮助设计师更好地了解市场需求的细微变化。这种方法是对观察调研的深度补充与丰富。

（3）问卷调研法

通过发放一定量的问卷，消费者配合答卷获取想要的有效信息。调查问卷设计要便于消费者答题，也要便于信息统计与分析。

5. 分析调研信息

针对商品包装设计的市场调研内容的分析，以品牌优势差异化梳理为目标，一般从以下 5 个方面展开分析。

（1）对目标消费人群的分析

明确目标市场是制订商品包装设计计划的前

提，目的是了解消费者共性特征、个性特征和需求的差异。对目标市场的分析不仅包括了解和判断目标消费者的性别、年龄、兴趣爱好、受教育程度、社会身份等，还包括了解消费者欲求与商品、包装存在的问题，以及对商品包装的期待值等信息。

不同的消费人群在选购同一类商品时，其选择的标准和心理需求存在差异。以饮料为例，老年人可能注重饮料的营养成分，喜欢传统、实惠的品牌；中年人比较注重饮料的品质，多选择知名度高的品牌；青少年注重产品的外观，偏爱新颖、富有激情活力的时尚品牌饮料。同一人群在不同的场合选购同一类商品时，其选择标准也会不同。例如，通常家人或好友一起聚会，会选择质量较好但价格不是很高的中端品牌；而在商务宴请的场合多选择质量好、有知名度的高端品牌。因此，设计师需准确找到消费者的诉求点，恰当地予以表达，这是确保包装设计成功的必要条件之一。

（2）对商品自身的分析

对商品自身的分析最重要的是找到产品的核心价值，对产品的功能优势和附加值进行预评估，判断哪一点是要在包装上突出表现的，同时要考虑包装的可靠性和使用的便利性，以及在销售空间中的展示效果。在产品自身分析的过程中，还需确定哪种包装材料最适合表达该产品的品质，同时要尽可能考虑材料持续供给、回收利用、生物降解或再度使用的可能性。

（3）对竞争对手的分析

进行商品包装设计时，首先应分析市场上同类产品的优势、劣势及竞争力，并从中找出具有参考价值的内容。通常同一品类产品在包装视觉表现上会存在共性特征，从中筛选出其成功案例及原因以供参考，有利于确定设计的思路和表现方式。了解同类产品包装的潮流，并始终关注产品被人感知的价值及成本，是本阶段所应重点考虑的内容，以有利于提出有别于竞争对手的、具有前瞻性和自身特点的创意、设计思路。

（4）对包装设计要素的分析

从视觉传播的角度，商品包装设计要围绕现有包装的视觉元素（如图形、文字、色彩等）展开，重点考察赢得消费者喜爱的包装图形、色彩、样式和风格等，如中式与西式、时尚与复古、抽象与具象等。在造型结构方面，需要分析其是否能满足商品的运输、存储、保护、陈列等要求。除此之外，还应充分考察包装的材料、工艺的加工方式，并注意当前社会文化形态、审美取向和流行趋势的影响。

（5）对销售方式的分析

商品及包装最终要与消费者展开面对面的交流，因此销售方式的不同在一定程度上影响着包装设计的传播效果，这就需要设计师充分了解商品的销售环境、促销手段等，并根据商品特点考虑具体的销售方式，如超市销售、专柜销售、电视销售、网络销售等，尤其需要重点了解同一类商品以同一种销售方式进行售卖的情况。同时，还需注意分析销售地域的气候、生活习俗及文化禁忌等问题。

只有通过以上科学、严谨的市场调研分析，设计师才能对设计对象、设计内容和设计范围有较为全面的了解和认识，由此形成客观、全面、准确的调研结论，为下一步的商品包装设计奠定坚实的基础、创造有利的条件。

6. 撰写调研报告

通过有针对性地进行市场调研，设计师可以掌握较为全面的信息，包括产品自身的、同类产品的、消费者的、市场上的众多所需信息，并在这些信息资料的基础上进行比较、分析、总结，根据实际需要撰写调研报告，同时提出包装设计定位的思维线索和观点，这是提供商品包装设计创意决策的重要依据。调研报告的观点要明确，所提出的观点要和收集的材料相一致，内容要简明扼要，且有针对性，对需要解决的重难点问题要给予充分的分析和解答。最终的调研报告结果要能有效地帮助设计师完成产品的包装设计。

一般而言，市场调研报告包括标题、导语、正文、结尾和落款（附录）等内容。

（1）标题可以有两种格式

①规范化的基本格式为“××关于×××的调查

报告”“关于×××的调查报告”“×××调查”等。

②自由式标题，可以为陈述式、提问式和正副题结合等方式。如“××品牌包装设计调研”“为什么××品牌包装设计需要改良升级”“挖掘内涵提升品级——××品牌包装设计市场调研”等。

（2）导语

导语又称引言，是调查报告的前言。导语要简洁明了地介绍有关调查的情况，或提出全文的引子，为正文写作做好铺垫。

常见的导语有：

①简介式导语。对调查的课题、对象、时间、地点、方式、经过等作简明的介绍。

②概括式导语。对调查报告的内容（包括课题、对象、调查内容、调查结果和分析的结论等）作概括的说明。

③交代式导语。即对课题产生的由来作简明的介绍和说明。

（3）正文

正文是调研报告的主体，它对调查得来的事实和有关材料进行叙述，对所做出的分析、综合进行议论，对调查研究的结果和结论进行说明。

正文的结构有不同的框架，根据逻辑关系安排材料的框架有：纵式结构、横式结构、纵横式结构。这三种结构，以纵横式结构常为人们采用。如在调查委托企业或竞争企业信息资料时，可以时间为线索进行纵向调查，把企业的发展历程以及不同阶段的产品情况、相应的营销策略以及包装设计策略描述清楚，包含以下内容：有关该公司和该品牌的背景信息、该设计项目的性质和范围（产品特性）、市场调研（趋势及竞争情况）、目标市场、时间表、预算和成本问题、生产中的各项问题及限制因素、相关的管理规定、各项环保政策。所有调查的不同品牌产品包装设计叙述，总体采用横向结构，并列逐个描述他们的营销策略，包装设计的风格，采用的材料、结构、工艺以及市场反馈的效果等。

（4）结尾

结尾的内容大多是调查者对调研信息（商品、消费者、包装设计等方面）的深入分析和看法。调查报告的结尾方式主要有补充式、深化式、建议式、激发式等。结论是整个调研报告的重点，简明扼要地阐释在调研过程中发现的问题以及如何解决，提出对包装设计定位建议。尽量以条目、图表罗列，以方便阅读。

（5）落款（附录）

调查报告的落款一般指本次调研活动的组织单位名称、调研分工名单以及完稿时间。

附录内容包括统计图表、原始数据、参考资料和版权声明等。

（三）策略梳理

1.包装设计定位

（1）消费者定位

性别、年龄、地域、文化层次、工作性质与支付能力不同的消费人群，通常对同一类商品具有不同的关注与偏好。例如，一瓶冰镇可乐，对于年轻人而言是透彻激爽的饮料，对于中老年人可能意味着是不利于健康的碳酸饮料；一瓶葡萄酒，男性可能更关注品质与口感，而女性则容易关注瓶型及包装设计是否优雅；一包婴儿纸尿片，父亲可能更关注品牌和适用婴儿的年龄，而母亲则会更关注材质、结构的细节是否令宝宝更舒适；一提卷筒纸，低收入人群更关注其是否实惠，高收入人群通常更关注品质和品牌等。因此，包装设计要对商品的目标消费人群进行准确定位，有利于包装设计准确把握消费者关切的主要价值，并借助恰当的信息与风格设计进行传达。

（2）终端消费情景定位

不同的终端消费情景，如空间环境尺度、灯光照明效果、货架密度、商品陈列方式等都有不同。一款主要消费精品超市的商品包装，因为超市每款商品都能获得较好的照明与陈设条件，并且顾客密度相对较低，可以设计得低调、雅致。在综合性的生活超市，光照条件和货架陈列相对差一些，而货品密度和顾客密度更高，如果商品包装过于含蓄，那么极可能在相对嘈杂的环境中失去被关注的机会。

（3）商品档次定位

同品类不同档次的商品，对应不同的市场和消费群体。商品的档次定位直接关联到消费者的购买决策。高档次商品通常与高品质、高价值相联系，而包装设计必须有效地传达这种价值感。设计过于简陋的包装可能会降低消费者对商品的期望值，影响销售。而中低档次的商品因成本控制，所以只需要设计材料、工艺适用的包装即可。

（4）包装设计风格定位

包装设计风格的定位应该是一个符合品牌策略、满足消费者需求、突出产品特性、具有成本效益并能够适应市场趋势的综合过程。品牌的核心价值观和理念是设计风格定位的基础。不同的消费群体对设计风格有不同的偏好。例如，年轻人可能更喜欢活泼、时尚的设计，而年长者可能更倾向于保守、经典的设计。亚洲人喜欢婉约的设计，欧美人则喜欢热情奔放的设计。

2.包装设计策略

商品包装设计策略是建立在市场调研、分析，确定设计目标与方向的基础上，有针对性地设计谋略与计划。策略正确与否决定了整个包装设计最终能否实现设计目标。要实现设计的创新，设计师需要依据设计差异化原则，结合企业市场营销策划，运用创造性思维，拟订具体的、切实可行的包装设计策略。

（1）以商品诉求为中心的设计策略

设计策略是为取得商品竞争优势制订的设计方略。以商品诉求为中心的包装设计策略，就是使消费者能够通过商品包装清晰感受到商品的品质，信任商品包装上的使用说明，满足消费者对老产品的追新心理而采用的设计策略。

①直观策略

直观策略需要首先找出商品自身的优势和特质，用商品的直观形象传递商品信息（图 1-4-2、图 1-4-3）。对于本身就极具特色的商品，在包装设计中可以采用开窗、镂空等形式直接展示商品形象，或者采用直观、醒目的商品拍摄图片，仿生造型表达商品原料、商品形象。这也是商品包装设计中最常用的手法之一。

②理性策略

面对市场琳琅满目的商品，消费者希望通过真实可靠的信息帮助自己决定购买决策，因此权威性的认证标注，详细的商品使用说明文字、图表等，可以向消费者传达该商品的功能、成分、品质、特点等信息，再通过商品包装材料与工艺给人以高

图 1-4-2　创意果酱包装　Tapsa

图 1-4-3　树洞坚果包装　骨干品牌（Backbone Branding）

质、合法、善意的印象，从而满足消费者决策信息需要的诉求。如图 1-4-4 所示，包装上传递“当月生产当月销售”“六维锁鲜技术”“最佳赏味30 天”等信息，帮助消费者理性选择。如图 1-4-5所示，监粮玉荞酒包装设计，将国家发明专利、地理标志、非配置酒等权威信息置于包装视觉中心位置，使消费者放心选购。

③“更新”策略

商品包装设计应顺应消费者逐新的追求。实验表明，在包装中印上“NEW”“新”等标记，往往会激发消费者的好奇心。许多具有悠久历史的品牌无一例外地都会根据时代审美趋向、技术材料变化等，有意识、有计划地改良包装形象，并以此作为自身的市场营销策略（图 1-4-6）。例如著名的依云矿泉水，每逢新年就会邀请著名设计师来设计本年度的限量版包装，以此方式塑造更为鲜明而具时尚气息的品牌形象（图 1-4-7）。可口可乐也会结合大型的体育赛事、地方活动、节庆等活动推出限量版包装的产品。尤其是一些老品牌在商品销售业绩不佳时，利用更新的包装策略使商品重新焕发生机，配合公关等活动重新赢得市场。

（2）以文化诉求为中心的设计策略

随着人们文化及生活水平的不断提高，在商品

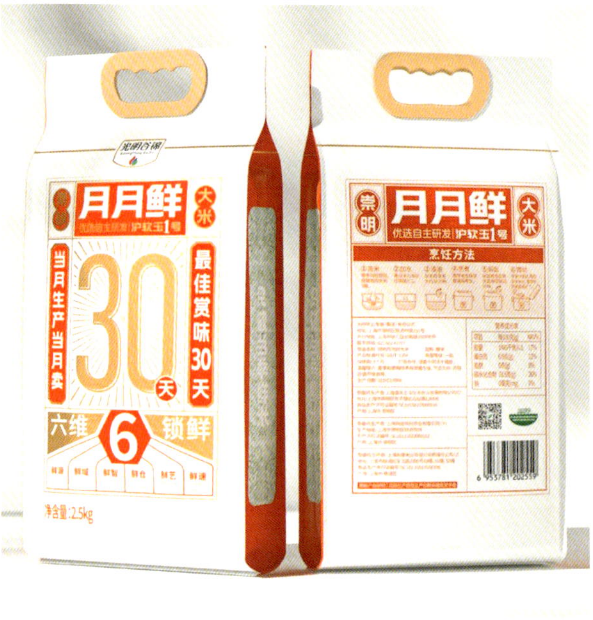

图 1-4-4　光明谷锦月月鲜大米　包装　智多邦

图 1-4-5　监粮玉荞酒包装　包装　河岸设计

图 1-4-6　月饼包装

图 1-4-7　依云矿泉水包装

质量基本得到保证情况下，消费者对商品包装的文化内涵越来越重视。特别是在当下，民族文化自信日趋提升，追求多元化、个性化的新生代消费群体崛起，具有文化内涵的产品日益受到年轻消费者的追捧。而与商品共存的包装在保护商品的同时，需要传递商品的文化内涵。以文化诉求为中心的包装设计策略，正是为了满足消费者更高层次的心理需求——文化需求，而进行的设计策略。

①突出地域特色策略

国家文化旅游事业带动了地方经济步伐的快速推进，许多地方都开始注重对地域特色文化和产品的推广。在具有地方特色的商品包装设计中，多以其风土人情符号作为宣传重点，借助典型的地域性图形、文字、色彩、材料等表现元素强调商品的地域特色，以提高产品的认知度。例如，云南宣威火腿酱包装（图 1-4-8），采用云南东巴象形古文字和云南服饰色彩作为包装的视觉元素，来凸显该产品的云南宣威地域文化特色。又如，用藏族人物形象和传统酥油茶制作场景符号表达酥油茶的地域特色（图 1-4-9）。

②彰显传统文化策略

传统文化是一个民族宝贵的物质与精神财富。在长期的生产、生活过程中，由集体智慧凝结形成的丰富的造物技艺、装饰艺术、社会哲学伦理等，已成为民族的文化符号，体现了一个民族固有的文化特质。例如，书法、皮影、剪纸、年画等中国传统艺术形式，因其鲜明的本土文化特色至今依然受到人们的青睐。利用传统符号作为表现元素，不仅能够体现情感的寄托和特殊商品的需求，还可以体现传统文化的价值和意义。月饼、酒、茶叶等富有中国特色的商品，包装的色彩、图案、文字、材料等融入了中国传统元素与风格，彰显了自身的民族文化，从而引发了消费者的情感共鸣，以及不同民族消费者的认知。如图 1-4-10 所示，设计师将中国“黄历”文化融入包装设计中，通过“黄历”视觉形象应用，能够使消费者第一时间与产品名称“好日子”形成紧密联想。图 1-4-11 为秃黄油包装，秃黄油是蟹类衍生品中的高端品类，精致礼盒包装在凸显价值感的同时富含文化底蕴，满足了临近年货时节客户的送礼需求。

③契合流行时尚策略

一种流行和时尚，不仅反映了社会文化的动向和潮流，还在某种程度上反映了当时的消费价值取向，它对人们的生活与消费有着重要的引导作用。在商品购销环节中，流行元素既可表现在图形、文字、色彩、编排、结构、材料等视觉层面，又可体现在某种流行观念或话语、行为层面，两者相互交融、互为补充，共同营造顺应时尚潮流的流行包装样式。例如，岳上红茶包装设计（图 1-4-12）的灵感来源于福建福安仙顶峰刘坑村的传统房屋造型，将线性元素贯穿整个设计，小动物图形的点缀弥漫着自然生活的气息；使用环保的纸质包装，设计现代简约、时尚新颖，透着高级感，诠释健康时尚茶饮理念。又如，宫玺国潮礼礼盒包装设计（图 1-4-13），契合当下传统文化复兴潮流的宫廷文创时尚概念。

图 1-4-8　宣威火腿酱包装　千方百计品牌设计

图 1-4-9　酥油茶包装　后潮品牌设计

图 1-4-10　卷烟包装　凌云创意

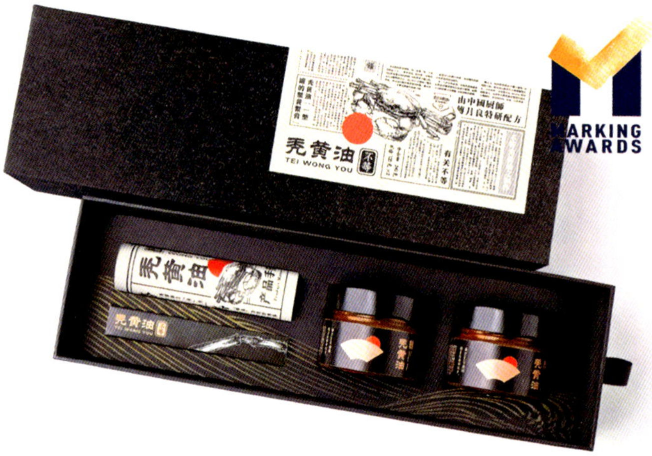

图 1-4-11　秃黄油包装　杭州不等食品科技有限公司

图 1-4-12　岳上红茶包装　武宽夫

图 1-4-13　宫玺国潮礼礼盒包装　上海橘猫包装设计

（3）以消费者为中心的设计策略

以消费者为中心的包装设计策略，要分析消费者在不同年龄、性别、职业、民族、文化程度、社会环境等方面的差异，根据商品的品类特性，分析消费人群画像，从满足商品消费群体的需求出发，进行全方位的包装设计策略，从而满足不同消费者的购物体验和使用体验。包装设计策略具体从以下3个方向入手。

①人性化设计策略

人性化设计是指在设计过程中以人为本，根据人的行为习惯、人体的生理结构、人的心理情况、人的思维方式等，在产品原有基本功能和性能的基础上，对产品进行优化，使消费者购买、使用时非常方便、舒适。设计人性化是在设计中体现对人的心理、生理需求和精神追求的尊重和满足，是设计中的人文关怀和对人性的尊重。

包装设计人性化策略，是设计师通过对包装形式和功能等方面注入人性化因素，赋予包装物以人性化的品格，使其具有情感、个性、情趣和生命。包装设计人性化的表达方式是用有形的物质形态去反映和承载无形的精神内涵，以满足消费者对产品包装的功能和心理诉求，协调人与品牌的关系，提升人的生活品质。

A. 对健康成年人的包装人性化设计策略

作为与消费者发生直接联系的商品包装，在设计过程中应根据不同人群的生理需求和情感需求进行发掘、整合和优化，体现在与人的行为相关的方方面面。例如，包装的提手、拉环、封口等设计，应考虑到消费者携带、开启、存储的便捷性。在材料选择、结构、色彩、图形、文字等视觉语言的设计上，要给予消费者人文关怀。例如，依云矿泉水的环形瓶盖，可悬挂在背包上，非常适合人在户外活动时使用。又如，亨氏调味品包装采用挤压式，方便了消费者烹饪时单手使用。再如，太阳能媒体(SOLAR MEDIA)包装设计（图1-4-14），将一块太阳能板、一块屏幕、三套节能灯和其他配件通过紧密的结构，集成在一个抽屉大小的瓦楞纸盒中。人们在取出里面的灯具及设备后，原本的包装会形成一个可长期存放的抽屉，用来区隔不同产品部件的隔板，通过简单的撕拉和折叠，立刻变成几个不同大小的衣架。六套产品会通过一个大箱进行集成运输，外箱通过简单的处理，就可以变成一个可以用来悬挂衣物的衣柜或六斗柜。这套包装采用可回收的高强度防水瓦楞纸，具有极高的耐用性，人们可以用它们来存放碗碟、食物或衣物。这套包装可以让消费者不多花一分钱，而改善一些生活条件。这些细微的改变使包装设计承担了一定的社会责任，传递了人文关怀。

B. 对弱势群体的包装人性化设计策略

设计的人性化也使设计师会多加关注社会中的一些弱势群体——一部分人只能靠手指触摸世界，想象着它的色彩模样，有的人没法完整正确地感知色彩，也有的人完成对常人来说简单的动作，却要费九牛二虎之力。设计师只有用心去关注消费者、

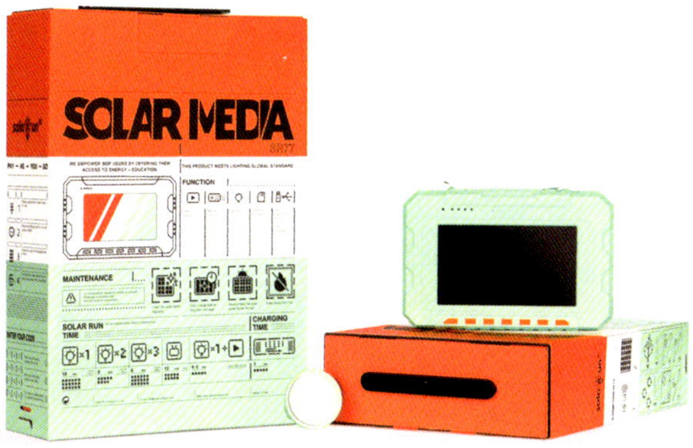

图1-4-14　太阳能媒体（SOLAR MEDIA）包装　潘虎

关注人性，才能以饱含人道主义精神的设计去打动人。包装设计师如何通过设计，可以使包装成为盲人的眼？照顾到色盲色弱人士，改良包装的色彩，使他们能快速找到需要的产品？通过包装结构设计，让行动艰难人士取物、用物更省力一点？例如，只为你的眼睛 (only for your eyes) 冷萃咖啡包装设计，这款包装整体采用极简设计，只有一句“这杯冷萃咖啡仅供您享用”(this cold brew coffee is only for you enjoy it) 盲文附着其上（图 1-4-15），盲文包装为视障人群提供了方便，能使盲人融入当代社会生活中。再如，微软的 XBOX 自适应控制器产品包装设计（图 1-4-16），该包装能够让行动不便的残障人士可以轻松开启包装，取用 XBOX 电视游戏机。开启包装的步骤一再被简化，只要撕开外封条，盒型自动展开。拉环设计可以让行动受限的特殊人士通过多种方式从包装盒内取出 XBOX，为有需要的特殊游戏玩家带来更轻松便捷的拆箱体验。

②分众策略

由于消费者在性别、年龄、职业、收入、文化程度等方面的差异，购买商品时会有不同的动机和需求，因此在包装设计中要建立分众策略。一般情况下，设计定位时应根据目标受众的特征设定高、中、低档和精装、简装等不同包装档次。对于低收入的消费者，包装设计需要考虑降低成本，经济实惠；而对于高收入、文化程度较高的消费者，包装设计则需考虑精美考究、制作精细和品位营造。尤其在市场竞争激烈的情况下，一家企业如果要占领不同的消费人群市场，应根据目标受众合理区分档次，做到科学规划。例如，碧螺春茶家庭用茶包装、公务场所用茶包装与礼盒茶包装（图 1-4-17 至图 1-4-19），因消费群体定位不同、商品使用场景不

图 1-4-15　“只为你的眼睛”冷萃咖啡包装

图 1-4-16　XBOX 自适应控制器包装

图 1-4-17　家庭用茶包装

图 1-4-18　公务场所用茶包装

同，包装的结构形式、使用材料各有所侧重。

③趣味化策略

随着人们生活节奏的加快，趣味性的商品与包装形式能让人会心一笑，形成消费者与商品之间的良性互动。趣味化策略是根据商品不同特点采取不同表现形式，可以是一种图形、一种形态结构，也可以是一个故事、游戏的参与，也就是说应建立在引发人们享受生活乐、满足人们轻松愉悦诉求基础上的设计策略。例如，Color Eat 果酱包装设计（图 1-4-20），设计师的包装理念是以画家的调色板为基础的，孩子们最爱玩，把平时吃果酱的过程变成一项有趣的活动，让这些小艺术家的想象力在土司片这块画布上肆意挥洒。这些美味的果酱（草莓、无花果、南瓜、桃子和牛油果）就像彩色的颜

图 1-4-19　礼盒茶包装

图 1-4-20　Color Eat 果酱包装　骨干品牌（Backbone Branding）

料一样，而勺子则是他们的画笔。有了这种包装，吃果酱就成了一项有创造力的艺术任务、一项令人兴奋的日常仪式。许多食品在包装中，附加有共同主题的收藏卡片，如历史人物、风景名胜、电影角色等，这些卡片会激发人们的收藏兴趣，以此促进商品的销售。

（4）围绕包装设计元素拟订的设计策略

包装设计具有美化商品的功能，一般由图形、文字和色彩等视觉元素构成，通过元素的形态，以及各元素之间的构成关系形成不同的视觉形式、风格和色调。

①造型风格化策略

富有个性、美感的产品造型，令人爱不释手。销售市场上不乏“以形取胜”的实例。例如，知名品牌香水（图 1–4–21、图 1–4–22）的每款瓶形和包装都是一件精美的艺术品，它所形成的气质、格调与品位，构成了商品和商品包装的审美风格，体现出其自身的魅力，也从某种程度上迎合了消费者的审美诉求，给消费者在选择、使用商品过程中带来美的愉悦和享受。又如，屈臣氏纯净水包装，其优美的曲线瓶身让人印象深刻；依云矿泉水推出的“水滴”包装瓶，因其造型巧妙、独特，深受消费者青睐。

②色彩风格化策略

人们在观察客观事物时，对色彩的记忆最为深刻，色彩本身所具有的强烈视觉表现力，也最容易引发人们的情感波动和心理变化，因此不可忽视色彩对商品包装风格形成的影响和作用。充分利用色彩的性质和表现力，彰显包装的风格和提高包装的辨识度，就成为商品包装设计惯用的手段之一。例如，Mozzo 咖啡包装的橙色基调在众多咖色系中形成色彩差异（图 1–4–23）；ISTRIANA 橄榄油包装设计使用陶红色与裂纹结合，具有罗马时代陶瓷文化特点，使橄榄油产品具有身份象征（图 1–4–24）。

③材料与技术更新策略

技术的合理运用关系到包装的优劣，推动了包装形态的变化。新技术、新材料、新工艺为商品包装的品质提升带来无限可能，同时印刷技术、材料加工技术和生产加工技术、网络技术的进步促进了包装行业的发展。市场上琳琅满目的矿泉水瓶，来自塑料成型技术的支持；利乐包包装技术决定了今天的液体饮品的包装形态；塑料薄膜的热成型结合抽真空技术，延长了食品的保质期……可见，如今新材料、新技术的不断涌现，为商品包装升级换代带来了广阔空间。

（5）以品牌诉求为中心的设计策略

品牌是一个企业的无形资产与财富，品牌形象的构建体现了当今时代发展的必然。许多拥有较高知名度的品牌，常常直接将自身具有代表性的视觉元素作为表现对象。商品包装设计中的品牌策略大

图 1–4–21　迪奥（Dior）香水包装

图 1–4–22　雅诗兰黛（Estee Lander）香水包装

图 1-4-23　Mozzo 咖啡包装　B&B 工作室（B&B Studio）

图 1-4-24　ISTRIANA 橄榄油包装
TUMPI/PRENC 工作室
（STUDIO TUMPI/PRENC）

致可归纳为以下 3 种。

①系列化策略

一家企业或某一品牌下的同类商品经常采用系列化的包装方式，在展示销售时，既可以突出企业形象、强化品牌识别，又能给消费者留下企业实力以及专业性和管理规范的整体印象，从而增强对企业的信任度（图 1-4-25、图 1-4-26）。采用系列化的品牌策略，不仅可以使市场上表现较为成熟的商品带动新产品的开发和销售，还可以大大降低宣传成本，充分发挥包装作为“销售媒介”的作用。

②品牌联合策略

品牌联合策略是指两个或更多品牌相互联合、相互借势，将品牌本身的各种资源有效地整合，从而创造双赢的营销局面的战略。品牌联合策略借助某一事件或活动，巧妙地将两个或两个以上知名品牌产生碰撞，形成新的视觉冲击，引起消费者的兴趣。其实，品牌联合策略是彼此找到共同的品牌价值语言、共性和包容力，品牌间的跨界能拥有一切同心合作的可能性，达到提升品牌资产的目的。

对于品牌联合的发起方来说，实施品牌联合的主要动机是希望借助其他品牌所拥有的品牌资产来影响消费者对新产品的态度，进而增加购买意愿，并借以改善本品牌的品牌形象或强化某种品牌特征。例如，美加净联合大白兔开发出大白兔润唇膏产品（图 1-4-27），从中可看出，品牌联合需要品牌与品牌之间找到某一属性的匹配，美加净从这两个品牌的联合找到了润唇膏与大白兔奶糖的味觉、嗅觉联系，借助大白兔奶糖国货老品牌的知名度，把大白兔品牌的消费流量叠加到美加净产品的消费群体中。又如，喜茶与阿华田联合的阿华田波波冰包装同样广受市场欢迎（图 1-4-28）。

③事件性策略

为保持公众对品牌的关注，许多企业会借助重大事件展开营销活动，继而推出新的产品或限量版纪念商品与包装。例如，可口可乐公司常常与奥林匹克运动会等重大事件开展营销活动，如 2020 东

图 1-4-25　农夫望天辣椒酱包装　深圳 BOB 设计

图 1-4-26　幸福满点糖果计画包装
满点（杭州）食品科技有限公司

图 1-4-27　美加净 + 大白兔润唇膏包装

图 1-4-28　喜茶 + 阿华田波波冰包装

京奥运版包装（图 1-4-29）。在其饮料的包装上同时出现了可口可乐品牌形象与奥运五环标志形象，这一做法体现出企业对社会的关注，以及企业的公益精神和实力，令人印象深刻，在推动奥运精神传播的同时提升了企业品牌形象。

成功的案例还有依云矿泉水包装。例如，1992 年为庆祝冬季奥运会在法国阿尔贝维尔举办，顺势推出印有山峰浮雕的玻璃瓶包装，使人感受到企业的活力，千禧年之后，又推出了一系列水滴型包装，二者均成为本领域设计的经典之作。这种与社会重要事件性活动互动，不断推出新的商品及包装设计的策略也为品牌带来了良好声誉（图1-4-30）。

（6）以生态诉求为中心的设计策略

科学技术的发展在推动物质财富积累的同时，从某种程度上也给生态环境带来沉重负担，保护人类生存环境、实现社会的可持续发展已成为时代的重要命题。因此，倡导科学发展观和绿色设计理念，应成为设计师自觉践行的常态。

①绿色包装材料策略

材料是实现包装的物质基础，恰当的材料选择可以起到保护商品、凸显商品特性的作用。随着适度设计观念的推广，包装材料的选择已成为企业、设计师必须考量的现实问题。重视包装材料的环保因素，不仅顺应了当今商品包装发展趋势，还可能形成商品宣传的亮点。食品包装可选用天然材料，也可选用一些由蛋白质、淀粉或复合类物质组成的可食性材料，这不仅有利于消除人们对食品安全性的担忧，还成为销售卖点。例如，英国三位大学生发明的Ooho可食用性水包（图1-4-31），在设计界一炮而红。Ooho水包采用天然海藻提取物，利用凝胶化技术制成。最人性化的一点是它有两层膜，饮用的时候撕掉外层就能直接放入口中，这种材料也可以装饮料甚至化妆品。又如，SOAP BOTTLE肥皂瓶装的沐浴露包装设计（图1-4-32），就是受到食品行业中的可食用包装纸，即包装就是可被食用的部分启发。这是一款很神奇的洗护包装，把沐浴露或洗发水装进方形肥皂中，当里面的沐浴露用完后，方形肥皂能继续使用，直到完全消失，不会留下任何残留，最大化地做到环保零浪费。

除此之外，包装设计中减少材料使用和加工的烦琐，采用极简设计也是一种行之有效的设计思路。例如日本无印良品的包装设计，采用未经漂白的纸张与简约的设计形式，减少污染环节的同时，形成了具有独特风格的品牌形象，给人以朴素无华

图1-4-29　东京奥运会可口可乐包装

图1-4-30　依云矿泉水包装

的印象。

②循环再利用策略

包装的循环再利用是指包装形态和材料可再次使用，可以通过降解回收再次成为包装的材料，也可用于其他物品的存储或作为生活环境的装饰和点缀等。在进行包装设计时，应把尽可能延长包装使用寿命作为预期考量。例如，三生稻大米包装（图1-4-33），围绕“稻谷做的大米包装”概念，设计非常独特。与传统大米包装不同，设计师把大米自然脱壳的物料回收加工做成外盒包装，既成本低廉，又能自然降解。外盒包装采用压膜成型凸起的大米搭配简约插画图形，肌理质感的外观更显品质。内包装袋是白色的帆布材质，印有产品信息，整体视觉干净、大气。更绝的是大米用完之后，包装盒还可以当纸巾盒重复使用，把循环利用做到了极致。

以上策略不是割裂运用，而是根据商品特性与文化内涵，以某个策略为主的设计构思，使设计表达风格具有鲜明特点。

（四）创意设计

“创意”有名词和动词两种词性，名词是指有创造性的想法与构思，动词是指提出有创造性的想法与构思。在艺术设计活动中，常将“创意”与“设计”联系起来称为“创意设计”，是指将富于创造性的思想、理念以设计的方式予以延伸、呈现和诠释的过程或结果。包装创意设计，是综合运用创意思维、设计手段，解决用怎样的包装最佳解决商品销售的问题。因此，商品包装创意设计，直接关系到商品销售的市场效果，在整个设计环节中发挥着不可或缺的核心作用。包装设计创意体现在多个方面，包括包装容器的材料、造型、结构设计，标签画面的字体、图形、色彩、排版设计。产品包装是美学艺术与商业价值的结合体，是包装设计师将自身美学视觉表现的独创性与目标消费者的大众

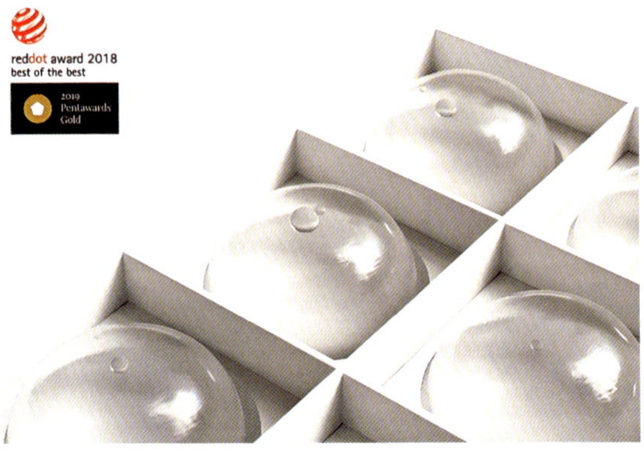

图 1-4-31　Ooho 可食用性水包包装

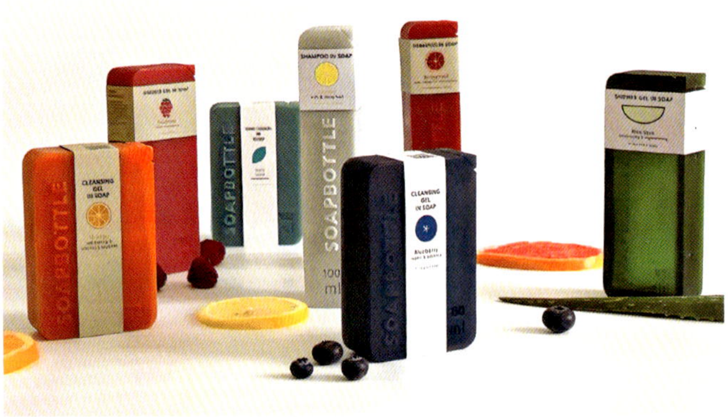

图 1-4-32　SOAP BOTTLE 肥皂瓶沐浴露包装

图 1-4-33　三生稻大米包装　泰国

审美相结合的产物。包装设计还要注意品牌、产品名称、产品卖点、产品系列的呈现，既要在主要展示面上通过清晰的层级传递出产品的准确信息，又要联系包装不同的面、体关系，调和视觉与信息的主次关系。同时，强大的包装视觉规划系统还对企业的品牌、品类、产品管理起到非常重要的作用。设计师在包装设计过程中还应注意包装上用到的字体与图案是否侵权，内容是否符合相关品类包装的法律法规要求，包装设计是否符合最终印刷制作要求。

1. 创意思维类别

创意思维是商品包装设计的核心，好的创意不仅要求设计师具有开阔的视野和综合的能力，还要具备一定的敏感和智慧。在日常生活中注意积累丰富经验，掌握科学、有效的创造性思维与方法。

创造性思维是人类高层次的思维活动，是多种思维方式综合运用、反复思辨的过程，体现了人类探求创造力的主观能动性，以及发挥自身知觉、情感、意志能力的内在需求。

（1）抽象思维

抽象思维也称为理性思维，是指人在认识过程中，大脑在概念分析的基础上进行推理、判断，对客观事物的本质属性进行归纳、集中的一种思维活动。抽象思维的常用方法有归纳与演绎、分析与综合、抽象与具象（体）等。

（2）形象思维

形象思维是指人们在认识世界的过程中，对事物表象进行有意识地选择、排列和组合，用直观形象和表象解决问题的思维方法。形象思维主要用典型性、具象性的方式，用形象作为思考的工具。

（3）发散思维

发散思维也称为放射思维或辐射思维，是创造性思维活动的一种重要方式。它是指大脑在进行思维活动时不受既有概念和传统认识的束缚，从多角度、多维度去思辨、探索，从而获得新的突破。在商品包装设计的构思阶段，发散思维是创意产生的重要基础和条件。

（4）收敛思维

收敛思维也称为聚合思维或求同思维，是以思考的对象为中心，使思路简明、集中、逻辑、条理、扁平化，将思路以集中、求同、定向的方式收敛，寻求解决问题的最佳答案。收敛思维与发散思维是对立统一的关系。发散思维得到的是众多可能性，收敛思维的意义是力求得到最佳解决方案，这个过程帮助设计师从已有信息中进行汇总、遴选，推断并形成最佳的创意方案。

（5）分合思维

分合思维是将与设计对象相关的信息诸要素加以分解，在此基础上，尽可能求得各要素和元素进一步拓展和延伸的可能，并进行新的组合，以产生新的思路、新的方案思维方式。

（6）联想思维

联想思维是通过将设计对象与经验中的相关知识进行联系、类比，从而丰富、延展思维的范围和内容，获得创造性想象的突破空间。它是设计师为了拓宽思路常用的思维方式。

（7）直觉思维

直觉思维能够透过事物的表面现象，洞察事物的属性与本质。它具有自由、偶发、灵活而又不可重复的特点，是设计中最能体现创造力的思维方式。

（8）灵感思维

灵感思维是基于丰富的体验和潜意识，面对问题而得到的直觉启示或突如其来的顿悟与理解，是创造性思维的重要形式之一。

总之，在包装设计过程中，合理运用多种思维方式，有效完成创造性思维过程，需要根据已确定的目标，对思维过程中出现的众多包装方案与设想进行有意识、有目的的恰当选择。设计上需要不断寻求设计方案的创新突破，从而建构起新的包装设计形式与风格。因此，基于目标出发的创意设计，是商品包装设计取得创造性突破的内在动因。

2. 包装创意设计过程

创意设计阶段包含初稿设计、提案汇报、设

计深化环节。包装设计创意的过程犹如一个双钻形（图 1-4-34），从设计目标出发进行发散思维、联想思维，获得尽可能多的设计构思，再用收敛思维进行比较、优选，获得设计概念，根据消费者定位、产品定位、档次定位、风格定位选择设计策略；围绕设计概念进行头脑风暴获得多套设计方案，根据设计目标进行客观分析与评估，筛选出最佳设计方案（包含包装造型、结构形式、使用材料、工艺效果、色彩搭配、排版设计等）；围绕设计方案进行全方位设计制作，获得符合目标的设计结果。这个过程紧密相连、整体贯穿。设计工作过程大致从以下四个阶段展开。

（1）确定设计概念与策略阶段

包装设计概念与设计策略相辅相成、不可分割。设计概念的产生通常建立在对大量数据及现象的比较分析之上，提出区别于市场上已有同品类产品包装的创新突破方向，并以视觉艺术设计表达、包装造型结构设计、材料设计、工艺设计等为主要手段呈现创意构想效果。设计策略主要是指形成一个完整设计目标的逻辑基础，根据商品特色，以市场为导向，确定包装设计风格，满足、引导消费者需求，有效地促进商品销售。制定策略的角度不同，实现设计目标的路径也不同。

（2）收集资料阶段

进行包装设计，首先要围绕已经确定的设计方向收集素材和参考资料，一是包装设计需要使用的视觉元素素材，二是在设计中可以参考的相关资料。资料信息的收集是思维发散的阶段，提倡多角度、多维度思维，同时可以通过与同行或跨行业人员交流，或者通过阅读、访谈、调研等方式进行，尽可能多地收集与商品、包装及市场相关的信息。资料越丰富，越便于设计师开阔视野、扩展思路，从而促进创意的形成和设计的顺利进行。资料的收集具体包括容器造型、材质、品牌标志、产品名称、字体、图形、图片、色彩配置、印刷工艺等内容。

（3）创意酝酿阶段

创意酝酿阶段在消化、分析、评估已掌握资料的基础上，通过感悟和碰撞激发灵感，应属于形成创意点的前期阶段。这个过程需要综合运用分解组合、意向联想，将原来发散的思维点归纳集中，探求尽可能多的设计创意可能性。

（4）创意顿悟阶段

通过前几个阶段的积累，经过长时间的酝酿，或者不经意间的偶感而发，一步步促使创意点的形成和成熟，体现了思维的超越和升华。

①包装造型结构草图

当包装设计的设计概念（创意突破点）得以确认，要以草图的形式准确、清晰地描述，并阐明创意的概念和执行计划，将初步的想法、概念和表现元素编排视觉化。草图最好遵照实际尺寸比例，反映出实际要求。草图的内容包含包装整体结构图、包装造型三视图，不需要特别精确的细节，但要绘出基本的意图和形态，以便于下一步深化设计。

②平面设计初稿

在设计初稿的过程中，要对各种创意和设计概念进行更加细致和深入的思考，同时要尽量保持最初的感觉。草绘商品包装图形元素、文字元素、表

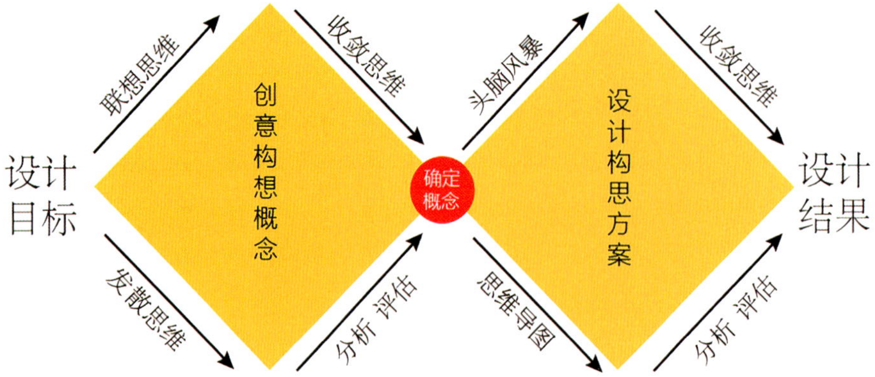

图 1-4-34　包装创意双钻形思维模型

单元素等设计构思。在编排初稿中，应大致体现包装设计中包含的各种视觉元素，以及各元素之间的搭配组合，对各种信息的重要程度认真甄别并进行视觉层次编排，避免过于细致琐碎，给后期的设计开发留出足够的空间。

初稿设计好后，要召集委托方进行提案汇报，得到反馈意见后修改设计方案，深化设计制作环节。

（五）创意提案

1. 提案准备

提案是设计公司与企业营销负责人，就产品包装设计进行深入探讨的过程。当包装设计提案内容涉及产品策略、品牌定位、品牌命名、品牌设计时，包装设计公司的策略负责人与主创设计师亲自向客户现场提案就变得非常必要。企业只有和设计公司面对面地针对产品策略与包装设计出发点进行充分探讨，才能对接下来的包装设计调整工作做出明确判断。

（1）初次提案目的

初次提案的目的主要是探讨可以继续深入发展的设计方向，同时也是客户和设计双方进一步沟通与设计相关的资讯、意见，以发现问题和增进共识的机会。

（2）提案类型与要求

初稿提案可分为内部提案和正式提案。提案的内容主要有市场定位、设计概念、视觉设计表达、包装结构设计、包装使用材料、包装成本、生产工艺，以及与品牌营销策略的融合度和可持续发展性等。包装设计提案要内容清晰、易懂，要提出独特的设计思路和解决方案，确保设计提案与客户的目标和需求一致。

（3）提案准备

提案文件的准备包括文件内容及其展示形式的准备。初稿设计提案的内容，尽量多考虑几个可能的设计方向，但是一定要有一两个重点设计方向。将这些初稿设计方案按一定关系排序，并逐个编号，再辅以简要设计说明，制作成提案文件。需要注意的是，无论是展板、纸质文件或 PPT 演示，提案文件本身的版式编排非常重要，会影响客户以及与会者对设计效果的判断。

（4）提案方式

初次提案通常是甲乙双方第一次关于设计方向和设计重点的讨论，建议务必当面提案。在设计深化过程中，也可以采用网络邮件的方式。提案文件的形式可以是展板、纸质打印稿或 PPT 文件，根据具体情况而定。

2. 提案技巧

（1）完美呈现

尽可能完美地展示设计方案，这是客户花费时间精力来参加这个会议的核心关注点。

（2）完整、简要陈述

完整、简要地陈述己方的设计观点与构思，是提案成功的重要技巧。提案文件的说明文字，一定要用“条款 + 关键词”的方式编写，且不要在版式上影响提案本身的展示效果。

（3）临场应变

根据提案现场情况，以“实事求是 + 临场应变”的态度和方式去领会、沟通或引导客户的观点，使讨论朝着有利于探寻明晰的设计方向上发展。只要设计方是努力为客户的市场着想的，就是有争辩也是好的事情。

（4）注重细节

提案人员良好的精神状态、整洁的仪表、充分的准备、严谨的工作态度和谦逊的礼仪，是体现设计方专业素养并促成提案顺利进展的重要细节。

3. 版权保护

首先，在设计合约中应该对设计项目所涉及的版权方面的责、权、利进行约定；其次，在设计过程中的提案，或者在设计验收后，应请客户签收“设计方案回执单”，并加盖公章。

二、设计中期

提案后就进入了包装设计中期阶段，包含消费者定量调研、设计修改与调整、消费者定性调研、包装完稿制作等工作。

（一）消费者定量调研

当企业无法确定哪个方向的设计方案会受到目标消费者青睐时，可以通过消费者定量调研的方式进行判定。产品包装的定量调研可以通过网络调研或线下问卷方式完成，对定量调研获得的数据进行分析，可以获得目标消费者的消费倾向和需求喜好。在企业内部征询一定数量的目标人群意见也是一个很好的选择。

（二）设计修改与调整

设计修改与调整是在综合了设计提案的主要意见后，对包装的信息内容及设计风格进行修订和深入推敲设计的过程。包装设计创作过程中的不断精进修改是正常的现象。这个阶段的修改与调整工作，不是钻牛角尖式地苛求细节，而是要结合客户意见或调研结果，进行设计修正与细节调整，围绕既定的设计定位，系统完善、细化各个基础视觉形态的造型设计，完善包装整体上的信息构架和版面结构的关系，使包装从整体上对信息传达的效果和风格感染力的效果进行系统的强化。

（三）消费者定性调研

产品包装设计定稿后，企业通常还会进行消费者定性调研测试，以确定企业希望包装传递的全部信息被准确清晰地传递出来，消费者可以第一时间捕捉到这些信息。定性调研一般会采用目标消费者分组问询方式完成，需要有真实的包装实物打样，有时还会将包装实物打样与竞品的产品包装一起陈列在模拟货架上，通过眼动仪进行比较测试。包装定性调研完成后，设计师还会根据调研结果再次调整包装设计。

（四）包装完稿制作

完稿是将包装设计草稿制作成可印刷的印前文件的过程。包装完稿工作具有很强的专业性，要用符合生产标准的图形文件，把误差降到最低，涉及文件出血设置、文件色彩模式设置、文字转曲、校准线绘制、印刷拼版、色彩校准等，此外还要准备印刷，加工制作文件清单。完稿师会按照印刷制版要求，对设计师包装效果图上的图像与文字进行符合印刷要求的最终技术处理。

三、设计后期（印前处理）

印前处理包含包装打样、包装完稿调整、包装文件的检查与存储、包装制版与印刷签样、生产上市等环节。设计师必须对设计中所使用的印刷工艺非常熟悉。在这个阶段要下厂实习或监印，带着方案请教印刷厂。还要到卖场考察同类商品的包装成品，看看这些商品的包装工艺与材质的使用方式与效果，就可以了解在这样的设计与成本投入上，哪些工艺和材料可以使用，使用后的效果怎样。

（一）包装打样

包装打样包括容器打样和标签打样两部分。容器打样有 3D 打样和开模打样两种方式，其中开模打样需要较长时间，而标签打样是包装标签印刷前的一个模拟印刷过程。包装的标签打样也是设计公司和企业对标签设计效果是否符合要求做出最终认定的依据。设计公司会通过包装打样来进一步检查、调整包装完稿中出现的问题，向企业提供进一步的包装设计改进建议。

（二）包装完稿调整

许多时候，包装的打样不会一次完成，只有针对多次包装打样文件发现的问题进行包装完稿的校正与调整，才能最终保证包装成品完美无缺。

（三）包装文件的检查与存储

包装设计文件的最终检查与存储，无论是对消费品企业还是包装设计公司都非常重要。包装完稿文件一旦出错，轻则导致包装印刷损失，影响产品上市时间；严重的，错误的产品包装进入消费流通市场，会给企业产品和品牌信誉带来不可估量的损失。企业与设计公司都应建立一套完整的包装文件检查流程与签批制度。产品包装负责人必须通过严格的检查与审批，确保包装设计最终文件的准确性和规范性。同时，由于完稿文件还会在不同设计公司、制版公司、印刷工厂间流转，不同电脑软件版本与字体格式也会影响包装文件打开的正确性。此外，企业通常还会在一定时间内对原有老包装进行升级调整，对最终正确版本包装文件的保管与存储，对企业与设计公司来说非常重要。

（四）包装制版与印刷签样

在包装的制版与印刷环节，有句行业惯用语："包装印刷的好坏，九分靠制版一分靠印刷。"包装制版的好坏，直接决定了包装成品印刷的品质高低。包装印刷时的上机签样也十分关键。签样也被称为对包装成品的色彩管理，是包装进行批量生产前的最后一道检验环节。印刷签样前需要设计师入驻印刷企业，与印刷工程师协调沟通，保证设计"实现"性，生产定型后可进行设计验收。有时还要对已经投放市场的新产品进行市场效果测评，用以检验包装设计是否达到了预期目标。认真做好每个环节的工作，是确保一款新产品在市场上取得销售成功的必要条件。

（五）生产上市

包装生产是企业包装从设计到产出的最后环节，每次包装生产都需要严格按照包装的印刷签样标准进行监督和检验。

设计师需要对设计程序有清晰的了解，从设计思路的产生变成具体的设计方案，再成为投入市场的商品包装实物，这期间需要经历一个细致和复杂的过程。设计前期的调研分析、设计策略、创意设计工作非常重要，要全面运用设计学、材料学、市场经济学、消费心理学等跨学科知识。创新性、审美性、体验感、成本控制等因素决定设计提案是否能顺利通过。设计中期和设计后期与科技、材料、生产工艺紧密结合，决定着设计能否实现前期的创意设计。因此，品牌包装设计师既要具有宽广的知识面、专业知识与技能，又要熟悉包装印刷工艺，在设计中融会贯通、灵活运用。

模块二　品牌包装设计项目实训

第一节　绿色赋能，助力乡村振兴的包装设计

第二节　品类开发，重塑品牌的包装设计

第三节　文化传承，传播中华文明的包装设计

第四节　国际交流，推动设计对话的包装设计

模块二　品牌包装设计项目实训

模块概述

本模块共包含 4 节内容，主要从 4 个不同主题方向安排包装设计实训项目。第一节为绿色赋能，助力乡村振兴的品牌包装设计，侧重从绿色生态包装设计目标出发，服务乡村振兴，打造乡村区域特色的产品品牌。以中国传统“天人合一”的哲学思想，运用合适的材料、结构、印刷工艺设计环保且具有可持续发展的包装。第二节为品类开发，重塑品牌的包装设计，从解决老品牌产品品类老化问题出发，通过开发新品类产品，进行品牌重塑，即品牌包装的升级设计。第三节为文化传承，传播中华文明的包装设计，侧重对产品品牌的传统文化赋值，提升品牌价值，吸收中华民族优秀传统文化，赋能品牌包装设计，提高品牌的差异性。关注人们的生活情感需求，从包装结构造型设计、视觉艺术设计，满足不同人群的包装使用体验。第四节为国际交流，推动文化对话的包装设计，侧重从国际视角，了解不同国际包装设计大赛基本信息及其作品与评判标准，了解国际包装动态发展情况，促进中外包装设计的交流。

第一节　绿色赋能，助力乡村振兴的包装设计

乡村是具有自然、社会、经济特征的地域综合体，兼具生产、生活、生态、文化等多重功能，与城镇互促互进、共生共存，共同构成人类活动的主要空间。党的十九大报告指出，农业、农村、农民问题是关系国计民生的根本性问题，必须始终把解决好“三农”问题作为全党工作的重中之重，实施乡村振兴战略。作为艺术设计专业的学生，要响应国家的号召，用设计智慧为乡村振兴贡献自己的力量，促进文化传播，促进地域经济的发展。

项目名称：蟹家大院 / 蟹王府（阳澄湖大闸蟹品牌包装设计）

项目概况：这是一个来自专业经营阳澄湖大闸蟹养殖、销售、特色餐饮的养殖户委托的品牌包装设计项目，商家希望从蟹家大院与蟹王府中选一个名称作为品牌名称，进行 VI 视觉形象整体规划，并开发系列品牌包装。

项目设计要求：通过市场观察，发现潜在的有特殊需求的大闸蟹消费群体，系统开展大闸蟹品牌包装设计，促进品牌价值提升，促进大闸蟹的销售。

一、实训概况

（一）实训内容

根据大闸蟹产品特点，系统开展品牌包装设计，包含品牌视觉系统设计、品牌产品包装全案设计。

（二）实训目的

1. 通过训练，能根据产品属性，定位品牌调性，策划并执行合理的包装设计方案。

2. 能从服务民生的觉悟，在成本控制范围内使用最合适的材料、结构、工艺，为乡村振兴、服务地方产业、促进地方经济贡献智慧。

3. 能举一反三，灵活开展农产品品牌包装设计。

（三）重点

根据农产品性状特点，从包装材料、造型结构、印刷工艺等方面系统思考绿色包装设计。

（四）难点

兼顾产品包装设计的环保性与商业性，控制成本与包装品质。

（五）学习方法

课前自主学习在线课程教学资源，如包装材料、包装造型与结构、印刷工艺的内容；课中提问、交流与设计实践；课后线上线下边学边练，积极完成项目各阶段任务。

（六）作业要求

体现绿色环保理念，注重包装的功能，体现地域文化。

二、设计项目分析

项目一：“晴意农农”品牌包装设计

为了助力乡村建设，把绿色有机的优质农产品带进城市，设计师自创“晴意农农”品牌，帮助乡民增收，促进地方经济发展。

（一）“晴意农农”品牌缘起

设计师从小在农村长大，父母都是农民，对土地有着一份特殊的感情，小时候种地的情景时常在眼前浮现。很多年来，他一直想做一件维护百姓利益、回馈自然的事情——打造一个纯天然高品质农产品品牌，却一直没有勇气去做。不为别的，如果没有充足的准备去挑战市场潜规则的勇气，那么宁可坐在办公室幻想。

两年来，各行各业的朋友到他的工作室交流，聊起想创建“晴意农农”品牌这件事。朋友问他的初衷是什么。他说：“这个社会很浮躁，以利为先，市场上环保生态的纯粹农产品已非常难得。希望能打造一个高品质的生态农产品品牌，使每个下班回家的人，能放心吃一碗好米饭！”他感觉如果能为消费者做到这一点，就是一种幸福。

请客吃饭！喧闹的都市中，复杂的酒菜掩盖了淳朴的味道！各种无法估量的不安全食品总在身边徘徊。他厌倦请客吃饭是因为吃的不是饭的本身。星级酒店都很难吃到一碗正宗的好米饭。现代人似乎都已经忘记了最淳朴的生活方式和吃饭的感觉！

每天吃快餐已经成为一种任务，实属无奈，可怎样才能找回吃饭的感觉呢？设计师鼓足勇气想打造一个货真价实的绿色食品的品牌。他非常庆幸，身边有人提醒他做事不能急功近利，要放慢脚步，鼓励他一步步走踏实，对消费者要持有真实、真诚的态度。他的母亲从小教育他要诚实，承诺的事情一定要做到。他打造“晴意农农”这个品牌（图2-1-1），里面的每一句文案、每一张照片、每一个人物、每一份包装都是品牌的真实写照。两年时间第一款产品才面市，因为他把品牌当成自己的孩子，希望能健康成长而不是拔苗助长。他坚持不为金钱左右，说真话、做实事，只为能让生活在城市里的消费者能吃到一碗地道的好米饭。

“晴意农农”这个农产品品牌用最简单的汉字告诉人们大地的温暖，“晴”与“情”同音，晴又

晴意农农®

图 2-1-1 “晴意农农”品牌 LOGO 梅竞放

表达了太阳的温暖，阳光雨露是产出优质农产品不可缺少的自然力量。这个 LOGO 名称，既体现了阳光下充满生机的农作物生长环境，是产出优质农产品的保障，表达了人们在接受大自然馈赠和农民辛勤劳动产出优质农产品时，要心怀对大自然、勤劳农民的感恩之情。“晴意农农”品牌只做纯天然优质产品，注重包装的绿色设计，体现对大自然的爱护，只有保护好环境，才能保证农产品的品质，才能符合生态规律。

（二）品牌包装设计案例

【案例 1】“晴意农农”系列礼品米品牌包装设计

1.市场调研与设计定位

习俗调研：设计师所在的城市浙江杭州保留着凡嫁娶喜庆、新居入厝、开市纳采、生子满月都会用米或米制品贺喜的习俗，表达送财富、送吉祥、送祝福。

产品调研：该大米是真正黑土地上生产出来的五常大米，属全国数量稀少的优质大米品类。许多消费者误认为，作为主食的大米应该价廉。市场上常见米价每斤 3~10 元，其中有打着五常大米的旗号卖不等比例的勾兑米，价格较低，消费者一般难以食用到真正的纯优质大米。

设计定位：“晴意农农”希望能给广大消费者一款 100% 纯优质五常大米，在众多大米产品中走品牌差异化路线，将纯正五常大米开发成礼品米，价格为 10 元 / 千克左右。在让百姓食用到 100% 纯优质大米的同时，通过大米系列节礼包装设计，赋予大米社交属性，传播“好米送有缘人”的设计理念，即天缘、地缘、人缘，有缘才能得到品质一流的大米。将对亲情、爱情、友情的温度，通过礼品米情暖人间、情系万家。在包装上融入了中国传统美学——家教及家风，不只满足了人们不同场合送礼的需求，更把品牌蕴含的真、善、美传递给消费者，传播了中华礼文化。

2.设计策略

以文化诉求为中心的设计策略，通过民俗文化传递情感；绿色环保设计策略，使用环保可降解材料设计可复用包装。

3.价值主张、卖点提炼

家风、传承、文化、怀旧、感恩、自然、健康、朴质、奉献、温暖。

4.包装创意设计

见惯了其他品牌米产品的包装，你必然会被“晴意农农”穿越的美震撼。从设计架构到每款包装的设计，都呕心沥血、费尽心力。每款量身打造的产品都是一款收藏的艺术品。当你手握它的一刹那，一个个优美的故事扑面而来。

“晴意农农”礼品米系列包装设计，用人们熟悉而喜闻乐见的年画、家书、对联、书法、印章等视觉形象，朴实、真诚而有怀旧感的文案语言，传递亲情、爱情、友情。消费者在使用体验后，能福至心灵地感受到“好米粒粒见真情”，优质的好米和独特的包装能给生活带来健康和祝福！

（1）“年夜饭”包装设计

“年夜饭”包装专为年夜饭打造。中国传统习俗中，年夜饭即团圆饭，特指年尾除夕（春节前一天）的阖家聚餐。在外工作的人都会在除夕来临前回老家和家人团聚。年夜饭是年尾对一家人来说最重要的一顿晚餐。根据中国的习俗，过年要贴年画、挂红对联。设计师在进行年夜饭大米包装设计时，运用了人们熟悉的书法、年画、家书的形式，既体现了浓浓年味，又传递了眷眷亲情，凸显了品牌的理念。不论是牛皮纸立袋内包装上的宣纸手书家书与充满欢乐祥和的年画，还是竹盒外包装和传统年味十足的大红贴，都让人感觉淳朴、踏实，充满温馨与喜悦。纸张易降解，竹盒可复用为收纳盒或多肉绿植的花盆（图 2-1-2）。

文案：忙碌的人群里年味越来越淡，最令自己

图 2-1-2 “年夜饭”大米包装 梅竞放

怀念的还是小时候的年，而今父母年长，就盼子女能回家过年。除夕夜，母亲总会用最好的米蒸一桶香喷喷的米饭，全家人坐在一起吃饭聊天，其乐融融，对家人的祝福全在这松软的稻花香米饭里，感恩父母养育之恩，感恩大地“晴意农农”。

（2）“幸福美满”包装设计

中国是个礼仪之邦，在节日都有家族、亲戚、朋友互送节礼、交流情感的习俗。幸福美满是每个人都希望达到的生活状况。这款包装的米可用作日常礼米，适合所有时节的节礼。插图设计使用母亲刺绣的绣片图案，圆形构图传递圆满的美好寓意。黄色醒目而赋予温暖、尊贵、辉煌，与圆形结合，有着太阳般的光辉与温度。一针一线绣出图与文，传递了优质大米品牌的用心，传达人们对生活的美好祝愿（图 2-1-3）。

文案：年轻时母亲绣的幸福，家人的美满。现在的健康生活，稻花香给你的幸福。

（3）“回家吃饭喽”包装设计

设计：梅竞放

奖项：2016 年，英国 pentawards 铜奖；2017 年，GDC（平面设计在中国）15 项优异奖；2018 年，德国国家设计奖银奖

小时候在农村，设计师在外边玩得忘记了时间，到了饭点，母亲总会大声地喊“回家吃饭喽！”设计师觉得这种互动的形式很有意思。适逢生肖猪年，用单颗饱满的大米巧妙地设计成了两只对话的小猪，让这种互动通过最亲切的动物表达出来，很有生活的氛围（图 2-1-4）。文字设计也使用小学生学习写字时的一笔一画，大米轮廓置换了文字中的“口”部首，与大米关联，充满了儿时的记忆，也充满了童趣。丝网印刷带来的效果，给消费者自然与深刻的产品体验；让客人拿在手里有一种怀旧、自然亲近的感觉；让两头可爱的小猪带给购买者更多的欢乐。

图 2-1-3 “幸福美满”伴手礼大米包装 梅竞放

图 2-1-4 “回家吃饭喽”大米包装 梅竞放

（4）“缘米”包装设计

产出好米要有适宜的气候、肥沃的土壤与水源，食用到好米还要靠诚信经营的品牌，这一切都靠缘。使用大米造型元素与中国宋体文字结合，传递了中国民间人际关系学的佛缘思想，“相遇是缘，应珍惜之”（图 2-1-5）。

文案：人世间，唯真缘而遇，礼不贵，唯健康而贵，稀有好米，缘分……

（5）“喜米”包装设计

结婚是人生一大喜事，意味着一起吃饭过日子。这款“喜米”包装使用表示婚姻圆满的圆形与表示红火日子的正红色，将圆整的双喜周围用具有生活趣味性的文案围绕，体现出婚姻是契约，具有严肃性，同时需要用有情趣的生活来经营（图 2-1-6）。

文案：儿时过家家，大人问我老婆讨来是做什么的？我说做饭洗衣服的呀，因为我妈妈就是这样

图 2-1-5　“缘米”包装　梅竞放

图 2-1-6　“喜米”包装　梅竞放

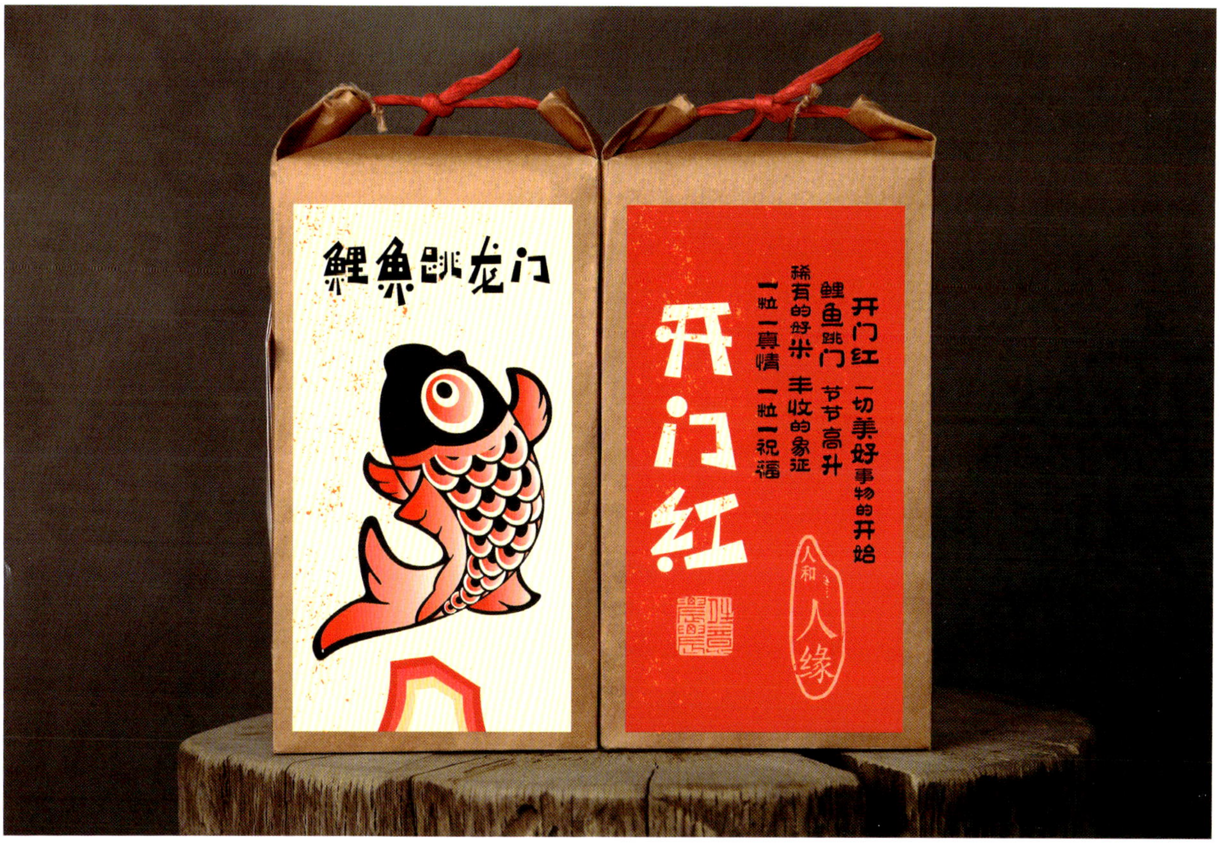

图 2-1-7　“开门红”大米包装　梅竞放

的。结婚了，最后那个做饭洗衣服的是我，我还要用“晴意农农”的大米把你养得白白胖胖。

（6）“开门红”包装设计

“开门红”是一款专为新居入住、企业开张设计的礼品包装，使用的元素也是根据大家耳熟能详、带有吉祥寓意的俗语进行的图形设计与色彩设计，用来传递美好的祝愿（图 2-1-7）。

文案：开门红，一切美好事物的开始。鲤鱼跳龙门，节节高升。稀有的好米，丰收的象征。一粒一真情，一粒一祝福。

5.印刷材料、色彩管理

本系列大米礼品包装设计，在纸张选择上都使用有韧劲且质朴的牛皮纸作为销售包装。有些通过直接二色套印呈现质朴简约的风格，流露出民风淳朴的生活情景；有些使用印刷好的具有中国传统年画特点的装饰意味的插图与书信般的文案，贴标到牛皮纸袋包装表面，传达美好祝愿。

6.设计评价

从这个大米包装系列中，我们可以看出设计师对生活的热爱与敏锐观察。文案写作因生活化特点而使人充满对逝去岁月的怀旧与情感共鸣，能激发消费者感受人间温情，惜“缘”爱“人”，充满人间烟火气息。设计源于生活，诚不欺我。

【案例 2】“晴意农农”限量版蔬菜干品牌包装设计

设计：梅竞放

奖项：2015 年，Tokyo TDC（东京字体指导俱乐部）优异奖；2017 年，GDC（平面设计在中国）优异奖；2020 年，英国 pentawards 铜奖；2020 年，英国 D&AD 木铅笔奖；2021 年，Tokyo TDC

（东京字体指导俱乐部）优异奖。

1.市场调研分析与设计定位

产品调研：设计师老家在浙江的农村，春节回家过年走访亲戚的时候，他发现有很多年纪大的奶奶会在家门口晒些自己家种的蔬菜干。设计师从家乡奶奶那里了解到，农村每家每户都会把多余的蔬菜晒干，多的有几十斤，自己也就吃个几斤，吃不掉的就长虫，最后都不得不处理了。一个村几十户人家每年都有 250~300kg 蔬菜干浪费了。设计师老家附近就有 13 个小村，所以他想为乡村百姓做点力所能及的事情，一来可以让城里人吃到这些有机的蔬菜干，二来可以帮助这些老人增加一些收入。

包装设计调研：市场上许多蔬菜干产品有的使用塑料包装，有的使用礼盒包装，或者干脆零散称重销售。设计师希望能从包装材料、包装形式等方面体现设计的差异性，降低包装成本。

设计定位：面对负担越来越重的自然环境，作为设计师，有责任从设计的源头帮环境减负。因此，设计师想挑战市场中过度包装与塑化包装的设计现象，既减轻环保压力，又给城市普通消费者降低购买成本；通过设计给消费者带来购物的便利性，用最简单、环保、成本最低的材料，改变零散称重销售方式给消费者带来的不便，同时带给消费者良好的使用体验，感受中华传统节物爱人的文化。

2.设计策略

以生态诉求为中心的设计策略，体现产品特点的策略。

3.价值主张、卖点提炼

环保、自然、有机、质朴、温暖、匠心、创新、文化。

图 2-1-8　木刨花素材

4.包装创意设计

设计素材收集：在老家时，设计师看到做木工的父亲在刨木材，刨下来的木刨花薄如纸，可在上面书写文字。刨木材时因力学原理，木刨花卷曲成形，刚好形成包裹素菜干的包装形式。这种自然、无任何加工的环保材料，原本是木加工废弃物，但是设计师通过对生活的观察与对包装材料的敏锐直觉，为产品包装找到了廉价而环保的包装材料，同时将废物再利用产生新的价值（图 2–1–8）。

设计师在发现包装材料的那一瞬间，包装设计的创意构思已经基本形成，即用绿色环保材料作为包装材料，结合产品使用后包装废弃物的可降解或再利用设计，打造一款成本低廉，具有再利用价值的包装。

设计师为石笋干、黄花菜干、豇豆干、四季豆干、金钱菇干等蔬菜干设计了系列包装。内包装结构采用传统定量捆扎，再用手写商品名和压印红色印泥的蜜蜂标识的木刨花进行卷装；外包装使用传统书画卷轴装结构，把麻布和竹竿巧妙设计成包裹蔬菜干的卷轴式外包装。竹子是石笋干长大后的竹材，麻布是用来做收纳农产品的袋子剪裁下来的废料。卷轴包装解开，取出蔬菜干后，还可以用来做茶席。废弃物和边角料的使用，既降低了包装成本，又更环保地解决了蔬菜干的包装材料问题，使消费者在选购时能直观感受蔬菜干的品质，也向消费者传播环保理念，提升人们的环保意识。这种返璞归真的设计表达恰好与有机蔬菜干调性一致，也符合“晴意农农”品牌理念（图 2–1–9 至图 2–1–13）。

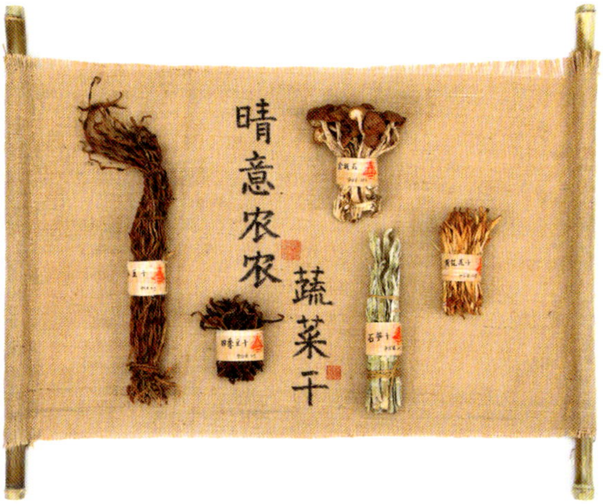

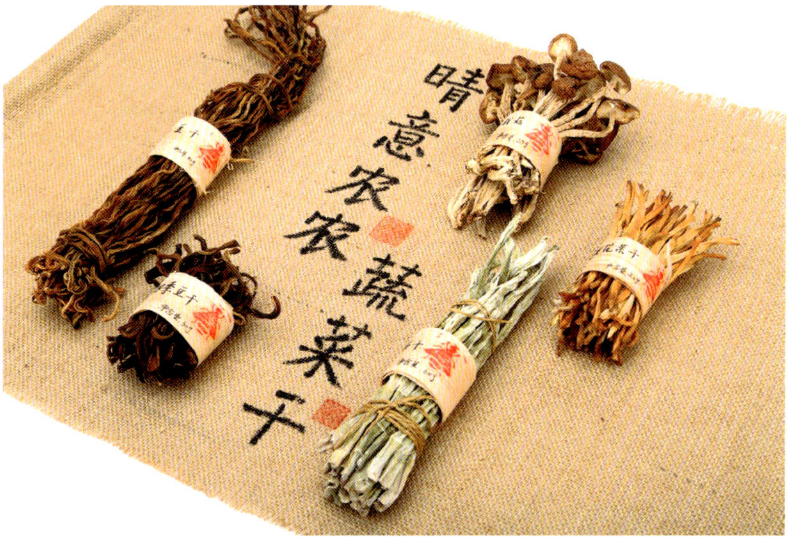

图 2–1–9　“晴意农农”蔬菜干包装

图 2-1-10　黄花菜干包装

图 2-1-11　四季豆干包装

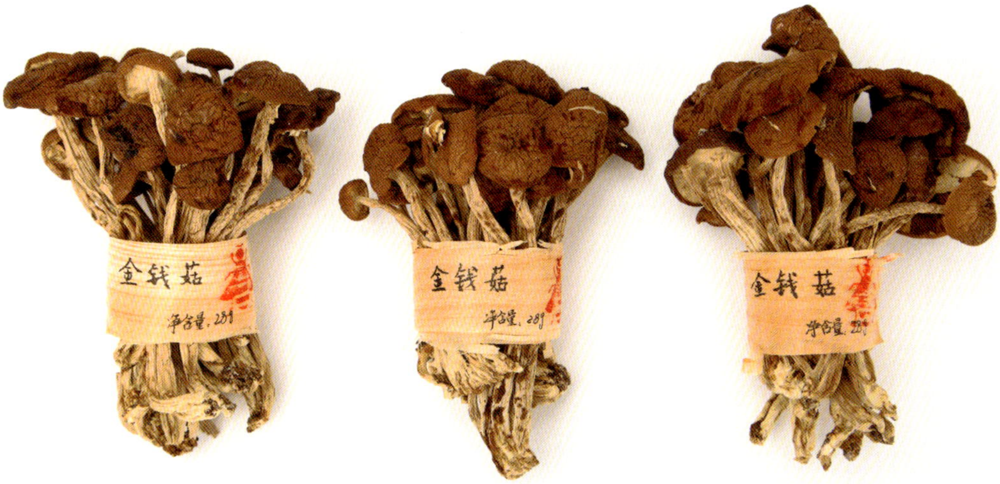

图 2-1-12　金钱菇干包装

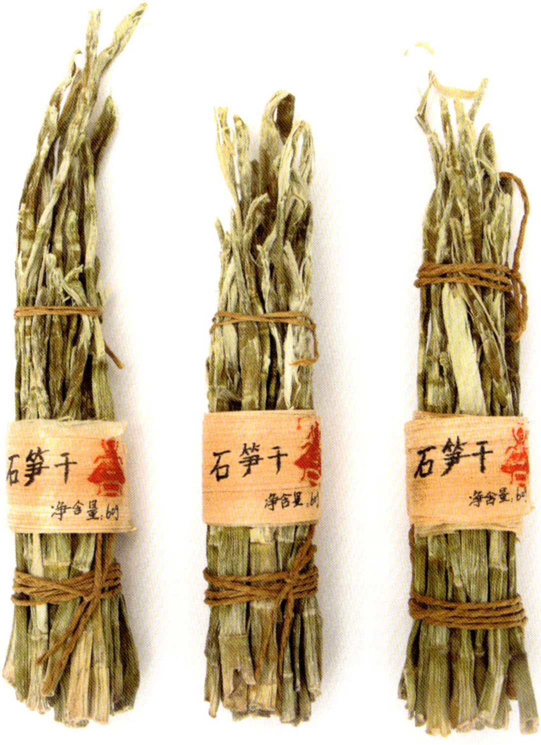

图 2-1-13　石笋干包装

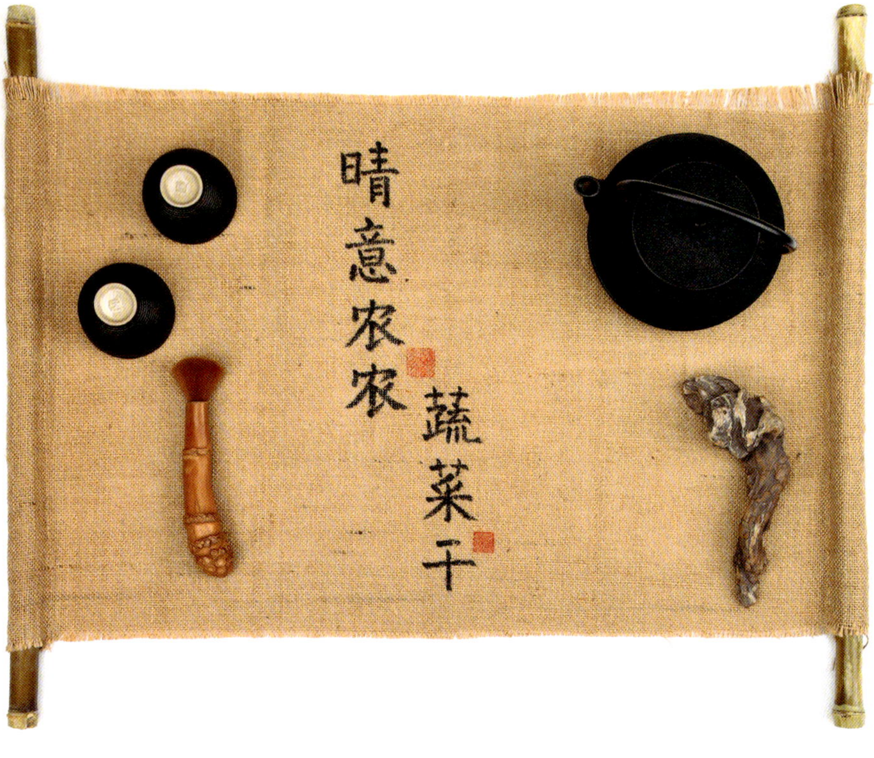

图 2-1-14　蔬菜干外包装字体设计

色彩设计：以天然材料的自然本色为基本色；木刨花片的棕黄原木色、麻布的天然棕褐色有着大自然的质朴，具有无法替代的魔力；红的印章色和墨色相得益彰，彰显中国传统书画气息。

字体设计：手写字体中融入了蔬菜干暖暖的人情味，一笔一画勾勒出纯手工包装的朱楷细腻匠心，还原人文质朴，如图 2-1-14 所示。

印章设计：小蜜蜂印章随意手工印制在木薄片上，仿佛使人看见了它们为蔬菜采蜜传粉的情景，体现出山野风味，温情质朴。

版面设计：版面的设计简洁自然，释放了蔬菜干的特性，使人舍不得去打扰它，安静自然地沉睡在刨花卷的怀抱里。

设计的本质是解决现实问题。设计师不仅具有关心民生的情怀，为农村劳动人民的剩余农产品实现变现，也满足了城市居民对有机蔬菜干的需求；且设计师具有环保、节俭的社会责任意识，通过简单、环保的包装材料，把中国传统“物尽其用、节物爱人”的思想发挥得淋漓尽致。设计会使生活变得更美好、更有人情味，同时会引发人们对生活内涵的思考。

【案例 3】“晴意农农”限量版黑鸡蛋品牌包装设计

设计：梅竞放

奖项：2022 年，101 届纽约 ADC 佳作奖；2022 年，英国 pentawards 银奖；2023 年，GDC（平面设计在中国）佳作奖

1.市场调研与设计定位

产品调研：本产品是散养黑鸡产的蛋，营养而环保，在当下以工业化养殖为主的养殖体系下，这种自然散养的有机鸡蛋就显得特别珍稀。

环境调研：设计师在考察黑鸡蛋生产基地时，观察到养殖场为了让黑鸡有个好的生活环境，在户外散养场地种植了许多丝瓜，其蔓藤形成的天然大凉棚成为炎炎夏日黑鸡群遮阳避暑之所，有利于黑鸡健康，也有利于黑鸡正常产蛋（图 2-1-15）。

包装设计调研：市场上的有机鸡蛋包装，80% 使用的是模塑盒，而礼品包装通常使用纸箱外包装，内加不同材料（如泡沫塑料、纸模塑等）加以缓冲，这些包装废弃物处理增加了许多社会成本

图 2-1-15　素材照片

图 2-1-16　市场调研

（图 2-1-16）。设计作品不能给社会和自然环境带来压力，应该以绿色环保为目标，作为给大自然的礼物，给消费者带来设计的附加价值。

设计定位：这是为客户打造有机散养黑鸡蛋限量礼品包装设计的项目。客户希望通过这款包装，能在线吸引更多“粉丝”，带动其他鸡蛋产品在线销售流量。基于这一要求，包装设计必须呈现意想不到而又情理之中的整体效果，传递营养、有机、环保的品牌理念。

2.设计策略

绿色环保策略。

3.价值主张、卖点提炼

环保、生态、有机、营养、温馨。

4.包装创意设计

素材收集：养殖基地的丝瓜蔓在自然生长过程中开花结果，长老的丝瓜去皮和籽后，剩下的筋络组织具有天然的缓冲功能，是大自然恩赐的鸡蛋包装材料。

设计师就地取材，利用丝瓜络的天然缓冲属性，为脆弱易碎的鸡蛋提供保护。同时，丝瓜络也是大家熟悉的植物果实，去皮后肌理质朴美观，给人亲切、环保、有机、营养之感。这样的天然材料不用任何有害于环境的加工，制作成本非常低，并且消费者还可以用其废弃包装材料作为锅碗瓢盆环保的清洗工具，能实现包装废弃物再利用。整个创意围绕“绿色”两字，把环保思想执行得很彻底。

结构设计：把天然成熟的老丝瓜不切断剖开，剪开间隔挖孔，留出鸡蛋的位置。放入鸡蛋后，纸绳从丝瓜天然的网状孔中穿过，打结包好（图 2-1-17）。

插画设计：将黑母鸡下蛋的场景通过插画直接还原到包装上，能让人直观感受到原生态农场的淳朴气息。丝瓜天然的网孔本身也是一种生物性组织肌理，自然而细腻。传递生态自然返璞归真的大自然气息（图 2-1-18）。

色彩设计：丝瓜天然的淡黄色为丝瓜络黑鸡蛋的浓浓情意增添了大地的情怀和温暖。鸡蛋的粉色在黑白色间与粉色鸡冠呼应，使画面充满了青春气息。

字体设计：温暖的手写字体，将鸡蛋圆圆滚滚的外形融入字体设计上，手捧真情传递给友人。英文字体巧妙地融入了小鸡元素，字体变得俏皮灵动，富有灵性。

版面设计：字体与插画混合排版，大胆自由，还原了农场里鸡群自在活跃的氛围。

5.印刷材料、色彩管理

这款用天然丝瓜络设计、手工制作的包装，只有小面积吊牌部分具有工业化生产的痕迹。吊牌采用 120g 白色艺术棉纸，用简单的四色印刷工艺将

图 2-1-17　结构设计

图 2-1-18　插画设计

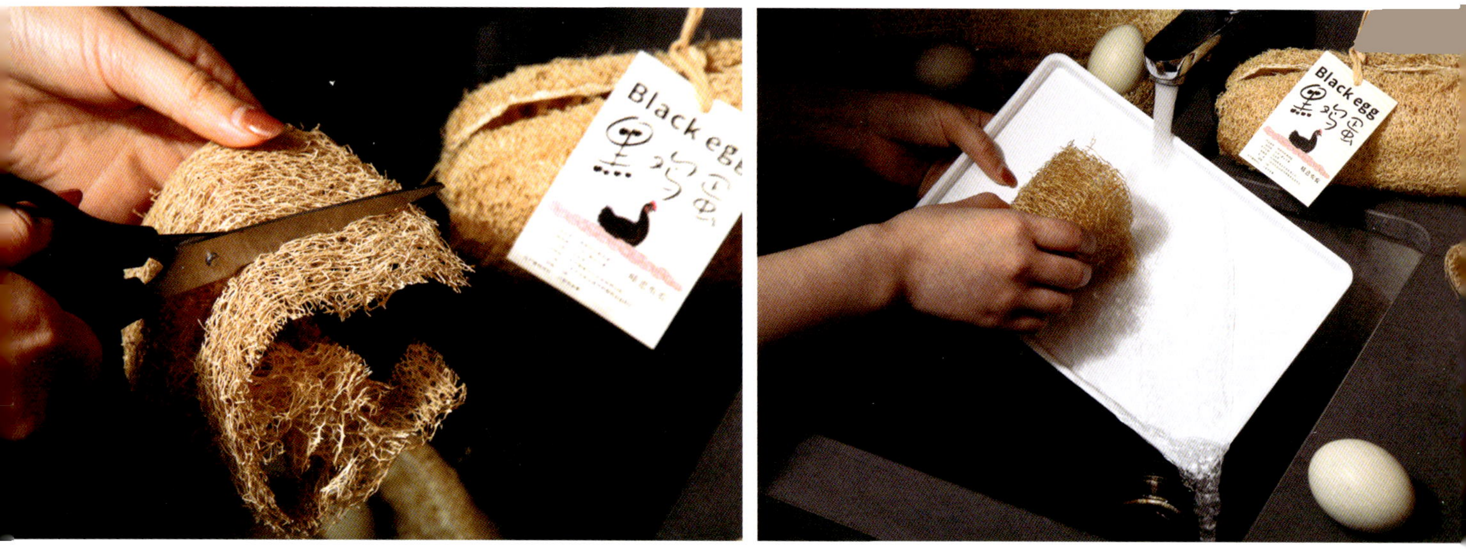

图 2-1-19　包装再利用

环保理念进行到底（图 2-1-19）。

6.设计成效与评价

丝瓜的包装推出后，客户的鸡蛋网络销售平台“粉丝”涨了几万倍，销量也随之发生了巨大的突破。有趣的突破性的包装设计，给客户的常规产品带来了巨大的流量，在呼吁人们重视环保的同时，给客户提高销量，做好品牌宣传。

通过这个案例，我们可感知“设计源于生活”的真谛。设计不仅要从服务人们生活的视角体现，而且要学会关注日常。一个好的设计思想往往来源于对日常生活的敏锐捕捉。我们要热爱生活，善于对生活的细节进行观察与思考。设计师的绿色包装设计，将绿色理念贯穿于包装设计的各个环节，巧妙地把天然植物与包装的缓冲结构相结合，把废弃包装的再利用与人们日常生活相结合，演绎了中国传统的“天人合一”造物思想。

项目二：“老油车”芝麻油品牌包装设计

设计：梅竞放

奖项：2017 年，德国红点奖

（一）项目背景

杭州浙西大峡谷老油车古法榨油的继承人，是20 世纪 70 年代的高中生，他对家乡的经济建设怀有感恩的梦想。2003 年浙西大峡谷景区开放，老碓溪景区的老油车遗址的神秘面纱被正式揭开。从那年起，他开着他那辆心爱的三轮车穿梭在弯弯山路、深浅河滩，收芝麻的吆喝声在浙皖交界处的村庄里绵绵回荡。收购的芝麻要清理晒干后蒸熟。他用稻草把芝麻打包成油坯，将一块块油坯填入老油车。房梁悬下石头，重达 70kg，15 年的榨油时间把石头硬生生减成了 64.5kg，磨去了岁月的棱角，留下了人间的温暖。一手握绳，一手扶石，他的身体随着石头摆动后退，一顿猛虎击打，石头撞击到

图 2-1-20　老油车芝麻油坊

木楔上挤压油坯，纯天然的清亮油脂便从油饼中溢出来（图 2-1-20）。那叫一个幸福啊！一整套动作如行云流水，撞击声响彻云霄……

老碓溪身处浙西大峡谷的山坳处，每逢榨油，老油车遗址便十里飘香，许多在山顶游玩的人寻着味就摸索到这儿了。他的如行云流水般的动作引得游人纷纷驻足，学习、体验榨油的乐趣。他榨了一辈子油，对家乡的经济建设起到了重要的作用，民间手艺人的智慧与工匠精神在浙西大峡谷开出了节节高的芝麻花！游人来到老油车芝麻油坊都会止步，闻着芝麻油香恋恋不舍，离开时必定会带上几瓶老油车芝麻油。这么多年，老油车芝麻油不仅滋养着周边的父老乡亲，还随着游客的身影，从浙西大峡谷飘到了大城市的每处角落，给大家带去了健康和欢乐。

（二）市场调研与设计定位

产品调研：芝麻油自古以来就称为长寿健康的高级食品，富含维生素 E 及亚麻酸，具有润肠通便、解毒、生肌、促凝血、延缓衰老等作用。做菜时，淋上一勺香油，菜肴顿时香飘四溢，有着画龙点睛的作用。老油车芝麻油属于古法榨油，非常稀有珍贵，并且它集自然、匠心、民俗、文化于一身，承载着民间手艺人的智慧结晶。

包装调研：市场上的芝麻油包装普遍使用玻璃瓶或塑料瓶，为传播信息，瓶标面积通常较大，印刷套色，工艺较多，在货架上个性不明显。

设计定位：生活快消品，地方特色工艺农产品。

（三）设计策略

以商品诉求为中心的直观策略、环保策略、体现文化策略。

（四）价值主张、卖点提炼

自然、匠心、传承、健康、民俗、智慧、有机、美味、文化、欢乐。

（五）包装创意设计

插画设计：老油车芝麻油是用传统的手法榨取的高品质天然植物油，设计师把民间保留下来的独特的榨油情景设计到品牌形象中，让消费者直观地感受到老油车古法榨油的技艺与优良的产品品质。更有创意的是，设计师在包装盒顶部安装一个放大 100 倍的芝麻粒标签，里面有凸出的 188 粒小芝麻。当标签旋转 180° 时，老碓溪景区最神秘的老油车面纱就被揭开——芝麻油缓缓流出来了。设计师在包装上把“油”字镂空（图 2-1-21），直观芝麻油内部，通过与消费者互动，重现芝麻出油的情景，

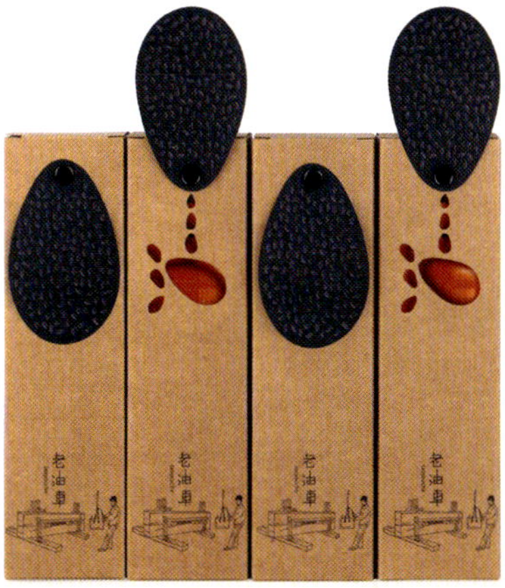

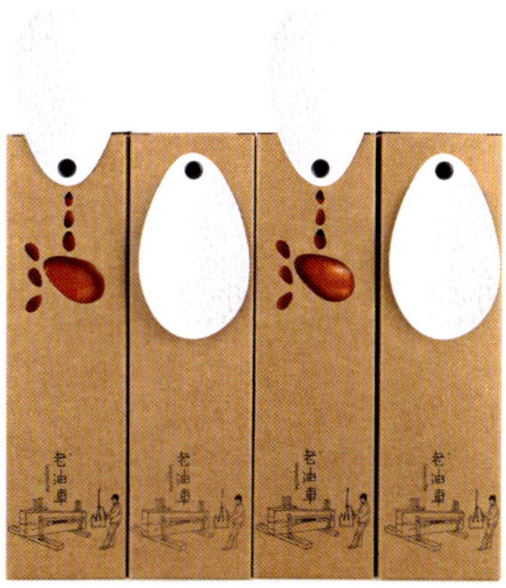

图 2-1-21　插画设计

让消费者也能体验到亲手榨油的乐趣。设计师对包装设计的考虑是全方位的，当标签旋转 180° 时，蔚然壮观的芝麻开花节节高场面就出现了（图 2-1-22）。一排排产品摆上货架，陈列在超市终端上，迅速引起了消费者的关注并使消费者加深了印象。

色彩设计：设计师选用了具有成熟视觉感受的褐黄色，那是芝麻剥皮后的颜色，还原真实的产品本质，在包装上一目了然。

版面设计：插画、文字自由排版，大面积的留白让人感受大地的宽广和自然的胸怀。

字体设计：设计师将芝麻秆、芝麻粒的抽象形态融入字体设计中，使字体与产品产生直接的关联，自然质朴之气扑面而来（图 2-1-23）。

（六）印刷材料、色彩管理

原生态的产品往往只需要最简洁的包装方式。设计师采用环保可再生的牛皮纸，单黑印刷，还原了老油车芝麻油的天然有机，还原了油农一生贡献家乡经济建设的淳朴写照。通过集合芝麻颗粒肌理的放大造型，增强了货架上的视觉差异。芝麻油瓶上只用一个简洁标签，用细麻绳系住瓶口的牛皮纸，传递出环保可持续发展理念（图 2-1-24）。

图 2-1-22　包装陈列效果

图 2-1-23　字体设计

图 2-1-24　材料印刷

项目三："蜜书"百花蜂蜜品牌包装设计

（一）市场调研与设计定位

产品调研：富春江群山绵延，森林繁茂，养出来的花有着与别处不一样的香味。养蜂人的蜂是自己驯养的野蜂，适应能力极强，常常引着养蜂大伯在山野中寻觅山花烂漫处，探索山果最甜时。蜜蜂采得百花开开心心回蜂箱酿蜜，为养蜂大伯的笑颜添上幸福甜蜜。产自大山的野生百花蜂蜜有着如金子般的色泽，也有着养蜂大伯沉淀一生去奉献甜蜜的金子般的心意：让千千万万的人品尝到大自然的风味，感受到有人为他们的健康在坚守。

百花蜜采于百花丛中，集百花之精华。相比单一花蜜，百花蜜的营养更全面，清香甜润，色泽金黄，更益于人体吸收。它有着营养滋补，清热解毒，润肠通便，安五脏、补不足等功效。

定位设计：这是产于大山的野生百花蜂蜜，每一瓶都是养蜂大伯亲手灌装的，不添加任何配料。产品主要面向有较高收入的白领一族，定位为绿色高品质产品。

设计概念：设计师不只是大自然的搬运工，还要通过包装设计使消费者更直观地感受蜂蜜的天然品质，将养蜂大伯一生的热爱奉献给社会，让城市里的人品尝到他倾注一生心血的野生百花蜜。设计师给产品取名为"蜜书"，意为这款百花蜜就如你身边的健康小秘书一样照顾着你的健康。

（二）设计策略

凸显商品形象特征的策略。

（三）价值主张、卖点提炼

健康、绿色、自然、朴质、甜蜜、匠心、奉献。

（四）包装创意设计

设计构思：使用玻璃容器的透明性使消费者能够通过颜色、挂壁状况，以及瓶贴的蜂巢肌理效果直观地感受蜂蜜的纯天然品质（图 2–1–25）。

素材收集：蜜蜂构筑的疏密有致的蜂巢形态，蜂箱上由蜜蜂建造的蜂巢自然状态，生态的山谷风景、小蜜蜂、蜂蜜色泽等（图 2–1–26）。

容器设计：纯天然百花蜂蜜容器，使用白领一族比较喜爱的易密封的窄口卡扣盖透明玻璃瓶，既能保持蜂蜜的质量稳定性，又能直观地呈现蜂蜜的金黄色泽。

字体设计："蜜书"的字体设计是在象形字的基础之上融入了曲线的柔和，那是小蜜蜂饱满可爱的尾部弧度，定格 4 滴蜜蜂滴落的瞬间将"蜜书"点亮。

插画设计：蜜蜂是勤劳的象征，但设计师感觉它更是大自然的雕塑家。打开蜂箱拉出蜂巢，你会看到通透的金色蜂巢，一个个有序的六边形蜂巢里收藏了晶莹剔透的蜂蜜。形如大山的蜂巢是设计师插画设计灵感的来源。小蜜蜂飞舞在山间花丛中，它们是天生的艺术家。采花酿蜜定格了它见过的山川景色，定格了香甜蜂蜜流淌的瞬间。插画生动地还原了蜂箱里的野生自然状态，亲近之感油然而生（图 2–1–27）。

色彩设计：汲取野生百花蜜的黄金蜜色，纯粹干净。这是富有烂漫幻想的色彩，消费者不经意间就会被拥抱到甜蜜温馨的幻想世界，这也是养蜂大伯一生奉献的精华缩影。

版面设计：简洁明了，一切遵循自然规律，完全还原大自然的宽度。"蜜书"二字如同悬挂巢框状态下，自然滴落形成的痕迹，随性自由地呈现在版面上，保留天然，还原质朴。

（五）印刷材料、色彩管理

如何将设计构思落地，最大化地实现创意方案，体现具有特色的艺术效果呢？设计师寻遍了上百种特种纸，经过了几十次的打样，最终选择了带有植物纤维的烫透纸，在 150℃高温控烫下出现了意外的半透效果，在透明的瓶体上，还原了蜂巢本来的样子，在各种光线拍摄下更是出现了蜂蜜一样的光泽（图 2–1–28）。设计师采用简洁的包装来实现对

图 2-1-25　“蜜书”天然蜂蜜包装

图 2-1-26　素材照片

图 2-1-27　字体、插画设计

图 2-1-28　印刷工艺效果

百花蜜天然纯粹、养蜂大伯简单质朴的真实写照。

三、知识点：产品特性与系统性包装结构设计

（一）包装设计赋能乡村特色产业

1.乡村特色产业在地方经济中的重要性

乡村特色产业是乡村产业的重要组成部分，它涵盖了特色种养业、特色食品、特色手工业和特色文化等领域，通常具有地域特征鲜明、乡土气息浓厚的特点。我国地域幅员辽阔，拥有丰富的地域特色产业资源，不仅具有文化和历史价值，通过农业种养资源的保护性开发利用，还能优化乡村产业结构、提升农业竞争力、带动农民增收、推动乡村振兴。习近平总书记在 2022 年中央农村工作会议上强调要“做好‘土特产’文章”，创新发展土特产对振兴乡村具有重要意义。挖掘和发展这些“土特产”可以有效地促进地区的经济发展和乡村产业

振兴。地域特色产业是农村发展地方经济的主要产品，也是保障国计民生的重要物质基础。在中华广袤的大地上，复杂多样的地形地貌造就了丰富多彩的乡村特色产业，对农村生态的发展具有非常重要的作用。

产业链的延伸和价值链的提升可增加地方经济的总量和质量。特色产业往往能够吸引投资，创造就业机会，促进相关服务业的发展。通过发展特色种养、加工、销售等环节，农民可以从产业链的多个环节中获得收益。此外，乡村特色产业对保护和传承文化、促进资源可持续利用、推动城乡融合发展具有重要的作用。成功的乡村特色产业往往能够形成具有影响力的地方品牌，能够根据市场需求的变化灵活调整生产和经营策略，减少城乡差距，促进社会和谐稳定，增强地方经济的抗风险能力。

2.包装设计是提升乡村特色产品附加值和市场竞争力的关键因素

受山川阻隔，众多地域特色的产品亟待挖掘，形成产业化的生产与销售。特别是在如今“酒香也怕巷子深”的年代，要考虑如何通过品牌包装设计提升产品附加值和市场竞争力，走出乡村、走进城市，形成地域名片；通过打造地域特色品牌，进行产品的品牌包装设计，架起绿色优质农产品与城市消费者之间的桥梁，促进地方经济的发展。地方特色产品除了本身具有好品质，还需要塑造与企业经营理念相匹配的品牌形象，制定科学合理的营销策略，包装是促进品牌推广、落实品牌营销策略必不可少的媒介。

独特的包装设计可以帮助乡村特色产品在众多商品中脱颖而出，在保护产品品质的同时，通过融入地方文化的视觉元素，传达产品的独特性地域文化价值和品牌故事，增强消费者对产品的记忆和识别。促进产品差异化，有助于塑造和提升品牌形象，使消费者对产品产生信任感和好感，从而提高品牌忠诚度。电子商务营销平台吸引人的产品包装设计，能提高产品的点击率和价值的转化率。环保和可持续的包装设计不仅能减少对环境的影响，还能提升产品的社会责任形象，吸引越来越多注重环保的消费者。因此，包装设计是乡村特色产业发展中不可忽视的一环，它不仅能提升产品的市场表现，还能为乡村经济的可持续发展做出贡献。

3.乡村特色产品包装设计定位

首先，要充分开展产业调研，挖掘地域特色产品在同类产品中的优势。一方水土滋养一方物产，各种产物生长因所需要的阳光、土壤、水质不同而有所不同，要通过产业调研，充分了解产品地域性特点。不同地域生产的同一作物，因自然环境不同，形成产物品质的差异，而形成同种物产的不同地方特色，因此设计师要进行产业调研，挖掘地域物产，通过不同的品类开发，形成具有地方特色的产业群。在对农产品品牌包装设计时，需要对产业进行充分调研，了解产品在同类中的优势和特点，如杭州独具色、香、味的龙井茶，河南独具药用价值的怀山药，甘肃、宁夏最具养身品质的枸杞等。设计师只有深入了解物产的独特性，才能开展更具鲜明个性的产品品牌包装塑造，打造地方名片。

其次，开展同类产品的消费市场调研，确定设计定位，探寻产品的市场差异化定位突破点。“天有时，地有气”，不同节气、不同地理位置出产的同种产品品质大不相同。要通过市场调研，发现不同消费者对不同产品档次的需求，了解不同产品对应消费人群的性别、年龄、消费习惯、个人喜好、文化素养、社会职业、消费能力，形成产品的消费人群画像，从而进行消费人群目标前提下的产品品类包装策划与设计。要通过市场调研，了解同品类竞争产品的包装货架呈现情况，进行包装设计的差异化定位。例如，茶叶按照季节分为春茶、夏茶、秋茶、冬茶，其中春茶在3月上旬至5月上旬采制，分为头春、二春、明前茶、雨前茶；夏茶在5月中旬至8月中旬采制；秋茶在9月上旬至10月下旬采制；冬茶在10月下旬至11月下旬采制。不同季节的茶具有不同的品质，同一个季节的茶叶也分优、良、中、普通等品级，而不同季节、不同品级的茶会对应不同的消费群体，因此要通过消费市场调研，找准不同品级茶叶对应的消费者，设计与众不同的符合对应消费者艺术品位、使用习惯、品质感的包装设计，从而有效传递产品信息。

（二）乡村产品特性与包装造型结构

1.按照性状的产品分类

依据产品的物理形态、化学组成可以将产品分为固体产品、液体产品、气体产品、半固态产品、组合产品、数字化产品、生物产品、服务产品等。

固体产品包括块状（肥皂、冰块、矿石、水果等）、粒状（药品片剂、谷物、糖等）、粉末状（面粉、奶粉、化妆品粉末、盐等）、棒状/管状（铅笔、口红、碎碎冰等）、板状/片状（电路板、板材、药品片等）。

液体产品包括黏稠液体（油漆、胶水、洗发水、膏汁等）、稀薄液体（水、果汁饮料、燃油等）、化学溶液（消毒液、药品溶液等）。

气体产品包括压缩气体（液化石油气、氮气、氧气等）、气瓶装气体（氦气、二氧化碳等）。

半固态产品包括膏体（牙膏、软膏等）、凝胶（发胶、果冻等）。

组合产品包括套装产品（化妆品套装、工具套装等）、组装产品（家具、电子产品组件等）。

数字化产品包括软件（应用程序、游戏、操作系统等）、数字内容（电子书、音乐、视频等）。

生物产品包括农产品（蔬菜、水果、谷物等）、生物制品（疫苗、血液制品等）。

服务产品包括咨询服务（法律、财务、心理咨询等）、体验服务（旅游、餐饮、娱乐等）。

这些分类并不是互斥的，某些产品可能属于多个分类，如水果既属于固体产品，又属于生物产品。产品的性状分类有助于在生产、存储、运输和销售过程中进行有效管理，以满足消费者对产品高品质保障的需求。

2.符合乡村产品特性的包装系统性设计

乡村产品丰富而多元，囊括了以上大多性状的产品分类，因此包装设计在材料、造型结构上也是多元的。

（1）包装材料设计

在包装设计时，首先要根据产品的物理、化学特性，选择能与产品紧密接触、性能稳定的内包装材料。例如，熟食包装材料，要保证其无毒副作用、无污染性，具有防渗漏、防水、防油、隔热等优良保护性能；新鲜蔬菜、水果包装材料要使用既能防止水分快速流失，又能保证其“呼吸”的材料；五谷类产品要使用隔湿包装材料；果汁等酸性产品，要使用耐腐蚀的包装材料，如玻璃包装、复合纸包装、高分子合成材料包装等。

（2）内包装造型结构

第一，要根据产品的物理属性，重点从安全保护性角度，设计产品的内包装容器基本造型与结构。对于有形产品的内包装结构设计，要根据产品形态设计符合其属性特点的包装结构。例如，水果包装设计，在进行单个水果的包装设计时，根据水果包装过于密不透气会加速水果变质的特点，除了可以选用会呼吸的包装材料包装水果，还可以对单个水果进行标签无包装化包装，不仅节约材料、降低包装成本，还能使消费者观察到水果的品质。对于无固定形态的产品，如液态产品（奶、果汁、饮料、水等）、颗粒产品（谷物类、茶叶类）、粉末状产品（面粉、奶粉等），其包装容器造型设计赋予产品意向沟通信息，设计怎样的形态就传递怎样的设计概念，具有塑造品牌形象的作用。

第二，要根据品牌调性，设计产品包装结构造型。好的品牌产品结构造型能直接成为传递品牌文化的独特符号，提升品牌价值，如迪奥品牌的不同品类香水产品包装，形成了品牌独特的容器造型符号。无固定形态的产品包装设计也属于产品造型艺术设计的范畴。

第三，要根据不同的消费群体，如消费者的不同年龄、性别的生理与心理，设计具有良好使用体验的包装。根据消费者使用产品的不同情景，设

图 2-1-29　EatQual 汉堡包装　麦当劳印度公司

计恰当的包装容量、包装结构、包装造型，符合目标消费者人体工学，有良好使用体验的包装结构。例如，麦当劳在印度地区推出一款无障碍汉堡包装——EatQual（图 2-1-29）。这是一种易于单手取用食物的半开放装置，旨在为手部行动不方便的人群提供更便捷、更有尊严的用餐方式。轻轻拉开卡扣，便能简单拿起食用。每一个坐在麦当劳里的人都不再被冠以标签，而是享受食物本身。

第四，要重视容器包装的口与盖的设计，既要便于包装产品，又要便于消费者打开使用产品，同时要注重开口处的防伪结构设计。

第五，要根据包装的物理性能，设计好内外包装之间的保固缓冲结构，起到保护商品、固定组合产品位置的作用。

（三）乡村特色产品包装设计

乡村特色产品包装设计要通过包装材料、包装造型结构、包装印刷工艺等环节，从环保性体现其纯正质朴，与乡村特色产品相契合，引发消费者的美好联想。

1.使用具有乡村特色的包装材料

绿色包装材料与乡村特色产品有着天然的亲和力，能使人联想到其绿色、环保、营养；通常就地取材，加工生产成包装材料，用于包装设计；最大限度遵循自然的规律，生于自然，最后能回归自然；有大自然天然的包装，不仅具有独特的环保理念，还蕴含着浓厚的地方文化气息。例如，葫芦、蛤蜊壳、竹筒等，其自然生成的形态，成为人们存储物品的理想空间。葫芦，又称“福禄”，在我国传统文化中具有吉祥寓意。其天然的腔体结构，使得葫芦成为一种理想的存储容器。葫芦壳可以用来盛水、储粮，甚至作为容器装载贵重物品。同样，竹筒也是一种常见的天然包装材料。其坚韧的质地和光滑的内壁，使其成为存储液体、食品等产品的理想选择。此外，植物的茎叶通过编织，可以形成各种形态的包装容器，如竹编器、藤编器、柳编器、草编器等。这些编织容器既实用又美观，具有较高的艺术价值。木材也是一种常见的植物材料，经过加工后，可以制成木盒、木箱等包装容器。这些木质容器质地坚固，适合存储高档商品。所有的植物纤维加工成的纸张，也是用得比较多的包装材料（图 2-1-30）。

在植物材料中，稻草、稻壳、植物种子等具有良好的缓冲性能，常被直接或间接用作缓冲材料，用于有效保护产品。同时，它们的可生物降解性、重复使用性，能加持其绿色环保特性。植物包装材料的选择，不仅满足了某些产品需要呼吸的要求，还体现了人们对环保理念的重视。在使用植物包装时，地域文化特色也得到了充分展现，如四川的竹编技艺、福建的藤编工艺等，都是我国非物质文化遗产的重要组成部分。植物包装材料在我国有着悠

图 2-1-30　不同天然材料设计的包装

久的历史，其环保、实用和美观的特点，使其在现代包装设计中仍具有很高的价值。

在乡村产业发展过程中，根据产品特色，可充分挖掘当地的自然包装材料资源，不仅能通过包装设计使乡村特色产品具有地域特色，也可通过包装材料的开发生产，形成当地包装产业链，提升地方经济的发展。

2.使用能引起情感共鸣的包装形式

（1）包裹式包装

乡村产品有许多包装形式。挑着土特产游村贩卖的货担上，许多农产品（如瓜子、花生类）大多使用包裹式的包装形式。包裹式包装作为一种我国古老的包装形式，历史悠久，可以追溯到远古时期。它具有包装快捷、取材容易、使用方便等优点，既能有效保护商品又方便携带，因此在商品流通领域中占据了重要地位。这种包装形式的材料选用十分广泛，包括各种片状的丝、棉、麻纺织品，各类纸张、植物叶片、捆扎材料等。这些材料环保、易得，使得包裹式包装更加符合我国古代人民的实际需求。

例如，常用不同纸张来包装散称商品，如“三角包”“四方包”等。此外，中药房里的方药包装也是典型的包裹式包装。还有用方布直接对角打结形成纳物的包袱，这些都是传统包裹式包装的生动实例。这些传统包裹式包装不仅材料环保，而且使用灵活、方便，体现了我国古代人民的生活智慧

（图 2-1-31）。

随着时代的发展，虽然现代包装形式日益丰富多样，但传统包裹式包装依然在一些领域发挥着重要作用，其环保、便捷的特性使其在现代社会中具有较高的实用价值。传统包裹式包装是我国古代包装文化的重要组成部分，它见证了我国历史的发展变迁，也承载着我国人民的智慧与创新精神。在新时代背景下，我们应继续发扬和传承这一优秀的传统文化，让其继续为现代社会服务，为我国的包装产业发展贡献力量。同时，我们也应积极探索传统与现代包装的结合，打造出结构简约、包装与使用方便、极具环保的中国特色的包装形式，弘扬我国优秀的传统文化。

（2）提梁盒包装

提梁盒，又称为提樑盒，是一种具有悠久历史和深厚文化底蕴的中国传统包装形式。它起源于宋代，主要用于盛放旅途中的膳食，最初多为竹制，后来发展为木制。尤其是明清时期，提梁盒的设计和制作达到了高峰，不仅实用，还成为一种艺术品。提梁不仅起到支撑作用，还方便携带。提梁盒内部通常分为多层，每层可以独立使用，便于分类存放不同物品。这种设计既实用又美观，体现了中国传统的收纳智慧。木提梁盒使用榫卯结构，确保盒子的牢固和耐用。提梁盒的设计和使用体现了中国古代的礼仪文化。在送礼、宴请等场合，提梁盒作为一种礼品包装，不仅能够保护内部物品，还能传达送礼者的尊重和诚意。

在现代包装设计中，提梁盒的结构和设计理念仍然具有很高的参考价值。设计师可以从中汲取灵感，创造出既具有传统韵味又符合现代审美的礼盒包装，以此来提升礼品的礼仪感和文化价值（图 2-1-32）。

3.使用地域元素，使包装具有乡村特点

除了包装材料、包装形式要具有乡村特点，

图 2-1-31　传统包裹式包装

包装设计的视觉元素也可以使用具有乡村特点的元素。不同地域的乡村都有其特殊的民俗民风，设计师可根据不同乡村的地理、文化、习俗采集包装设计的插图元素、色彩元素、手工艺元素等，进行土特产包装的视觉信息设计与表达，使乡村特色产品既携带地域文化基因又具有现代审美特征。

（四）创造熟悉而陌生的包装

在当今时代，消费者对产品包装的设计要求越来越高，他们希望包装不仅能满足基本的功能需求，还能体现出独特的文化内涵和审美价值。为了使产品包装在品牌营销过程中减少消费者学习成本支出，设计师在进行包装设计时，常常会运用“熟悉”的“陌生”设计策略，既使包装设计贴近消费者的日常生活和审美习惯，又给消费者带来新颖的视觉和使用体验。

“熟悉”的元素，主要包括贴近消费者日常生活、经验、习惯的文化与生活方式，以及记忆中的习以为常的视觉、听觉、味觉、触觉和嗅觉元素。这些元素还可以包括传统器具的造型、结构等，都可以作为包装设计中的重要元素。“陌生”是指通过全新的组合和设计方式，使熟悉的元素具有全新的视觉感受或使用体验感受。例如，潘虎新出的瑞幸与茅台联名款酱香拿铁包装设计（图 2-1-33），其中涉及的消费者熟悉的元素为茅台品牌、邓丽君的《美酒加咖啡》歌曲、瑞幸咖啡品牌，不管男女老少都能找到他们熟悉的元素，增强了消费者的识别率。设计者通过把这些熟悉的元素进行全新组合，形成新的视听感受，从而引起消费者的情

图 2-1-32　提梁盒包装

图 2-1-33　酱香拿铁包装　潘虎

感共鸣。

在设计熟悉且陌生的品牌包装时，设计师需要具备以下几个特质：首先，设计师要热爱生活，对身边的事物具有敏锐的观察力，这样才能从日常生活中发现熟悉的元素并加以运用；其次，设计师需要具备思考和创新能力，将这些熟悉的元素进行全新的组合和设计，从而形成具有新颖视觉效果的包装；最后，设计师还需要熟练驾驭传统元素，将其与现代设计理念相结合，使包装设计具有独特的文化内涵和审美价值。

设计熟悉且陌生的品牌包装，是一项富有挑战性和创新性的任务。设计师需要通过深入了解消费者的日常生活和审美习惯，挖掘出熟悉的元素，并运用创新的设计手法，将这些元素进行全新的组合和呈现。这样，既能使包装设计符合消费者的审美需求，又能给消费者带来新颖的视觉和使用体验，从而提升产品的市场竞争力。随着消费者审美水平的不断提高，设计师需要不断探索和创新，以满足市场和消费者日益增长的需求。

四、“蟹王府”阳澄湖大闸蟹品牌包装设计

学生：张凯旗　指导教师：张勇、路玲娟、孙晓晨

（一）市场调研与设计定位

1.产业调研

阳澄湖是长江下游南岸第一个中型淡水湖泊，与太湖同属长江水系，但比太湖距离长江更近。其水源不仅充沛，而且周边有环绕的众多子湖和河道的缓冲、过滤调蓄，水位稳定。其水位变化特征是高水位持续期长，达 5 个月（6—10 月），水位变化平缓，变幅一般在 1.2m 以下。相对稳定的水位对阳澄湖大闸蟹的栖息、蜕壳极为有利。湖区属亚热带季风性湿润气候区，其特征是四季分明、气候温和、日照充足、无霜期长。其气候特征符合长江中华绒螯蟹的生殖洄游、溯江入湖、生长育肥等生活习性，

图 2-1-34　产业调研资料

为阳澄湖大闸蟹的优良品质提供了先决条件。因此，阳澄湖大闸蟹外观青背白肚、黄毛、金爪、体壮，有橘红色的蟹黄、白玉似的脂膏、洁白细嫩的蟹肉，口感微甜、味道鲜美，具有色、香、味三极的内在品质，并有着优异的内在生化成分（图 2-1-34）。

据中国渔业统计年鉴数据，我国大闸蟹产量及需求量近年来整体上呈增长态势。2022 年中国大闸蟹产量为 78.22 万吨，需求量为 77.69 万吨。大闸蟹产业将向上下游延伸，包括养殖、加工、包装、物流等环节，形成完整的产业链，提供多元化的产品和服务。

2.市场调研

大闸蟹产业将趋向品牌化发展，通过建立品牌形象和品质保障体系，提升产品的竞争力和附加值。随着电商的快速发展，大闸蟹的销售渠道将更多地借助互联网平台，实现线上线下融合，提升销售效率和覆盖率。大闸蟹产业与文化旅游相结合，通过打造大闸蟹文化体验园区和旅游景点，吸引更多游客前来品尝和了解大闸蟹文化。大闸蟹产业将注重产品创新，开发更多种类和口味的大闸蟹产品，以满足不同消费者的需求。

3.主要竞争对手分析

阳澄湖大闸蟹主要品牌有山水阳澄、螯蟹江湖、蟹状元等，其中蟹状元以在全国开直营店与线上品牌平台营销相结合的方式经营业务。蟹状元大闸蟹产品主要以高端礼盒为主，线下以预订或持蟹卡进行随时送货上门服务；线上以电商、淘宝等网上购物平台进行销售。包装设计采用以商品为诉求中心的直观策略与以品牌诉求为中心的 IP 联名策略（图 2-1-35）。

竞品蟹状元 LOGO 设计，是通过舔着嘴唇、戴着状元帽的卡通螃蟹形象与品牌文字设计的组合加以表达的，色彩使用蟹壳黄，整个形态饱满而具有蟹香感。礼盒包装设计由“月光宝盒”异化为“月光宝蟹”，包装插画呈现的是科技感的螃蟹与敦煌壁画古风场景产生的视觉碰撞。

4.委托商家情况

商家是阳澄湖畔有底蕴的养殖户，并与其他数十家养殖户签约联合养殖销售合同，形成具有规模水域的养殖基地。岸上有一栋 8000m^2 左右的山水大酒庄，附近有阳澄湖大闸蟹文化馆，形成螃蟹餐饮、螃蟹文化、螃蟹礼盒具有联动效应的经营模式。

通过以上调研，蟹家大院 / 蟹王府可与文化旅游相结合，在打造地方特色蟹文化餐饮服务的同时推广礼盒装大闸蟹。

5.设计定位

消费者定位：喜欢螃蟹美食与螃蟹文化体验的

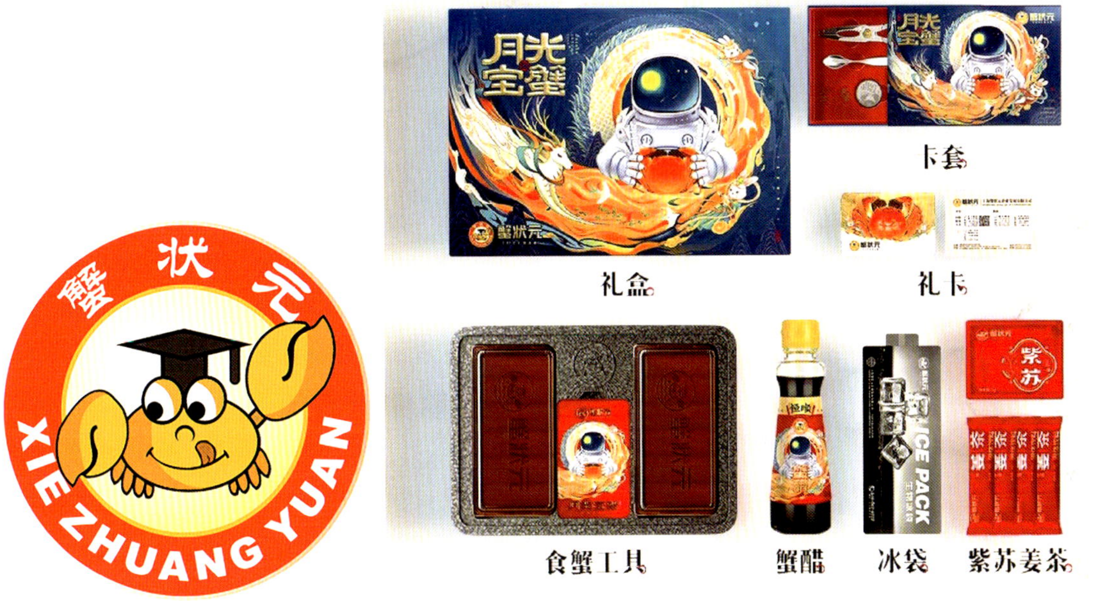

图 2-1-35　竞品调研

消费者。

产品定位：根据螃蟹大小和数量多少、不同消费等级的商务礼盒。

6.提出概念

蟹王府的含义是“一等好水、一等好蟹”。

（二）设计策略

品牌策略，生态策略。

（三）价值主张与卖点提炼

古典、端庄、大气、高品质、王府、严谨、正规。

（四）包装创意设计（设计提案准备）

LOGO 设计过程：以蟹王府概念为主题，将王府大门的形象融入设计，创造一个独特而令人印象深刻的 LOGO 形象。通过王府屋顶与融合了霸气蟹气质的文字设计，组合成王府庄严、权威的 LOGO 形象，凸显蟹王府作为大闸蟹领域中的权威代表，传递出纯正阳澄湖大闸蟹品质信息（图 2-1-36）。

色彩设计：色彩选择典雅而高贵的亚金、古典绿、典雅米，以凸显蟹王府的高贵尊显的行业地位（图 2-1-37）。

文字设计：选用黑体，通过笔画字角变化，设计大方霸气的文字来凸显蟹王府品牌产品品质的权威地位（图 2-1-38）。

插图设计：设计元素收集与插图绘制较丰富（图 2-1-39）。

包装设计：根据品牌产品品类开发系列包装（图 2-1-40、图 2-1-41）。

生鲜大闸蟹商务礼品包装系列：选用纸质天地盖纸盒、手提纸箱、竹编盒、竹编篮等盒型容器，使用凹凸、烫金等印刷工艺。

大闸蟹制成品产品包装系列：蟹黄酱系列包装、醉蟹包装，使用玻璃广口瓶为容器，设计腰封、瓶贴（图 2-1-42、图 2-1-43）。

（五）修改完善打样

设计完成后，设计师根据提案意见，对设

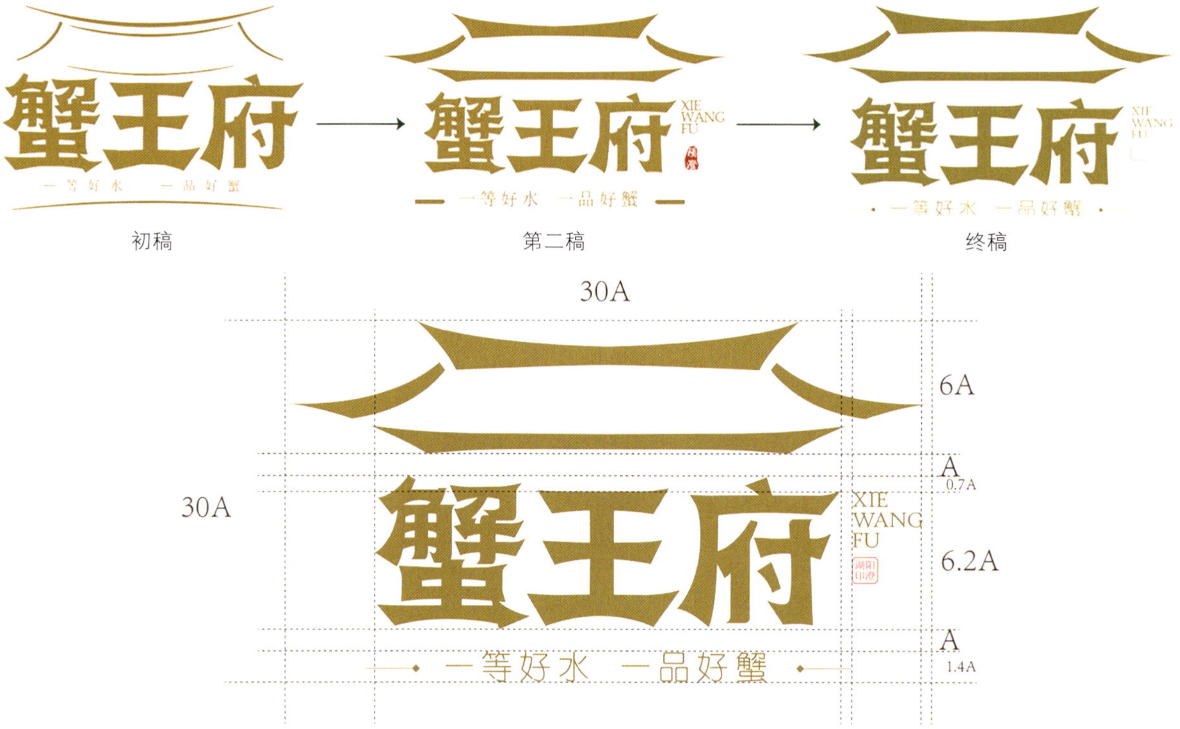

图 2-1-36　蟹王府品牌 LOGO 设计

古典绿：C:89 M:60 Y:80 K:30　　亚金：C:41 M:51 Y:76 K:0　　典雅米：C:4 M:16 Y:16 K:0

图 2-1-37　包装色彩规划

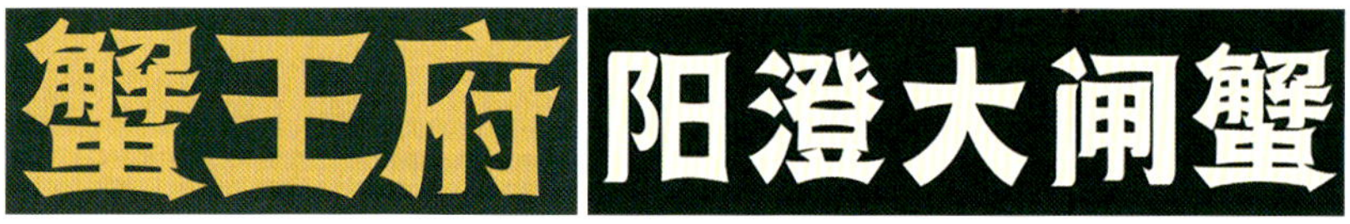

图 2-1-38　文字设计

图 2-1-39　包装图形符号设计

计进行深入修改与完善，并按照印刷要求设置出血线，核对校验后进行文件转化、打样（图2-1-44）。

（六）实训小结

通过该项目实践训练，我们意识到农产品的包装设计也是一个系统性的设计，要有品牌意识，围绕品牌形象开展商品营销策略通盘规划与包装的创意设计。既要根据产品属性特点选择适合的包装材料，又要关注视觉艺术效果，体现品牌文化，与市场需求紧密挂钩。

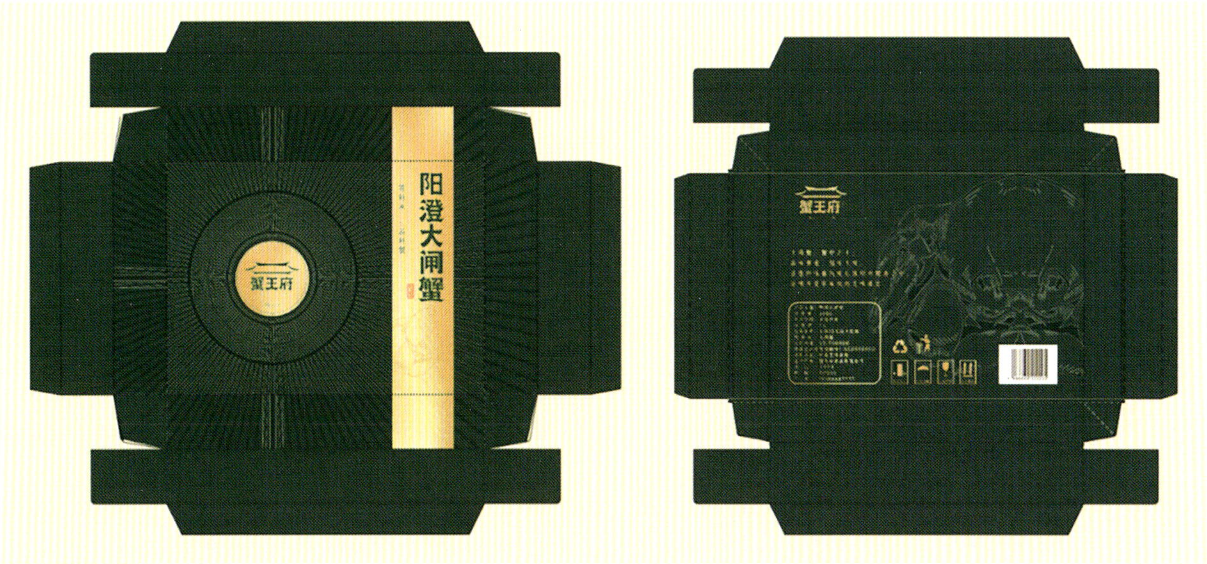

图 2-1-40　礼盒包装刀版图

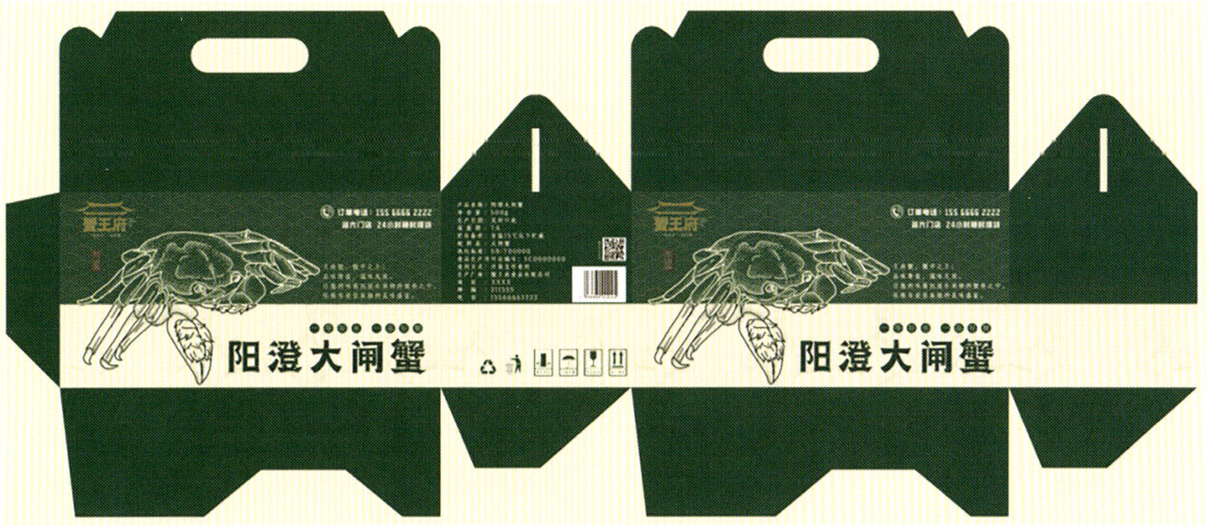

图 2-1-41　包装箱刀版图

图 2-1-42　包装腰封设计

图 2-1-43　蟹制品瓶贴设计

图 2-1-44　包装打样

思考与练习

1. 农产品包装设计要从哪些方面入手，提升乡村经济的发展？你可以帮助家乡的哪些产品进行包装设计？

2. 产业调研和市场调研有什么区别？

3. 用系统思维为你的家乡打造一个品牌的系列农产品包装设计。

阳澄湖大闸蟹包装　学生：贾昌兰

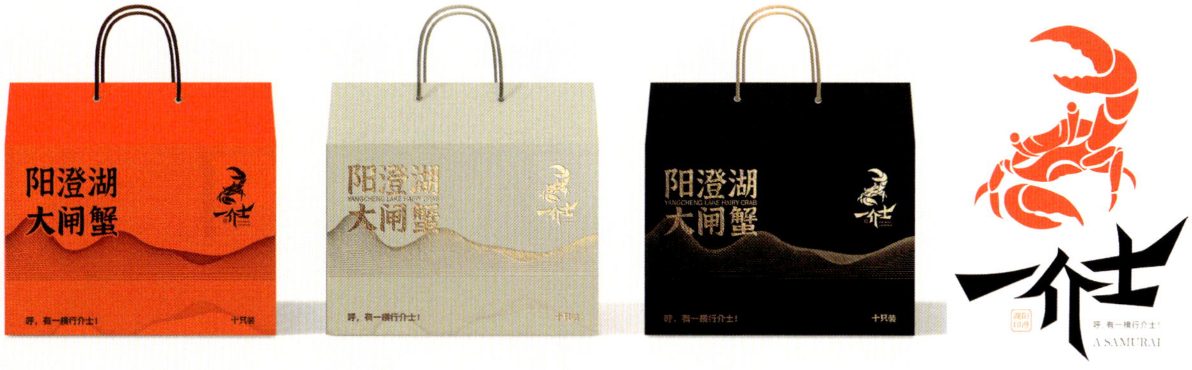

阳澄湖大闸蟹包装　学生：侯一腾

第二节　品类开发，重塑品牌的包装设计

品牌与产品生命周期的延长，离不开企业对品牌形象的创新改良升级与维护。在品牌维护的过程中，新品类产品包装的开发设计，往往能激活老品牌的消费能级，保持其年轻态。为了保持品牌在消费者心目中的年轻态，企业需关注市场趋势和目标消费者的需求变化，以潮流和消费者喜好为导向，不断为品牌包装更新提供有力支撑。设计师在品牌包装设计过程中，应充分了解目标消费者的心理和行为特征，紧跟时代步伐，将消费者需求与市场趋势相结合，为品牌注入新的活力。企业在进行品牌包装改良升级时，还需关注环保理念的融入。绿色、环保的包装设计不仅能降低企业的社会责任成本，还能提升品牌形象，增加消费者的好感度。

项目名称：云南白药口腔治愈系礼盒设计

项目概况：1902 年，一代名医曲焕章成功创制云南白药，使其具有化瘀止血、活血止痛、解毒消肿之功效。问世百余年来，云南白药以其独特、神奇的功效被誉为“中华瑰宝，伤科圣药”，蜚声海内外。在口腔健康领域，尼尔森数据显示，自 2019 年，云南白药牙膏已连续 4 年成为中国口腔护理行业市场份额第一品牌。

项目设计要求：根据“治愈系”主题进行礼盒套装设计。

一、实训概况

（一）实训内容

根据课程任务单开展礼盒包装设计与全案制作。

（二）实训目的

1. 通过训练，能分析品牌包装需要重新设计的原因，掌握产品品类开发的方法。

2. 能通过新品类商品的包装全案设计，保持品牌年轻态形象；在成本控制范围内使用最合适的材料、结构、工艺，设计符合新品类的独特视觉感官与消费者使用体验。

3. 能举一反三，承担其他品牌产品的新品类开发与全案设计。

（三）重点

根据品牌方诉求，开发塑造品牌新形象的品类与包装全案设计。

（四）难点

找准增量消费群，开发适销的新品类；品牌形象的升级转型。

（五）学习方法

课前自主学习在线课程教学资源，如包装材料、包装造型与结构、印刷工艺的内容；课中提问、交流与设计实践；课后线上线下边学边练，积极完成项目各阶段任务。

（六）作业要求

新品类产品包装设计，塑造品牌新形象；包装的保护功能；包装的便捷功能。

二、设计项目分析

项目一：“咔咔玛”洗脸巾品牌包装设计

【案例 1】“咔咔玛”6A 洗脸巾包装设计

设计：梅竞放

奖项：2021 年，英国 pentawards 银奖

（一）品牌升级

1.企业发展背景

“咔咔玛”是一个有着 20 年历史的领军老品牌，产品质量达到国际 5A 高品质。近年来，公司投入巨资在湖州美妆小镇产业园建成中国第一座洗脸巾网红工厂。公司申请并成功获得行业领先技术实用新型发明专利（抗菌无纺布），2022 年成为杭州亚运会官方洗脸巾指定供应商。

2.产品定位变化

“咔咔玛”来自浙江方言“揩揩的抹布”（意为擦擦的抹布）的语音。产品定位为清洁厨房的抹布，年销售额 4000 多万元。通过对清洁抹布的市场分析，发现消费需求饱和、产能过剩、价值偏低，而传统洗脸毛巾因长期使用，易滋生细菌、面料发硬、价格偏高等问题，需要有更清洁卫生、柔软舒适的替代产品。企业抓住市场机遇，通过将产品从厨房清洁抹布转变为生活洗脸巾，开辟新的市场空间，来提升产品的价值，满足消费者更高生活品质的需求。

3.品牌理念升级

品牌因产品功能定位的转变，使得企业经营理念也将进行革命性改变，将从原来注重产品的功能，向“匠心 6A，健康用布”的产品高品质转变。品牌的核心 6A 价值为优质产品、可靠质量、完美设计、贴心服务、温暖呵护、生活健康。

4.品牌视觉形象升级

LOGO 设计：把企业的品牌形象进行了升级更新设计。为了更快地传递品牌信息，把原来“咔咔玛”首字母“CCM”与中文“咔咔玛”组合的标志符号（图 2-2-1），改用大写“KAKAMA”进行符号化设计，3 个“A”是杭州西湖三潭印月的抽象归纳，由景点的独一无二体现产品品质的独一无二（图 2-2-2）。

核心视觉元素设计：灵感来自“KAKAMA”品牌 3 个独有的 A，与杭州地标性景观三潭印月产生联想，表示产品的地域性与品质的独一无二。方形洗脸巾与西湖水面同构，3A 在水面上形成的湖面倒影，产生了富有想象内涵的 6A，即具有 3A 的品质、5A 的信誉、6A 的超级 IP 视觉符号（图 2-2-3）。从 3 个 A 与其倒影延伸出 6 个 A，形成“KAKAMA”品牌的宣传语：匠心 6A、健康用布，意味着这是一个富有匠心的洗脸巾产品品牌，给消费者带去优质产品、良好的使用体验，呵护消费者的健康生活，使消费者从完美的产品设计与使用体验中，感受其温暖贴心的服务，增强对品牌的信任度，充满对美好清洁生活的向往。

（二）品牌包装设计

1.市场调研与设计定位

洗脸巾消费市场调研：通过对洗脸巾市场的调研，设计师发现市场上用于皮肤清洁的无纺布产品，大多以湿巾纸的形式存在，使用场景为户外居

图 2-2-1　原品牌 LOGO

图 2-2-2　升级后品牌 LOGO

图 2-2-3　主视觉产生过程

多；无纺布洗脸巾产品处于萌发状态。通过对消费者清洁需求调查发现，青年女性天生具有对美好的特别追求，关注对皮肤的护理。而洗脸巾作为青年女性化妆前与卸妆时的清洁用品，相比传统毛巾更卫生，触感更舒适，能提高生活品质，具有较大的市场发展潜力。

洗脸巾包装设计调研：市场上洗脸巾产品包装设计在卖场展柜中很难凸显品牌特色（图 2-2-4），因此要在货架上实现 3 秒吸引消费者视线，产生购买行为，必须设计一个独一无二的品牌超级符号视觉形象。

图 2-2-4　市场调研

消费者定位：20~40 岁的白领女性对生活品质具有较高的追求，她们习惯妆后面对社会。快节奏的生活会促使这个消费群选择更卫生便捷的洗脸巾。

设计风格定位：简约、超级符号，打造一个年轻时尚的洗脸巾品牌。

2.设计策略

凸显品牌形象策略与满足消费者需求策略相结合。

3.价值主张、卖点提炼

淡雅、柔和、清新、温和、低调、甜蜜、幸福、年轻、治愈，使产品通过包装设计具有情感，充满对消费者的人文关怀。

4.包装创意设计

改良前的包装是以突出产品功能为策略的设计，设计元素侧重体现产品用途、使用领域的图片与文字，产品包装在货架上难以在短时间内吸引消费者注意（图 2-2-5）。设计师想通过品牌策略，将更新升级的品牌形象与体现品牌核心价值的 6A 超级 IP 用于产品包装的设计（图 2-2-6）。

色彩设计：20~40 岁的白领女性在繁忙的工作中，喜欢通过轻松的色彩放松心情，设计师选择让生活充满治愈，像吃甜点一样快乐的马卡龙色系（图 2-2-7），通过富有浪漫色彩的品牌形象色，给客户带去浪漫的想象和对美好生活的向往。重新

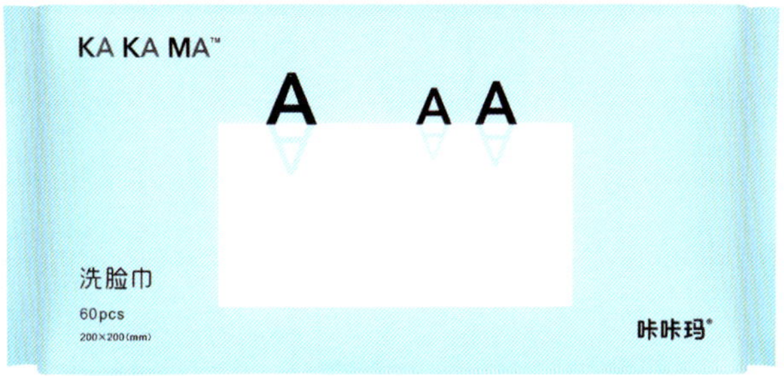

图 2-2-5 原包装

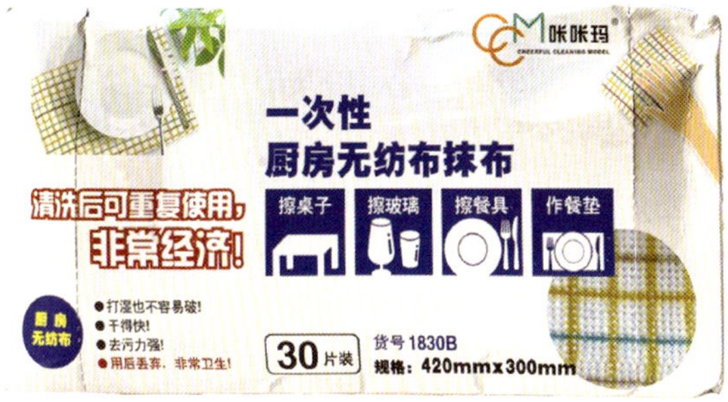

图 2-2-6 品牌升级后包装

图 2-2-7 色彩设计

咔咔玛®

图 2-2-8 文字设计

审视日用品洗脸巾行业的设计风格，定期更换色系包装，为日用品洗脸巾行业注入新的活力。该包装抓住了日用品洗脸巾用户的习惯，突出了组成色系要素，并通过信息级别和温润色彩的重组，塑造了新一代日用品洗脸巾品牌，另外也将化妆品产生的能量带入日用品洗脸巾中。

字体设计：字体设计融入了现代时尚，笔画圆角的细节处理是对洗脸巾优雅治愈、柔和简洁的产品属性的精准呈现（图 2-2-8）。

版面设计：版面设计以品牌形象主视觉图 6A 超级 IP 形象为核心，与 LOGO 进行组合设计（图 2-2-9 至图 2-2-11）。版面简洁安静，正如“KAKAMA”洗脸巾一般纯净柔和，干净卫生，将产品属性植入消费者的心中，加深第一印象。

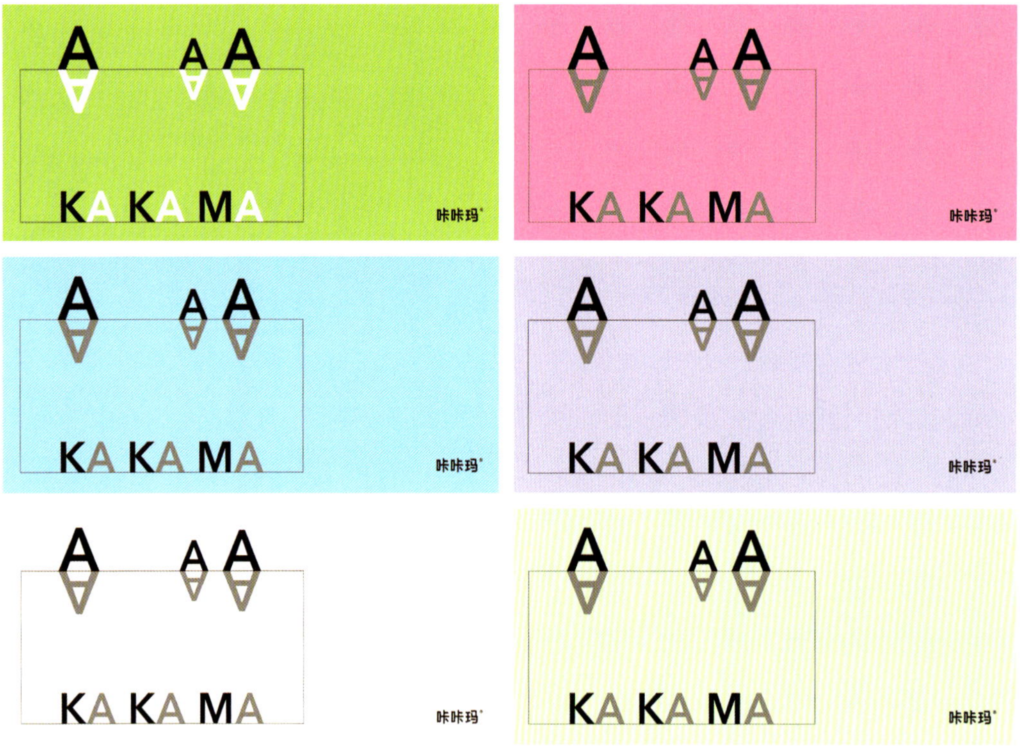

图 2-2-9 版面第一版

图 2-2-10 版面第二版

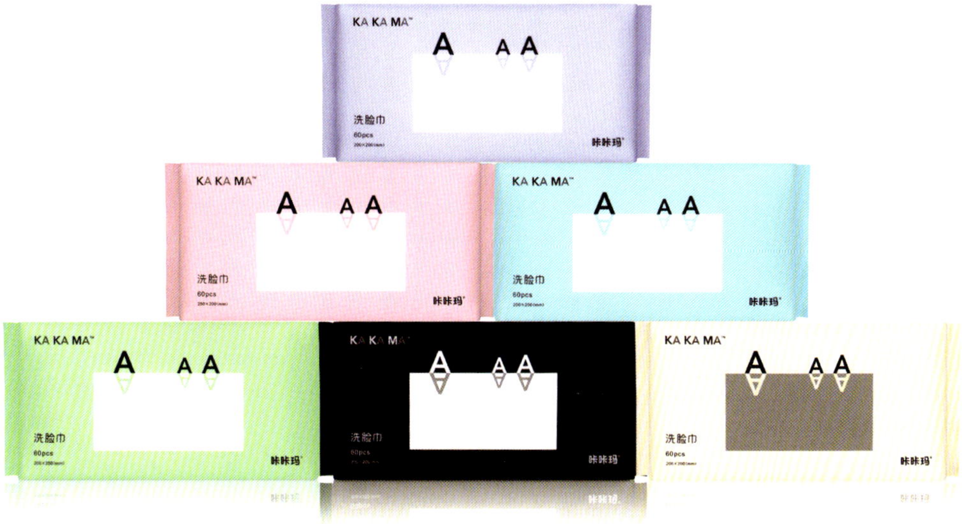

图 2-2-11　版面最终版

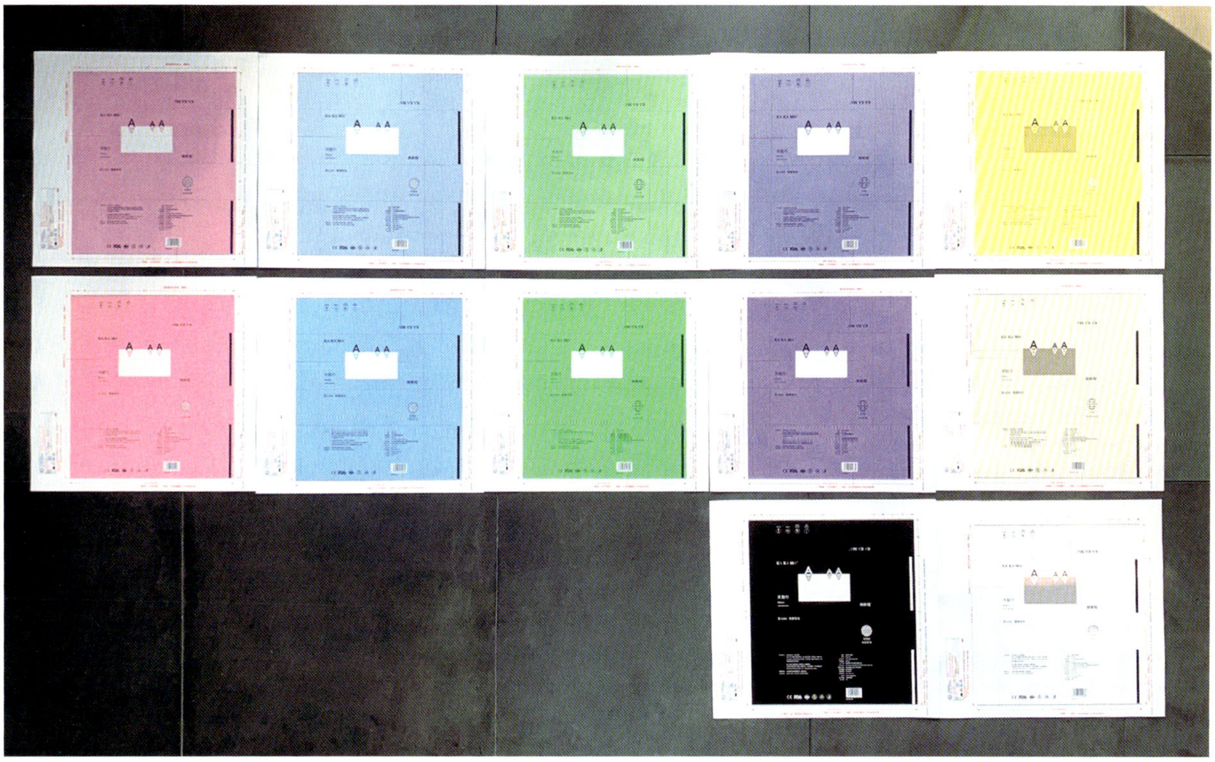

图 2-2-12　包装设计打样

5.包装材料、色彩管理

包装印刷工艺简洁，包装只采用 2 色印刷，减少因生产造成的油墨污染。马卡龙色系淡雅柔和，是低饱和度的色系，10%~30% 的色度，印刷用了极少的油墨。柔软的 PE 材料更容易降解，选择与行业标杆企业合作，高标准打造最安全的产品（图 2-2-12 至图 2-2-14）。

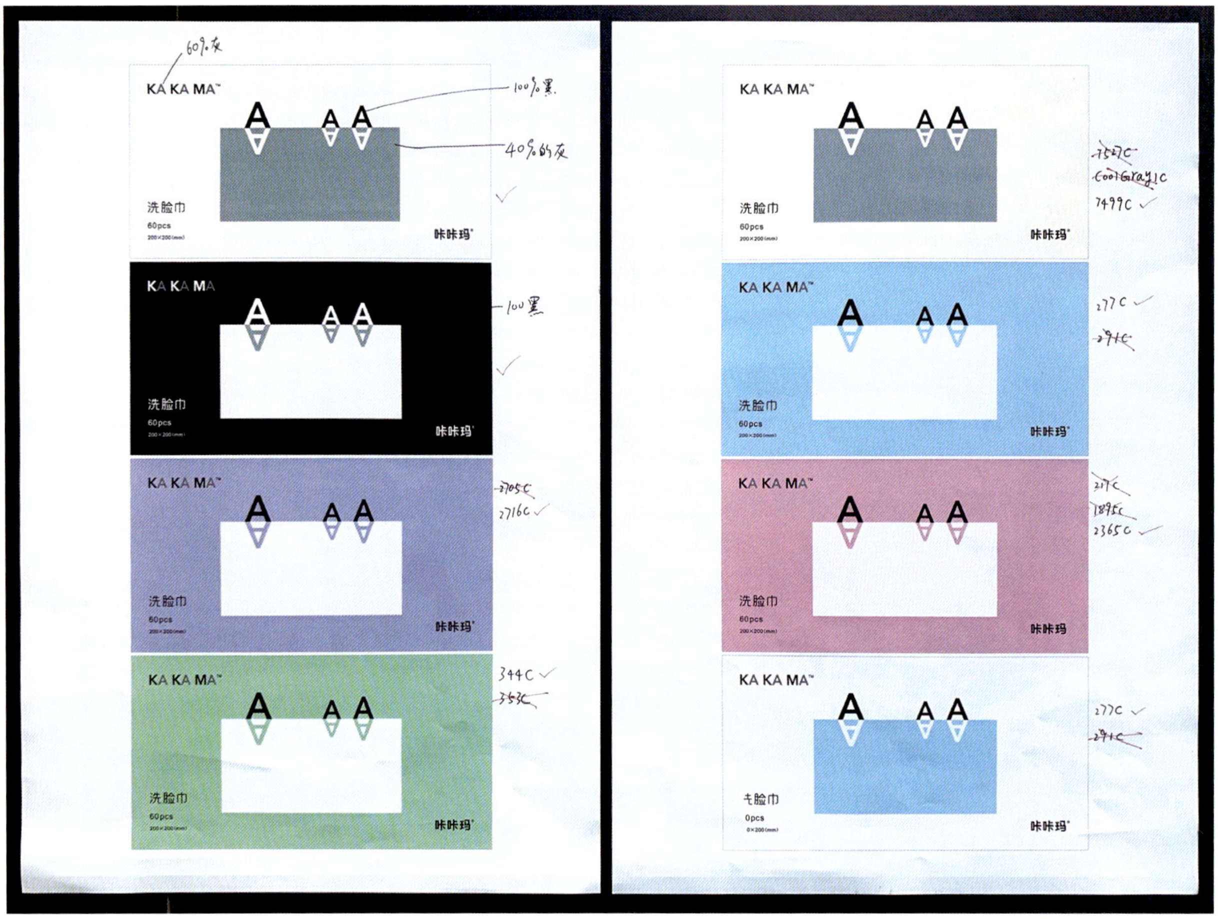

图 2-2-13　校色

图 2-2-14　专卖店、货架展陈效果

【案例 2】核酸洗脸巾包装设计

（一）设计定位

功能定位：“KAKAMA”品牌的洗脸巾是行业首次获得抗菌抑菌专利的产品，在洗脸巾上滴一滴药水，洗脸巾会马上变成淡蓝色。核酸洗脸巾是“KAKAMA”品牌高端消毒杀菌洗脸巾产品，提供消费者抗菌消毒功能产品的同时，提醒大家注意卫生，增强防护意识。

设计风格定位：简洁、抗疫主题。

（二）设计策略

事件性策略，在新冠肺炎疫情来袭之际推出这款抗菌消毒的核酸洗脸巾，既满足消费者的抗疫日常需求，又能乘势推广品牌。

（三）价值主张、卖点提炼

健康、关怀、责任、温暖、抗疫。

（四）包装创意设计

素材收集：核酸检测棒（图 2-2-15）。

创意构思：新型冠状病毒席卷全球，健康问题不容忽视。核酸检测是发现病毒进而及时控制扩散的最好方法。包装创意元素灵感来自大家都熟悉且反感的核酸检测棒。设计师从新冠肺炎疫情期间所有人都希望疫情结束，不用再定期测核酸的心理出发，通过消费者使用产品撕开洗脸巾开口条的动作，与撕掉核酸检测棒动作相同步，与消费者远离病毒的心情相共情，很好地赢得了消费者的关注（图 2-2-16）。

图形设计：设计师在包装中间开口上设置了 1 ：1 的核酸检测棒形象，非常醒目。消费者在使用洗脸巾时从右往左撕开包装开口，就把核酸检测棒图形撕掉，寓意人类远离病毒，不用再测核酸（图 2-2-17）。

色彩设计：黑色的文字、白色的包装、两个层次灰色的核酸检测棒衬底，配色干净明亮，打开包装的那一刻给人安心、纯净的感觉，如同白衣天使降临，充满对杀菌消毒的神圣感。

版面设计：包装整体版面简洁明朗，大面积的留白与 1 ：1 还原的核酸检测棒形成鲜明对比，突出主题。包装侧面展现核酸检测界面，提醒疫情防护，人人有责。

（五）印刷材料、色彩管理

包装工艺简洁柔美，包装只采用黑白单色印刷，大大减少因生产造成的油墨污染，用最适合的工艺去还原产品杀菌消毒的属性，与用最直接明了的设计语言风格去表达主题相吻合。

（六）品牌的社会责任

一件优秀的作品必须承载爱和善良，品牌卖的不只是产品，更是品牌文化；一个优秀的品牌会承担传递正能量的社会责任，从感恩回馈社会的角度，让产品变得温暖。

设计的本质是让生活变得更美好。在疫情期间，设计师在做核酸检测时，想要设计一款消毒抗菌洗脸巾的包装：一方面，增强人们抗疫的信心，提醒消费者养成良好的日常卫生习惯，预防病毒的侵袭；另一方面，希望给疫情一线接触患者最多的医护人员多一层防护，传达企业对奋战在一线的医护人员的关心与敬意。

图 2-2-15　核酸检测棒

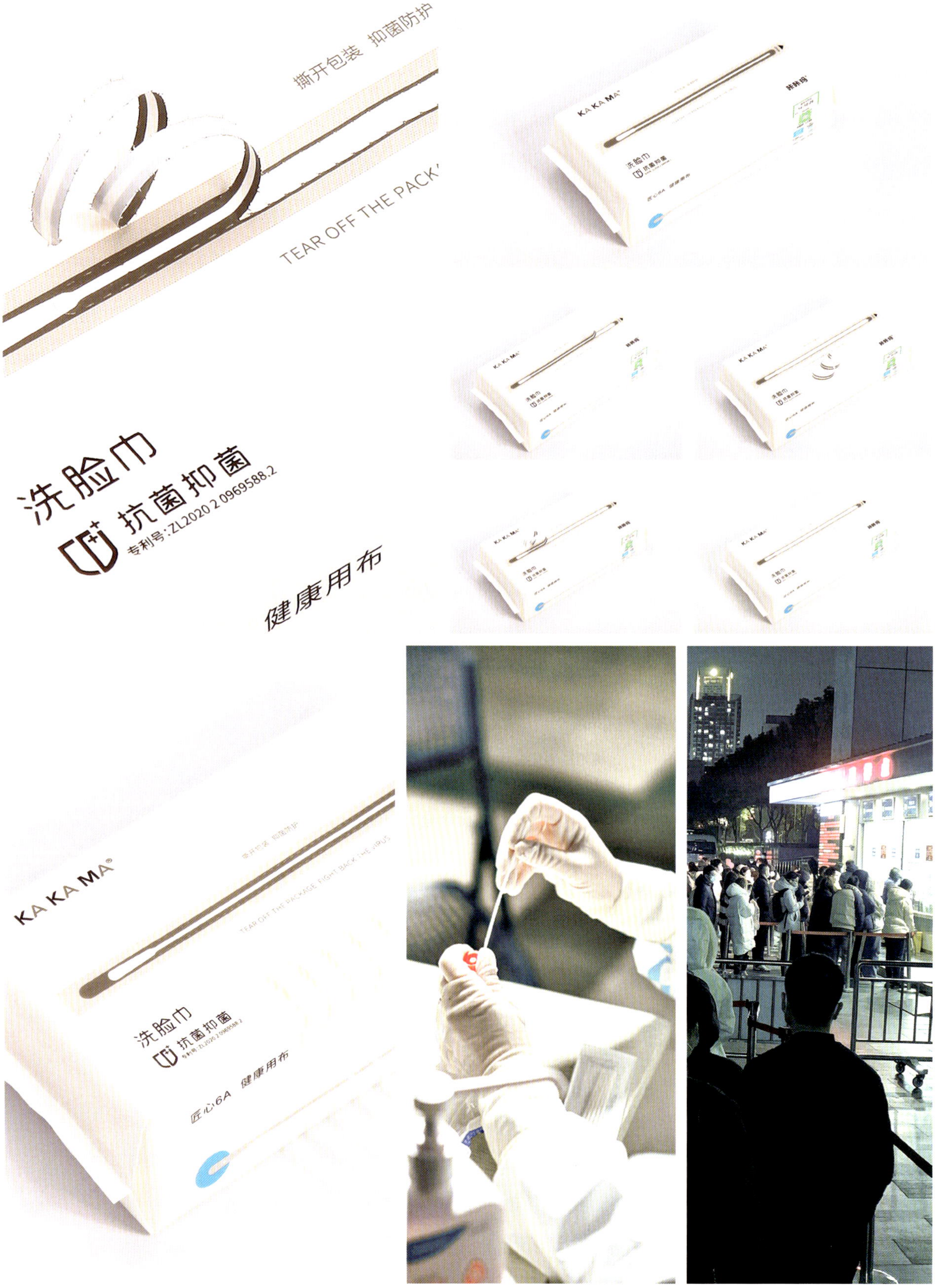

图 2-2-16 设计背景与构思

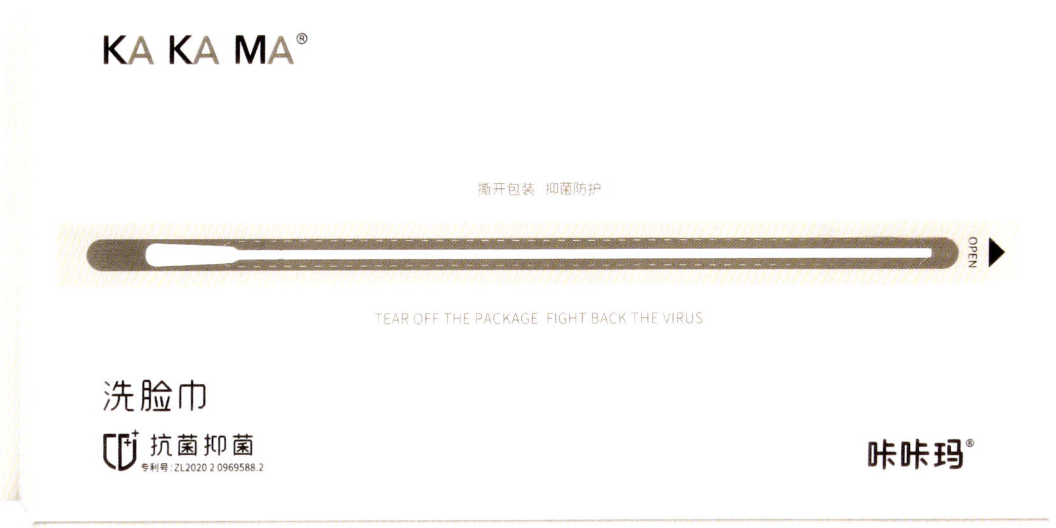

图 2-2-17　正面图

【案例 3】“孔雀纳福”洗脸巾包装设计

（一）设计定位

中国人受传统文化的影响，期盼身边的事物能给自己带来吉祥好运。“KAKAMA”新开发了一款名为“孔雀纳福”的洗脸巾产品品类。

“孔雀纳福”洗脸巾是“KAKAMA”品牌为女性设计的高端洗脸巾（图 2-2-18），材料高级厚实，柔软细腻。

（二）设计策略

凸显传统文化与包装设计元素结合的策略。

（三）价值主张、卖点提炼

传递祝福、传递爱，体现产品典雅、高贵、简约、

图 2-2-18　“孔雀纳福”洗脸巾包装

图 2-2-19 图文结合的艺术字设计

文化、艺术、祝福、柔美、细腻、年轻、时尚等调性。

（四）包装创意设计

素材收集：孔雀是百鸟之王，是吉祥鸟，寓意聪明、善良、自由、和平，象征着吉祥、幸福、高洁华贵，同时表示长寿之意。因此孔雀受到了广大人民的青睐。孔雀具有较高的观赏价值，用孔雀的高贵形象来代表产品的高贵品质，意义深刻，让人过目不忘。消费者常见的“福”字，能直接传达美好的祝愿。

创意构思：用汉字“福”与代表吉祥的孔雀进行同构，传递纳吉送福之意。

插画设计：设计师通过现代设计语言将孔雀与“福”字同构，用抽象几何形重构了孔雀的形象，图形简约抽象、时尚唯美，给消费者带来联想空间。

色彩设计：大胆使用撞色，蓝、红、金颜色组合丰富大胆，简约高级，时尚中透露出一点神秘。

文字设计：设计师联想到孔雀的羽冠，将迎祥得福的火把融入“福”字，寓意福报。“福”字的创意与孔雀的创意融为一体，简约抽象，一气呵成。整体设计纯净至简，体现“健康心灵、健康用布、极致享受”。孔雀头尾呼应，寓意着从始至终福气满满，展示出“KAKAMA”洗脸巾的高端品质，还蕴含着中国传统迎新纳福的吉祥文化（图 2-2-19）。

版面设计：孔雀修长的羽毛环绕洗脸巾包装一周，四包堆叠，呈现出高贵优雅的体态，给消费者美的享受。尾羽由错落有致的几何图形组成，宛若修竹，是对人们美好生活的祝福——节节高升，健康长寿（图 2-2-20）。这样的排版非常有利于销售环境的展陈。

（五）印刷材料、色彩管理

包装采用纯白底色，从根本上减少因生产而带来的油墨污染。大胆的颜色碰撞、抽象的几何重组被纯白、柔软的 PE 材质表达得细腻精致，高贵感十足（图 2-2-21）。纯净至简，是健康心灵、健康用布的极致享受。

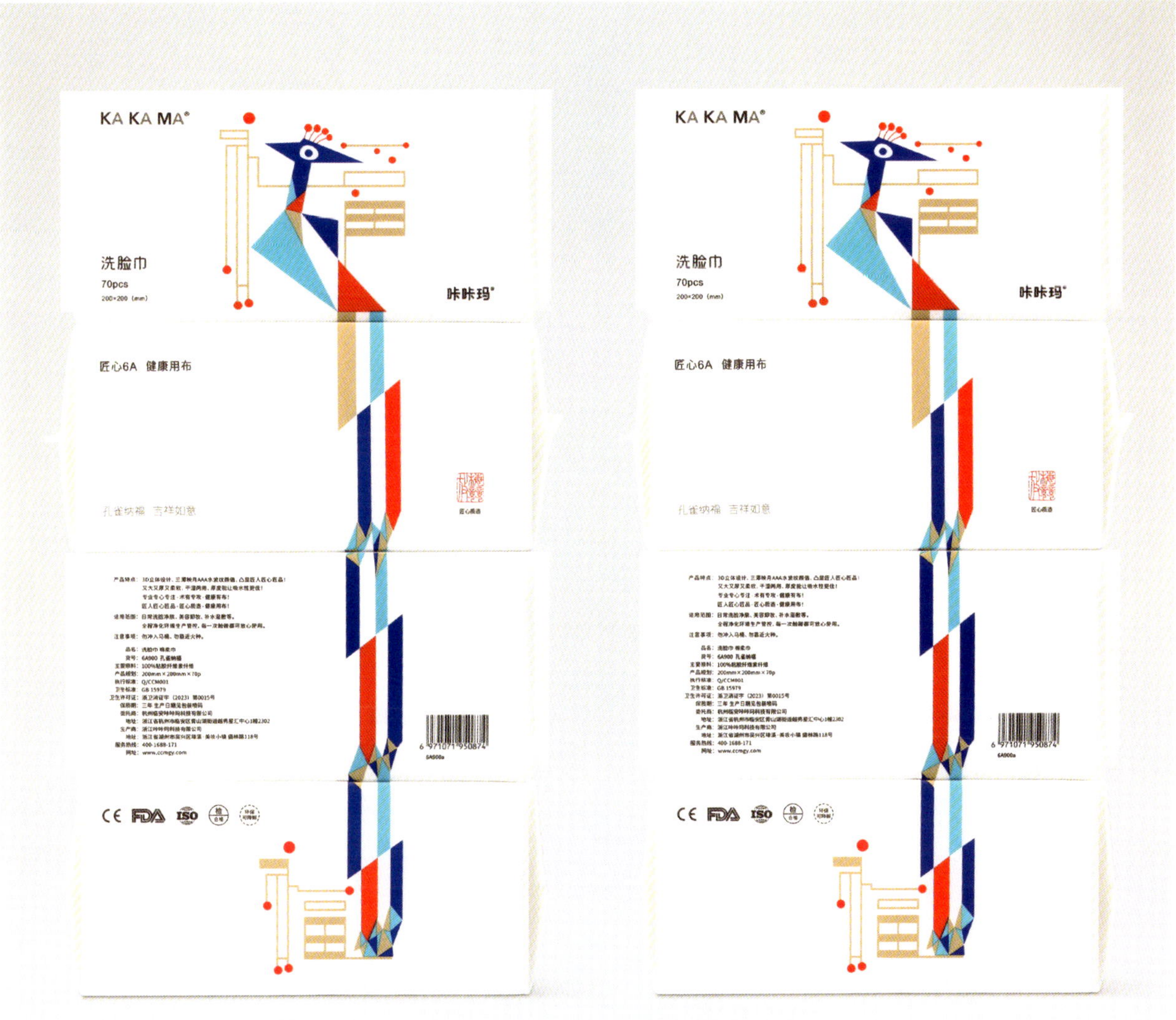

图 2-2-20 插画、文字、LOGO 排版效果

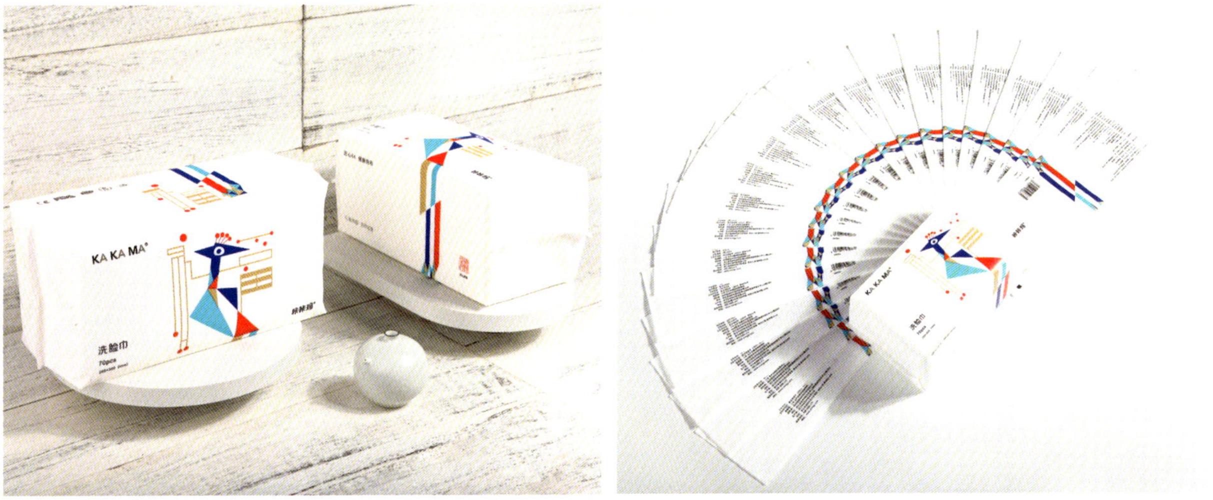

图 2-2-21 “孔雀开屏”包装成品效果

【案例 4】“男人的脸”洗脸巾包装设计

设计：梅竞放

奖项：2023 年，GDC（平面设计在中国）佳作奖。

（一）设计定位

消费者定位：每天都为生产女性洗脸巾而忙碌，客户看着生产线上的洗脸巾想：“KAKAMA”洗脸巾从诞生的那天起，似乎成了女性的专属礼物，为什么不给男性专门设计一款洗脸巾呢？客户希望“KAKAMA”是服务不同受众的洗脸巾品牌，这与设计师的想法形成了默契，他决定打造一款男性消费受众的洗脸巾品类，提出了设计概念“男人的脸”。

设计风格定位：用幽默个性的视觉语言传递“男人的脸”在不同社会角色中的多变，充满设计感。

（二）设计策略

以包装设计元素为中心的策略。

（三）价值主张、卖点提炼

时尚、幽默、多元、简约、抽象、呵护、智慧、品位、自信、艺术。

（四）包装创意设计

素材收集：收集与设计概念契合的男人多样性的脸。恐龙具有男性特征，霸王龙霸气，象征着男人社交时的自信且从容；雷龙温和，象征着男人对家人的包容与担当；超龙安静，象征着男人在学习时的沉稳又自律；剑龙认真，象征着男人在工作时的认真并负责。这四类恐龙的形象地表达男人在不同社会角色的性格特征（图 2-2-22）。

字体设计：文字设计经过多种方案的尝试与揣摩，最终保留的是把中文字体“男人的脸”拆分又组合。4 个字设计成了 4 个不同抽象的恐龙头，再添上圆圆的大眼睛，俏皮时尚，趣味丛生，打破市面上对男性日常用品严肃呆板的刻板印象，展示出“咔咔玛”洗脸巾的品牌文化魅力。

图 2-2-22　素材收集

“Study”“Family”“Work”“Socialize”手写的英文字体优雅、亲切，兼具现代艺术感（图 2-2-23）。

插画设计：插画设计随着设计构思的变化画了好几个版本，直到恐龙元素的挖掘有了新的突破。包装的视觉中心元素的灵感来源于不同性格特征的恐龙，将极简的恐龙外形与拆分又组合的“男人的脸”4 个字分别组合，形成了时尚抽象的恐龙超级 IP 形象。4 种恐龙表达了男人在学习、家庭、工作、社交的 4 种不同角色个性，寓意品牌多元化（图 2-2-24）。“男人的脸”也提醒男人在爱他人的同时要好好地爱自己。这个幽默的表达使产品在市场同类产品中脱颖而出。

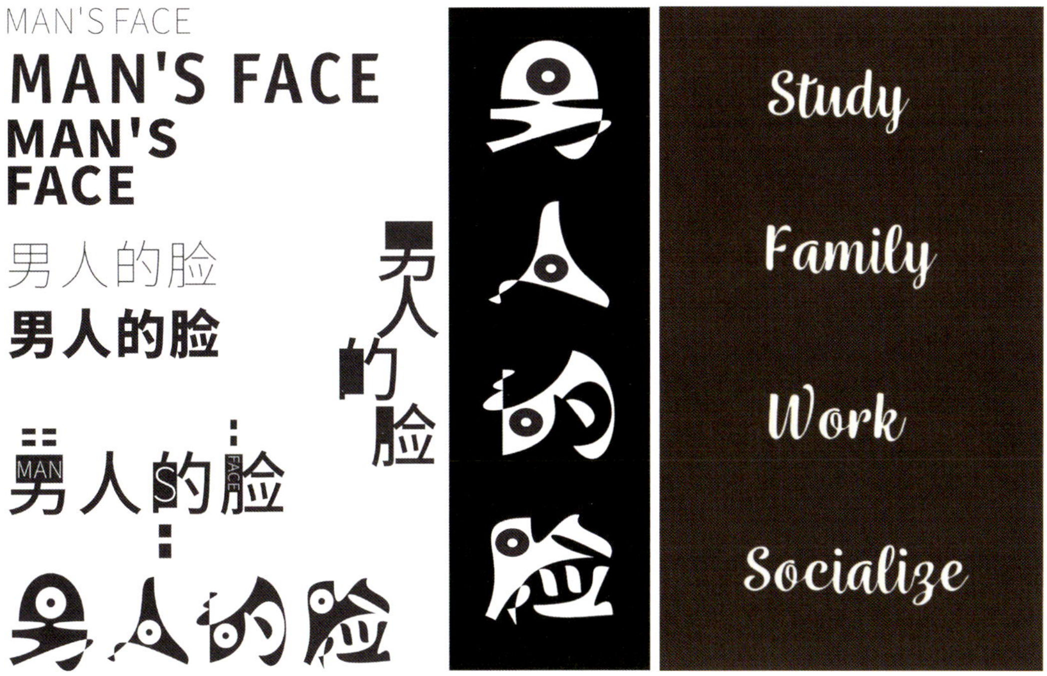

图 2-2-23　文字设计

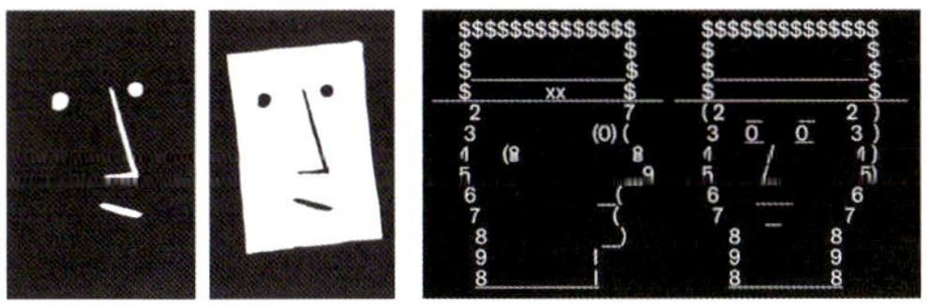

插画1

插画2

插画3

最终版插画

图 2-2-24　插画设计

色彩设计：设计师在插画定稿后，经过几次配色，最终确定用黑白灰、蓝色的配色。利用色彩放大包装主画面的视觉效果，增强包装的视觉冲击力，让客户难以忽略它的光芒。高级典雅的银灰、沉稳内敛的墨黑、活力自由的天蓝、点睛之笔的纯白，纯粹高级，让男人的脸焕发出自信优雅的气质（图 2–2–25）。

版面设计：设计师尝试了中英文字体、品牌 IP 形象、品牌故事元素混合排版，在平衡画面的同时使画面富有视觉冲击力（图 2–2–26）。

（五）印刷材料、色彩管理

为使该男士品类洗脸巾有好的使用体验，企业加大洗脸巾尺度，为此特意重新购置了生产流水线。该品类产品包装证明“咔咔玛”品牌的匠心精神：为体现洗脸巾对环保和简约的承诺，选用安全的 PE 材质，环保的四色印刷，尽最大努力降低生产成本（图 2–2–27）。纯净至简，是健康心灵、健康用布的极致享受。

“咔咔玛”项目包装设计整体采用以品牌诉

配色1　配色2　配色3　配色4　最终配色

图 2–2–25　色彩设计

求为中心的策略，通过品牌 LOGO 的再造，升级了品牌形象；通过品牌系列主题产品品类开发与包装设计，强化了品牌的时尚、年轻调性特征；通过系统的品牌改良升级，“咔咔玛”品牌从家庭抹布转型为时尚年轻一族的一流洗脸巾品牌。

图 2-2-26 “男人的脸”男士洗脸巾包装四面排版打样

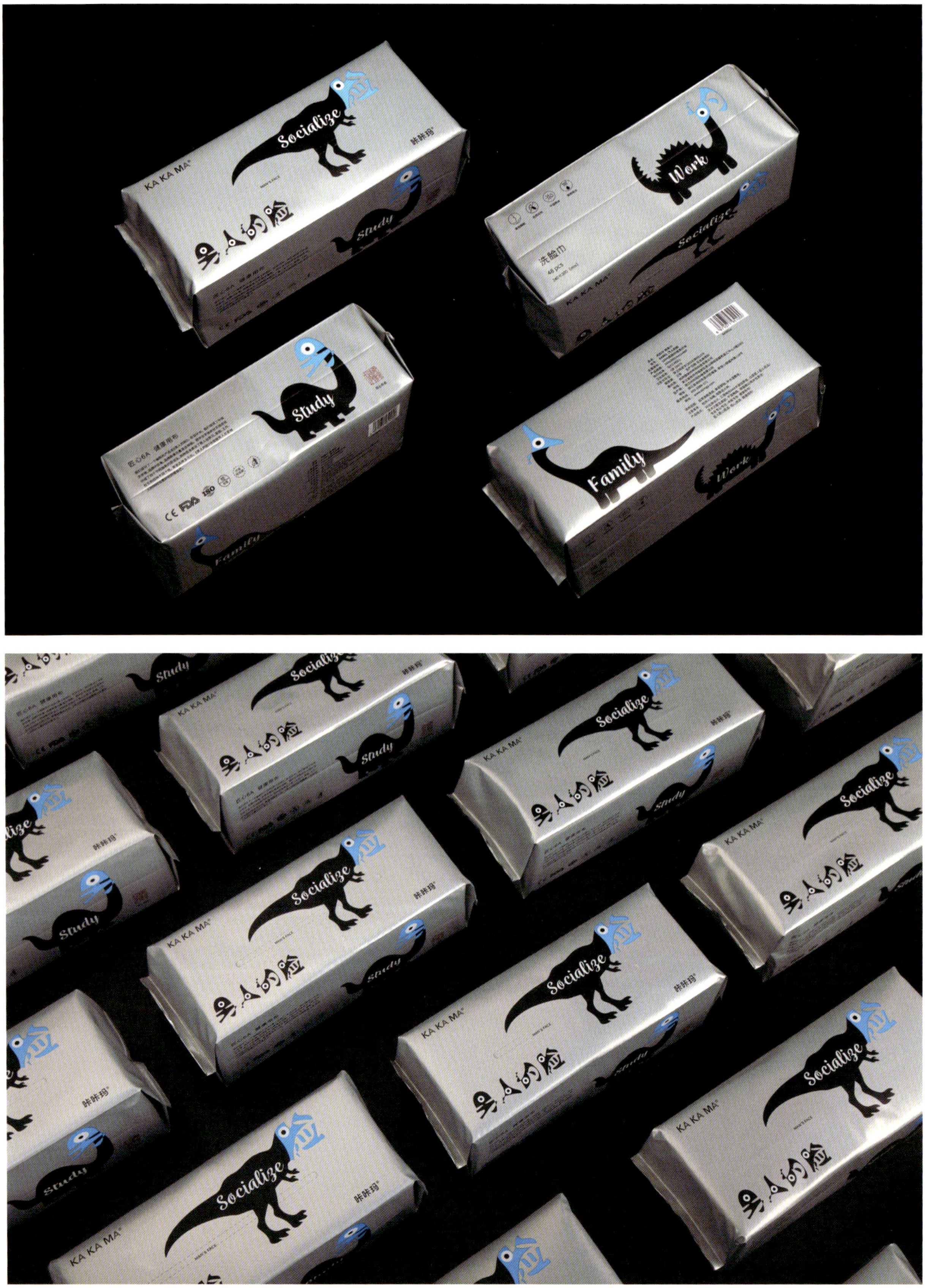

图 2-2-27　包装成品

项目二：“莫干黄芽”茶叶品牌包装设计

（一）市场调研与设计定位

莫干山为西天目山东支余脉，森林覆盖率高达92%，是中国四大避暑胜地，是毛竹的海洋。大竹海在莫干山形成了一道天然屏障，从而形成了茶区独特的小气候（图 2-2-28）。山区夏季平均气温为 26℃，最宜种植茶树。早在晋代佛教盛行时，即有僧侣上莫干山结庵种茶。

产品调研：莫干黄芽是茶树培育专家根据莫干山独特的地理气候、人文环境而研发培育的一种特殊绿茶。莫干黄芽是一款高山茶叶，产于“清凉世界”莫干山北麓，是采自竹林中的茶，具有“黄叶黄汤”的品质特点，汤色黄绿清澈，叶底嫩黄成朵。采摘时，因晨光散落在茶树上，茶芽微黄透明，宛若月牙儿，故取了一个浪漫的名字——莫干黄芽（图 2-2-29）。

图 2-2-28　莫干山风光

包装设计调研：目前市场上的莫干黄芽茶叶包装因为茶的品级不同，面向的消费人群不同，包装的规格、材料、包装结构有较大的区别。

设计风格定位：中国是茶乡，莫干山的山、水、竹海、无数缕晨光与晚风孕育了莫干黄芽独特的茶香茶味。设计师用设计还原真实，用充满童趣的设计让客户感受莫干黄芽的纯粹与自然。

（二）设计策略

凸显包装视觉元素的策略。

（三）价值主张、卖点提炼

自然、清新、雅致、童趣、优雅、美学。

（四）包装创意设计

创意构思：用抽象、写意、具有童趣的插画，表达和谐的品茗情景。

标志设计：“莫干黄芽”的小标志（图 2-2-30），灵感来源于静静品味茶的瞬间，沉浸式再现品茗时的场景感。“莫干黄芽”的首字母与它独特的茶叶形相结合，设计成标志：“M”是品茗论茶的茶几，“g”是一个花瓶，“II”是盛放的器皿，“Y”是茶芽婷婷直立的优雅姿态。拼音的自由组

图 2-2-29　“莫干黄芽”包装市场调研

合赋予客户无穷的联想空间，并迅速将客户带入品茗静坐的放松境界。

插画设计：莫干山的独特气候、社会人文成就了莫干黄芽的独一无二特性。设计师将莫干山的“山”字进行形象化处理，作为主视觉插画的基础。黄芽的月牙儿外形非常巧妙地设计成莫干山的几大元素——山、水、竹、太阳，就像一幅中国的传统水墨画，意境深远。画面生动活泼，趣味丛生，生动地还原了莫干山的自然生态氛围，增强了产品与客户的情感联系。更有趣的是，设计师让画面中飞入了一只小黄鹂，它灵动自在的身影是设计师的缩影，带着设计师的心，飞上莫干山，沉浸式品上一杯好茶（图 2-2-31）。

图 2-2-30　标志设计

图 2-2-31　插画设计

色彩设计：设计师从莫干黄芽中萃取出一种极具辨识度的黄色，明媚又温和，像极了早晨冉冉上升的太阳，温暖之感扑面而来。

字体设计：设计师将莫干黄芽的弯弯月牙儿形融入字体设计中，让“莫干黄芽”迸发出前所未有的新鲜感，并且具有极高的辨识度（图 2-2-32）。

版面设计：插画、字体自由排版，大面积的留白，不仅还原莫干山的自然生态，还能瞬间勾起客户对品茗静思的联想画面，内心自在，清净无尘埃。画面自由，插画给予稳重；童趣丛生，设计奉献灵魂；留白韵美，深藏品茗内涵。

（五）印刷材料、色彩管理

莫干黄芽茶叶属于绿茶，保质期相对较短，小罐茶量少、消耗快，开罐后能在短期内用完，极大程度地保存住了茶叶的色香味。同时，为了符合市场精致送礼的需求，设计师将包装设计成纸质小罐茶组合礼品包装，现代而时尚，令人耳目一新（图 2-2-33）。使用单色印刷、环保低碳的纸罐包装，具有极好的生物可降解性和环境兼容性，更符合莫干黄芽的清新自然特性。

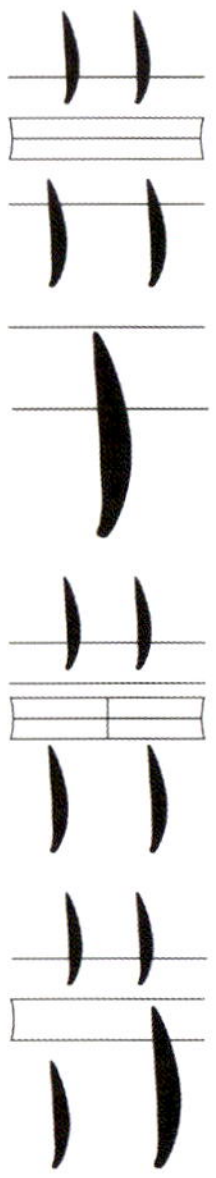

图 2-2-32　字体

图 2-2-33　包装成品

项目三："GO HOME"月饼包装设计

（一）项目背景

"喂……儿子中秋节回来吗？""妈，要加班，不回去。"（图 2-2-34）

这些年，大部分创业者都把微笑留给了客户，把压力留给了自己，把脾气留给了家人。你有多少年没和父母一起过中秋节了？工作忙，已经是大家随口推脱一切的理由。每年到了中秋，思乡怀亲、品茗吃饼，在城市的每个角落静静思念。然而远在家乡的亲人心中空空，这种思念和忙碌间的矛盾是设计师创作这个作品的动力。

人们常常因为工作忙，而忽略了人生中最重要的父母亲人。细数与家人在一起的日子，没有键盘与自己在一起的时间多。做不完的工作，让大家内心时常反问自己：什么才是生活？

（二）市场调研与设计定位

月饼是中秋佳节必不可少的情感传递的媒介，每到中秋时节，市场上的月饼商品琳琅满目，设计纷呈。

消费者定位：圆圆的月饼寓意着团圆，而许多家庭因为"工作忙，要加班"不能团圆，设计师希望通过月饼包装设计，触动更多的平时被工作缠住脚步无法陪伴家人的职场人士，在中秋节能暂时放下工作，回家与家人过个中秋节！设计师根据自己的亲身经历，全新定义月饼包装的新形式，提醒消费者陪伴家人的重要性。

风格定位：简约、时尚。

（三）设计策略

以消费者情感为中心策略、环保策略。

（四）价值主张、卖点提炼

温暖、治愈、感恩、情感、艺术、创新。

（五）包装创意设计

素材收集：电脑键盘（图 2-2-35）、中文汉字、从弦月到圆月变化的月亮。

创意构思：设计师从消费者非常熟悉的日常生活情景出发，通过设计呼吁人们不要为了工作而忽略生命中重要的亲人，在中秋之际带上"键盘"回家看看。键盘，是每个职业人的亲密伙伴，许多工作都离不开电脑，用它写工作报告、做报表、为客户写提案、做设计……键盘，这个中秋，设计师要带你一起回家陪父母过中秋节！

设计师用平日里使用频率最高的键盘作为设计载体，把与家人团圆相处有关的词语印在键盘上，提醒消费者要关心父母，也关心自己的情感，停止加班，陪伴家人！

插画设计："举头望明月，低头思故乡。"月饼包装将月亮的阴晴圆缺变化过程印在 8 个月饼包装上，点亮消费者对亲人团圆的期盼，8 句没有修饰的内心直白，提示着"家"的情感牵动："放下工作回家和父母过中秋""有父母的地方才是

图 2-2-34　母子通话

家”“你有多少时间和父母在一起”“不在办公室过中秋”“我天天和老板同事在一起”“不和老板同事过中秋”“不和电脑键盘过中秋”“感恩父母，一起抬头赏个月”（图 2-2-36）……直白的文字直击人们的心灵，使人们产生强有力的情感共鸣——要放下工作，回家和父母过中秋节！

色彩设计：内盒与外盒的色彩自然纯粹，捕捉自然天地万物、草木花朵的颜色，寄托了对家人美好的祝愿（图 2-2-37）。

字体设计：主题“GO HOME”选用最端庄、饱满的黑体，两个“O”象征团圆，中间放月牙，也体现从弦月到圆月的时间变化，近而体现了商品的“团圆”属性。用黑体字表达饱含深情的话语，它横平竖直的简易结构，鼓舞着人们干脆利落暂时放下工作，回家和家人过个中秋节！简单地放下，拥有幸福的生活。

版面设计：设计师尝试将文字、文案、月亮、键盘元素分别进行内包装与外包装的混合排版，字体设计简洁明了，排版样式和月亮公转角度有着明确的联系。具有时间流动性的排版，内涵丰富又富有变化。8 句没有修饰的内心直白和熟悉的键盘，瞬间唤起人们内心的情感波动（图 2-2-38）。

图 2-2-35　电脑键盘

图 2-2-36　插画设计

图 2-2-37　色彩设计

（六）印刷材料、色彩管理

9 种颜色的纸质外盒和内盒，给人舒适温暖的亲近感。每张彩色的质地松软的艺术绵纸，通过凹凸工艺产生简约的插图与文字表述，立体又富有质感，还原了深情的思念，传递出对家人绵绵的爱（图 2-2-39）。包装制作没有使用油墨印刷，充分体现了环保设计理念在包装设计中的实践。

三、知识点：包装设计重塑品牌形象的路径

（一）品牌生命周期规律

品牌发展有其规律，一般都要经过初创期、增长期、成熟期、衰退期几个阶段。每个阶段都有不同的特点，品牌运营商会根据不同阶段的特点，执行相应的品牌策略。

1.初创期

在这个阶段，品牌还处于萌芽状态，知名度较低。该阶段的关键是建立品牌形象和口碑，吸引第一批忠实“粉丝”。

2.增长期

在这个阶段，品牌已经开始发展壮大，销售额和市场份额逐渐上升。该阶段的关键是提升品牌知名度和市场占有率，扩大品牌影响力。

图 2-2-38　版面设计

图 2-2-39　包装成品

3.成熟期

在这个阶段，品牌已经成为市场上的领先品牌，销售额和市场份额都处于稳定状态。该阶段的关键是保持品牌形象和口碑，不断创新和提升品牌价值。

4.衰退期

在这个阶段，品牌已经开始衰退，销售额和市场份额逐渐下降。该阶段的关键是寻找新的增长点和机会，重新定位和提升品牌形象。

品牌发展历程是一个不断转变和创新的过程，只有不断适应市场和满足消费者的需求，才能不断发展壮大。

（二）品牌形象重塑的途径

品牌重塑是品牌适应变化，并在变化中寻求保持或提升品牌资产的一种必然选择。“品牌重塑”包含关于品牌身份转化、品牌形象转变等多个活动，关涉企业未来各种方向的战略。通常，品牌重塑意味着企业已经超越了以前的身份，已经准备好达到新的高度。品牌重塑可以创造一个很好的机会来加强企业在客户心目中的形象。品牌重塑“重在传承、胜在创新”。传承不力会失去“老”的本性，创新不力不能引起年轻消费者的喜爱从而使产品陷入品牌老化的困境，唯有传承中求创新、创新中重传承，才能长久发展。

1.改变老化的品牌形象进行品牌重塑

一个存在多年的成功品牌尽管仍然值得信赖，但难免因为缺乏活力而令人生厌。企业一旦意识到品牌已经存在问题，就要立即对品牌进行一次全面的体检，以期通过一种特别设计的检定方式去发现并定义品牌与消费者之间的关系，从而找出威胁品牌生存的真正原因。设计师对消费者心目中的品牌形象有了最直观的了解，就可以考虑对老化的品牌进行重塑。改变老化的品牌形象可以通过新品类产品开发、提升品牌意识、重新定位品牌、改变品牌要素、创造全新品牌识别系统、推出全新广告等多种方式组合运用来实现。

2.为战略转型或进入新市场而进行的品牌重塑

品牌是企业在消费者记忆中打上的“烙印”，这种烙印代表着一种定位、一种区隔或是一种价值承诺，使其在消费者记忆中扎根，这需要企业付出很多努力，而把这个已经扎根在消费者心中的品牌印记抹掉同样也不容易。当企业战略发生重大转型或进入全新市场时，产品与产品组合、目标客户群、品牌定位、营销模式等都会发生巨大变化，这就要求直接面对客户的品牌能够包容这些变化。如果品牌原有的定位与内涵无法包容这些变化，就必须对品牌进行重塑。品牌重塑绝不仅仅是更换品牌标识那么简单。品牌重塑的本质是对品牌核心价值、品牌定位和品牌个性的重塑。标识更换的不只是标识本身，还更换了消费者对品牌的联想和品牌意识，当消费者理解了换标的真正用意时，品牌重塑的目的就达到一半了。尽管企业战略发生重大转型或进入全新市场时进行品牌重塑是一种必然选择，但在具体操作时仍需保持谨慎。

3.为多元化业务而进行的品牌重塑

企业在发展的过程中，有可能面临业务多元化的问题，这种战略层面的转变使原本聚焦于专业领域的品牌在品牌形象和品牌定位方面无法包容多元化业务，此时就必然要对品牌进行重塑。品牌形象和品牌定位是企业经营战略的一种外在表现形式，品牌形象和品牌定位必须能够真实反映企业经营战略。

4.为重组或并购而进行的品牌重塑

企业进行重组或并购时，原来分别独立的两个或两个以上的成功品牌应该如何进行融合？不同品牌在品牌定位、品牌核心价值和目标市场等方面可能存在着较大差异甚至矛盾，但它们都具有品牌价值，如果想在尽量保留这些品牌各自价值的基础上进行品牌合并，就必然要进行品牌重塑。重组或并购品牌的重塑一般有以下三种方式。

（1）把其他品牌整合在一个品牌旗下

这就是说，只保留一个强势品牌，把其他品牌旗下的业务都转到这个品牌名下，而其他品牌则从此在消费者面前消失。这种品牌重塑方式的优点在于，保留单一品牌将降低公司今后的传播和运营成本，并且能够通过整合资源来强化这个品牌在消费者心中的地位。它的缺点是，其他品牌的品牌资产也将随着这些品牌的消失而消失，造成了企业无形资产的巨大浪费。

（2）对原有的两个或两个以上品牌进行组合，形成一个全新品牌

当两个即将被合并的品牌势均力敌，又能在品牌定位与品牌核心价值等方面实现优势互补时，“雪藏”任何一个品牌显然都不会是明智之举，这种情况下最好是把这两个品牌进行组合，形成一个兼具两个品牌特征的新品牌。

这种品牌重塑的方式要求这两个品牌必须具有可融合性，即它们在品牌定位方面应保持一致，并且在品牌核心价值或品牌个性等方面不存在矛盾或抵触。

（3）命名一个全新的品牌

当两个即将被合并的品牌势均力敌，却在品牌定位、品牌核心价值或品牌个性方面存在明显的抵触和矛盾时，通过对这两个品牌进行组合从而形成一个全新品牌的做法很显然是行不通的，此时设计师就应该考虑命名一个新品牌。

如果说品牌管理能让品牌健康成长，那么品牌重塑就能让品牌青春永驻。运用科学的品牌知识与品牌管理实践理论对品牌进行长期跟踪与定期检验，在必要的时候进行品牌重塑是那些具有百年历史的强势品牌永葆青春的最大秘诀。

（三）品类创新与品类包装设计的方法

1.品牌重塑需要产品品类创新

在品牌重塑的过程中，产品品类创新是比较常用的方法，而且能从根本上解决品牌老化的问题。在这里设计师讨论的产品品类创新，多指从产品物理性能方面进行的品类创新，如农产品通过品质筛选，产生满足不同消费分众需求的不同品级产品品类。成功的产品品类开发，能给企业注入活力，能给企业带来新的利润增长点。产品品类创新要善于发现消费者对产品概念、性能、品质、外观、口味等的关注点，只有开发、挖掘消费者对不同消费场景、品牌价值、消费趋势、审美对包装的需求点，才能从多方面进行创新，开发出符合消费者更高品质生活的满意的新产品。例如，咖啡，可根据消费者的消费情景形成不同品类产品：满足现磨需要的

咖啡豆，满足能方便即时饮用的速溶咖啡，满足能随身携带、具有醇正口味、不受无咖啡机影响的挂耳咖啡，满足商务、聚会并对环境有较高要求的在店现磨咖啡饮品，满足不同调味需求的咖啡产品品类等。因此，产品品类创新，说到底需要企业、设计师敏锐洞察消费者在不同生活情景下对生活品质的不同需求。创新引导新的生活方式，创设产品不同使用情景，在研究消费心理的同时，开发出满足不同生活情景需求的产品品类，是品牌持久的关键。

2.包装设计要匹配产品品类

开发出好的产品品类是开启品牌塑造的基础，匹配正确的包装设计是企业赢得市场的前提。因此，设计师要根据产品特点、属性等设计与之匹配的产品包装。

（1）创新产品容器包装设计，给消费者提供良好的购买与使用体验

对于无固定形态的产品，如液态、粉状、小颗粒、乳状等产品，容器可与产品融为一体，容器包装造型决定了产品给消费者的直观印象。同时，要利用人体工学的科学知识，设计适合手持的纹理、尺度，设计符合产品取用的科学结构，给消费者带来良好的使用体验。

（2）设计容器标贴，准确传递产品信息

包装标贴设计不只要传递视觉美感，更要体现产品商业价值。容器标贴上的插图、文字、色彩等要体现产品特性，使其具有产品品类辨识度，使消费者产生信任感。

（3）精准传播，用包装打通销售环节的最后100米

一个新产品从建立起消费者的认知到使消费者认同，从来都不是简单的过程。线下终端是目标消费者选择、做出消费决策，发生消费行为前的最后100米。要通过外包装设计或礼盒设计，构建完整的线下营销传播链。包装设计要醒目、特点鲜明、便于陈列、3秒抓住消费者视线，起到产品的宣传作用。同时外包装、礼品包装也要便于运输与消费者携带，给消费者带来良好的购买体验。

（四）包装设计延长品牌生命周期，延缓品牌老化

1.产品升级、品类创新夯实企业发展的基础

（1）构建5个层级商品价值，延长产品生命周期

任何产品都会经历导入期、成长期、成熟期和衰退期这4个生命周期，每个时期产品的被认可度、销售情况、成本控制情况、产生的商业价值各不相同。整个产品生命周期结束就意味着这个品类的销售趋零，品牌价值折扣严重。因此，当创新成功一个好产品后，要通过商品基础价值（功能性价值）→商品核心价值（品牌情感价值）→商品的延伸价值（消费体验价值）→商品的期望价值（品牌衍生价值）→商品潜在价值（品类延伸与扩容价值）等5个层级出发，进行产品品类的持续创新升级与迭代。

（2）全方位提升企业品牌持久性

产品生命周期的几个阶段比较概念化，受各种因素的影响，每个生命周期的时间跨度无从明确，企业在经营过程中难以精确判断当时的产品处于生命周期的哪个阶段，因此要对产品不同层级的价值进行挖掘，形成丰富的产品内涵，不断进阶产品的情感表达，不断更换包装形象，增强视觉新鲜感、人性化的体验感，满足消费者多场景、多层次、多品类的需求，紧跟时代发展趋势，使用多元市场营销策略与手段，努力延长产品的成长期、成熟期，夯实企业发展的产品基础，只有这样，企业才能提高品牌的持久性。

2.包装设计延长品牌生命周期的方法

（1）通过多变的包装设计提高消费者对品牌产品的关注度

许多知名大品牌为了保持品牌的年轻态，通过定期更换核心产品与固定产品包装设计，进行包装的升级更新，提高消费者的关注度，保持品牌年轻化。例如，知名品牌奥利奥包装设计策略、对核心

元老级产品包装设计的原则是逐步调整，每隔几年调整一次，每次只进行微调，不做大变动。对围绕核心产品创新口味延展出来的、获得消费者较高认可度的固定产品，其包装设计原则是必须与核心产品的品牌视觉规范、设计风格和版式保持一致，只通过色彩、图案、文字的变化进行设计创新。创新产品是在原有产品线基础上开发的，产品结构发生了很大变化，甚至是跨品类的完全创新，其包装设计只需遵循品牌设计规范，其他都可以进行完全创新的设计。对于为了配合不定期营销活动单独推出的限定产品，其包装设计则要求在品牌使用规范的基础上，与不同活动主题相吻合。

（2）经典传承与时尚美学结合，延长品牌的生命周期

可口可乐是全球价值最高的品牌之一，从1886年第一瓶产品诞生至今已有140年了，但是其品牌始终保持年轻态。在包装保持经典品牌红色、品牌字体、波浪丝带及曲线玻璃瓶包装的基础上，可口可乐不断追踪潮流，开拓创新，延长品牌的生命周期（图2-2-40至图2-2-42）。

（3）通过紧跟时代节奏的传播，保持独特产品包装年轻态

有些品牌坚持长期保留品牌标志、色彩搭配、排版等，只根据不同消费对象，改变包装尺寸大小，朝轻巧便捷和环保的方向做出一些调整；通过品牌联名，开发新品类，激起消费者的兴趣；邀请年轻人喜欢的明星、演员开展主题营销活动；利用数字平台，运用新营销方式、新媒体手段不断续写品牌的青春律动篇章；运用二次元文化，永葆产品包装年轻态。

图2-2-40　可口可乐容器包装更新

2-2-41 可口可乐 LOGO 更新

图 2-2-42 不同时期可口可乐包装

四、云南白药口腔治愈系礼盒设计实训

学生：姜琳、郭茹玉　指导教师：路玲娟

奖项：2023 年大学生广告艺术设计大赛上海赛区二等奖

（一）市场调研与设计定位

1.商品调研

尼尔森数据显示，自 2019 年，云南白药牙膏已连续 4 年成为中国口腔护理行业市场份额第一品牌。云南白药为给消费者带来更全面、更专业的口腔呵

护，新品上市时推出了饱满治愈力的劲爽薄荷香型牙膏，在养护口腔的同时附加美白、防蛀、清新等功能的漱口水系列，以及专为脆弱口腔研发的彩虹牙刷系列。云南白药致力于培养国人科学护理口腔的使用习惯，同时提升国人口腔健康品质，进一步引领国人口腔健康生活新方式。

2. 竞品调研

市场上许多品牌口腔护理产品都开发了礼盒品类，如：佳洁士开发了冰雪奇缘儿童礼盒套装，以冰雪奇缘角色形象与配色为主视觉；冷酸灵与中国国家博物馆开发了联名套装，以国潮风为特征；黑人牙膏与食物语联名牙膏礼盒，游戏角色成为主视觉插图（图 2–2–43 至图 2–2–45）。

3.设计定位

通过分析调研信息，设计者决定从差异化角度出发进行云南白药口腔护理礼盒“治愈系”设计定位。

礼盒风格定位：医药科技、专业修护口腔问题、治愈力、年轻态。

消费人群定位：网络时代、大学生、颜值控、新锐白领等年轻人群，牙龈出血、牙龈肿疼、口腔溃疡、口腔黏膜损伤、正畸等口腔问题人群。

图 2–2–43　佳洁士儿童牙膏套装

图 2–2–44　黑人牙膏套装

图 2–2–45　冷酸灵清风雅韵国风套装

4.设计概念

容易引起年轻消费者情感治愈的动物要数小猫咪了。作者希望通过营造快乐猫咪宇宙氛围，与消费者产生共鸣，因此以“猫咪宇宙”为概念设计“猫咪宇宙”口腔治愈礼盒。

（二）设计策略

以凸显包装设计元素的策略，通过设计猫咪宇宙插画与消费者产生治愈共情。

（三）价值主张、卖点提炼

欢乐、自由、无痛苦、止痛、治愈牙病。

（四）包装创意设计（设计提案准备）

设计创意：根据“猫咪宇宙”口腔治愈系概念，用拟人手法表达创意——人类的伙伴猫咪一族使用云南白药品牌牙膏后，健康的牙齿给他们带来高品质、轻松惬意的生活，没有牙病的困扰。“猫咪宇宙”成为健康欢乐的乐园。

素材收集：如图 2-2-46、图 2-2-47 所示，用于设计的猫咪形象、治愈系色彩参考。

插画设计：插画选择了许多消费者都喜欢的猫咪为主角，通过将一颗牙齿星球所在的宇宙营造成猫咪大家族轻松快乐生活的场景，表达健康牙齿对生活的重要，如图 2-2-48、图 2-2-49 所示。

礼盒包装设计：礼盒包装采用常见的摇盖结构，通过纸板模切、粘贴成盒，表面裱设计排版的印刷彩纸。内部使用卡固结构，固定保护内装产品，如图 2-2-50 所示。

漱口水容器包装设计：考虑是每天使用的产品，因此采用圆柱体 500mL 容量塑料瓶。外包装用常用的管式折叠纸盒结构，方便生产使用。瓶贴设计元素使用与礼盒外包装内容风格统一的插图。排版突出概念名称，与其他同类产品形成差异。纸盒包装视觉设计保持风格与概念调性一致，呈现猫咪呵护牙齿、快乐生活状态，如图 2-2-51 至图 2-2-53 所示。

牙膏包装设计：牙膏包装采用塑料软管结构，

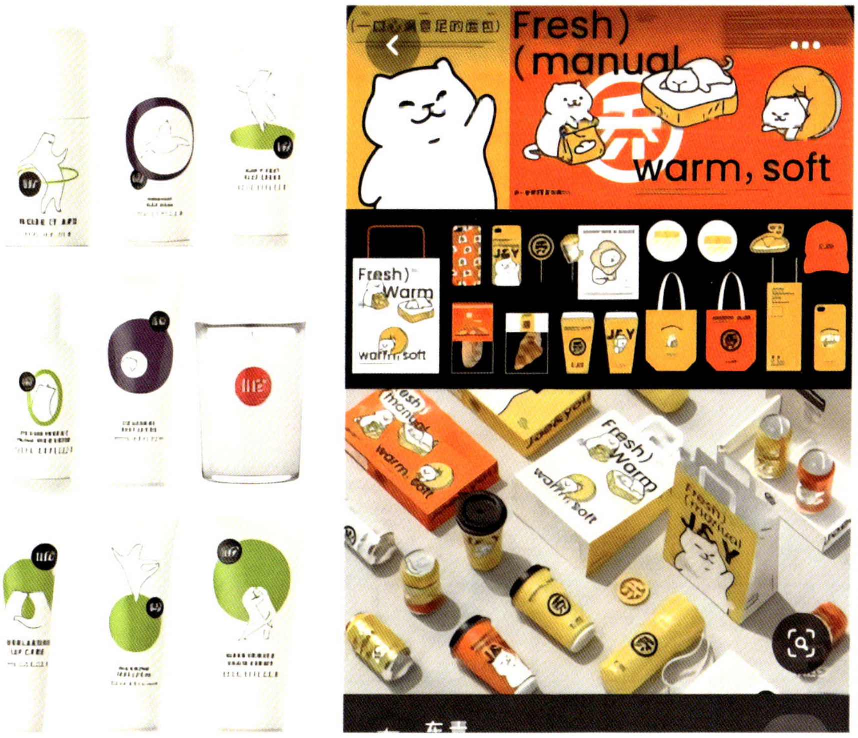

图 2-2-46 猫咪设计素材参考

图 2-2-47 治愈系配色参考

图 2-2-48　插画设计草图

图 2-2-49　礼盒包装设计终稿

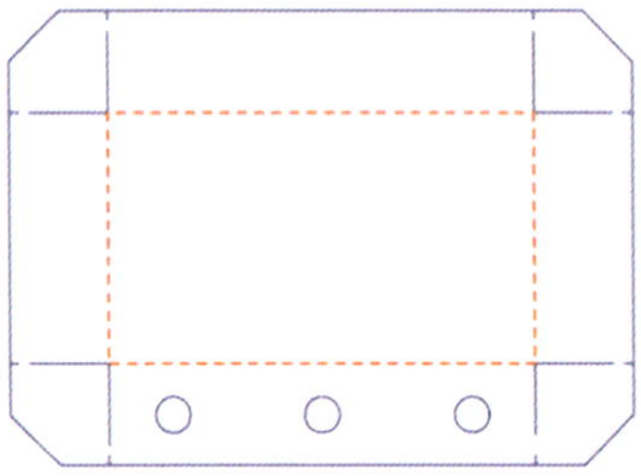

内盒灰板

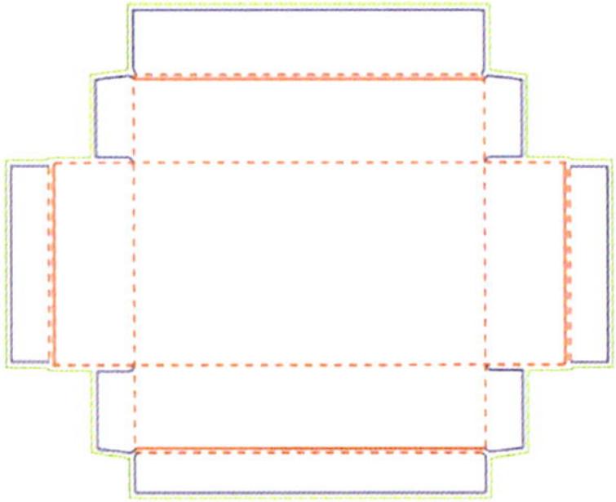

内盒面纸

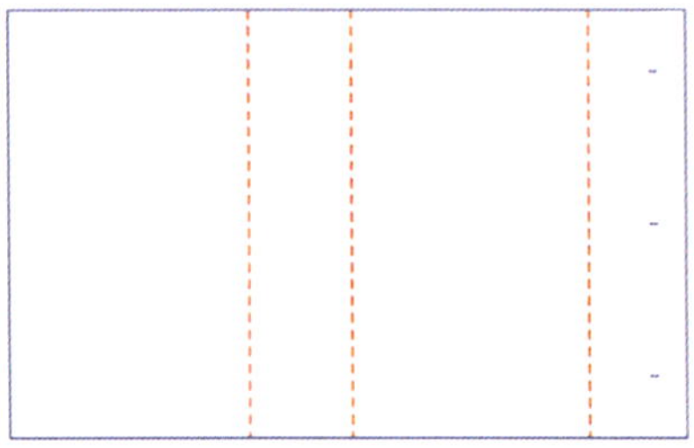

内盒面纸

翻盖面纸

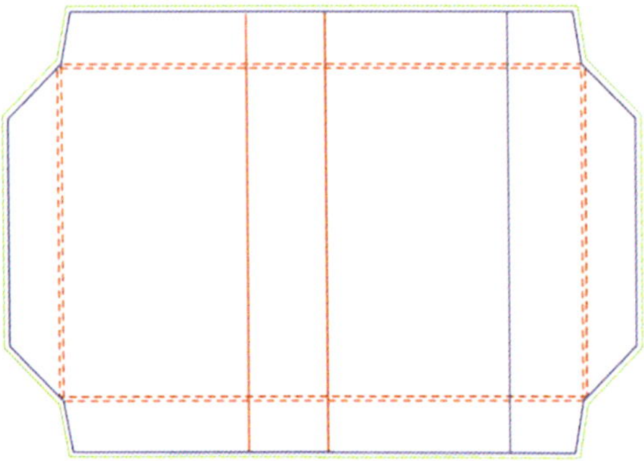

翻盖面纸

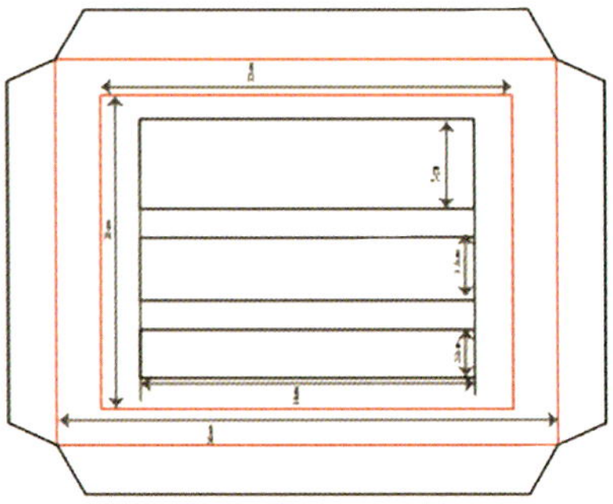

稳定层

图 2-2-50　礼盒包装结构图

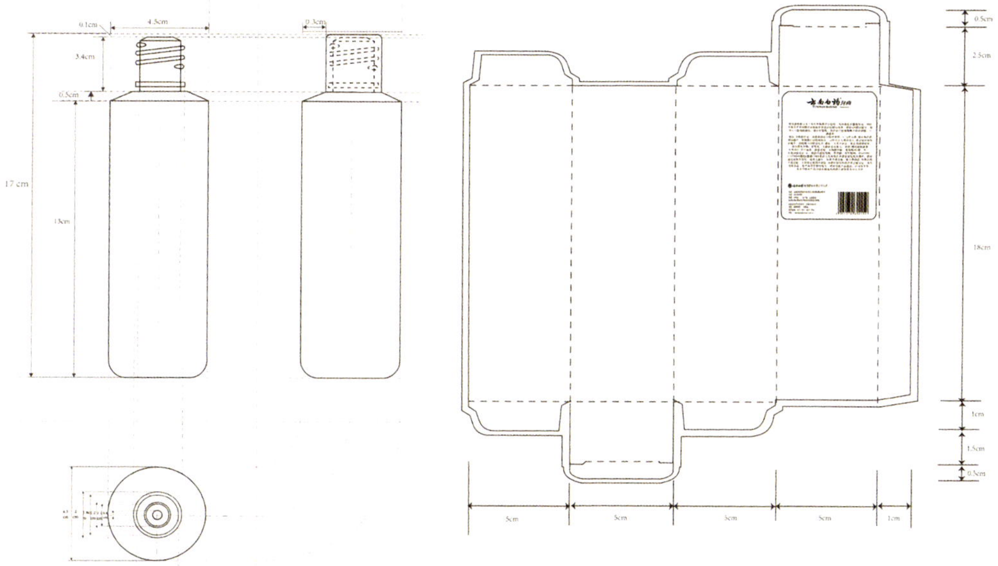

图 2-2-51　漱口水内包装、外包装结构图

图 2-2-52　漱口水容器标贴视觉排版设计

便于使用。外包装还是一如既往使用管式折叠纸盒结构。管体视觉设计与外包装设计风格保持一致，如图 2-2-54、图 2-2-55 所示。

牙刷包装设计：牙刷包装仍然使用管式折叠纸盒结构，风格与前面一致，主插图使用卡通牙刷，如图 2-2-56、图 2-2-57 所示。

（五）印刷材料、色彩管理

包装礼盒使用四色印刷技术，“猫咪宇宙”使用凹凸工艺与烫金工艺相结合，宇宙轨道与水波使用烫金线条。漱口水瓶使用磨砂玻璃材质，瓶身的标贴使用防水 PVC 材料，使用四色印刷工艺。

（六）实践点评

云南白药口腔治愈系礼盒设计紧扣治愈系概念提出了“猫咪宇宙”品类名称，通过设计快乐幸福的猫咪宇宙家园插画，使用明度较高的治愈系色彩搭配表达出健康的口腔给生活带来的快乐。新品类产品包装设计可以使品牌呈现亲和、年轻态的形象，延长品牌的生命周期。

思考与练习

1. 在新品类产品开发、保持品牌年轻态过程中，如何传承品牌优势，开拓品牌的新亮点？

2. 完成一个老品牌品类开发包装设计项目，从中真切感受包装设计与品牌形象塑造之间的关系。

图 2-2-53 漱口水外包装视觉排版设计

图 2-2-54 牙膏软管包装视觉排版设计

图 2-2-55 牙膏纸盒包装视觉排版设计

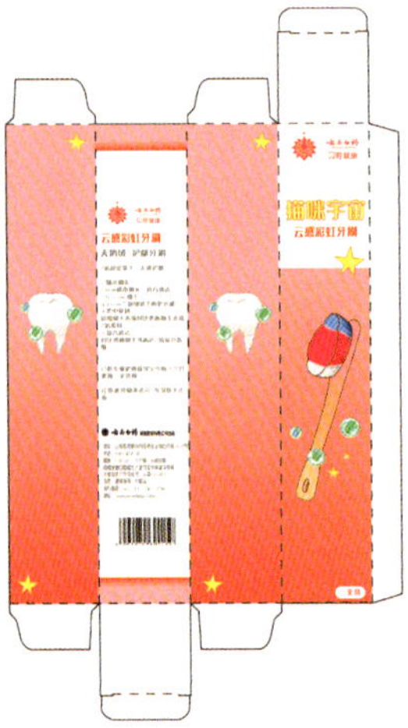

图 2-2-56 牙刷包装设计

2-2-57 礼盒效果图

第三节　文化传承，传播中华文明的包装设计

中华民族的伟大复兴，是在党的领导下，在政治、经济、科技、文化、教育等领域的全面复兴。中华文化的复兴是中华民族伟大复兴的根本，传承中华民族优秀传统文化，在品牌包装设计领域进行创新性转化，不仅易于与国内消费者产生情感共鸣，达成消费信任，也有利于通过商品流通领域进入千家万户，促进中华文化的传承与传播，使中华文明的优秀传统文化和现代发展成果更好地为人类文明进步做出贡献。

项目名称：上海笔墨宫坊品牌包装设计

项目来源：上海笔墨宫坊

项目概况：笔墨宫坊是上海周虎臣曹素功笔墨有限公司配合城市改造、厂房动迁，把握机遇，守正创新，实现华丽转身的探索实践。笔墨宫坊是目前全国文房四宝行业中，也是上海所有企业中历史最悠久的中华老字号，经历350年传承有序，从未中断。作为上海国家级非物质文化遗产生产性保护示范基地，周虎臣、曹素功继续着非遗的生产制作，非遗手工制作与文博旅游、非遗研学、非遗文创、非遗科研保持着互联互动，成为上海非遗活态保护传承的新基地。

项目设计要求：上海笔墨宫坊IP形象设计，周虎臣、曹素功笔墨礼盒包装设计。

一、实训概况

（一）实训内容

深入开展市场调研，根据周虎臣、曹素功笔墨与上海地域文化形成的非遗特点，挖掘上海笔墨宫坊品牌设计文化内涵，根据消费人群对笔墨的日常使用情景与社交礼品定位开发产品包装设计。

充分挖掘与产品相关的元素（包装结构、文化视觉符号、包装材质），围绕上海笔墨宫坊品牌进行包装全案设计与制作。

（二）实训目的

通过训练，学会从产品文化出发，进行品牌产品包装设计；能从便于笔墨使用角度出发，开发笔墨包装结构与包装形式；能从非遗笔墨礼盒社交情景，进行礼品包装设计；在成本控制范围内使用最合适的材料、结构、工艺，设计符合笔墨非遗产品的独特视觉艺术感官与消费者使用体验的包装；能举一反三，进行其他品牌产品以文化传承、传播中华文明为策略的产品包装开发与全案设计。

（三）重点

根据老字号品牌商品特点，开发以文化塑造品牌形象的包装全案设计。

（四）难点

在传统文化与品牌文化的基础上，创新产品使用功能新情景；开发满足不同消费者对不同功能需求的非遗老字号品牌产品包装设计。

（五）学习方法

课前自主学习在线课程教学资源，如包装材料、包装造型与结构、印刷工艺的内容；课中提问、交流与设计实践；课后线上线下边学边练，积极完成项目各阶段任务。

（六）作业要求

根据老字号品牌产品特点，创新视觉形象，使

老字号焕发新活力；根据产品不同使用情景，开发与消费者需求吻合的包装设计。

二、设计项目分析

项目一：“吴月”月饼品牌包装设计

设计：梅竞放
奖项：2023 年，102 届纽约 ADC 入围奖

（一）项目背景

在动荡不安的五代十国时期，吴越国是少有的安居乐业之所，吴越国王钱镠以民为本，保境安民，善事中原，疏浚西湖，兴修钱塘江、海塘、石塘，发展农业生产，造福一方百姓，为后人所纪念（图 2-3-1）。钱镠临终，嘱咐其孙钱俶，纳土归宋，最终完成一统中国的神圣大业。吴越钱王，缔造钱塘富庶盛况。除了史书能够再次带大家重温吴越盛世、钱王盛举，还有什么可以做到呢？幸福来临，临安区吴越钱王直供 2022 年中秋之礼：传吴越钱王善意，借明月抒思怀亲。

（二）市场调研与设计定位

设计概念：“今人不见古时月，今月曾经照古人。”月亮曾经照耀着吴越钱王镠，如今月光依旧，也照拂着我们。因此，设计师给本月饼品类包装名称确定为“吴月”。“吴月”月饼包装设计，是以 1000 多年前吴越钱王镠时代的历史文化为元素（图 2-3-2），设计的一款中秋礼品，让今人品着月饼，纪念着曾经保吴越一方平安的钱王镠，通

图 2-3-1　钱王治水图

图 2-3-2　提炼视觉元素

过月饼包装领略吴越文化。

市场调研：中秋节是中国传统节日，月饼已经成为中秋节必不可少的符号性食品。在市场上，围绕中秋文化设计的月饼包装琳琅满目，如何与市场上其他月饼包装设计形成差异呢？

设计定位：传播吴越文化。设计师怀着对吴越国钱王的敬畏感佩，以吴越国文化历史为主题，发掘月饼设计的地域文化。一轮明月，一口“吴月”，一起重温……

（三）设计策略

以文化诉求为中心的设计策略与以包装元素为中心的策略相结合。

（四）价值主张、卖点提炼

文化、传承、善良、友爱、感恩、家训、历史、交流、创新、尊贵、艺术。

（五）包装创意设计

素材收集：设计师在设计前到临安博物馆进行了调研，了解了吴越的历史文化。其中的特色典藏吴越熏炉外形独特优美，吴越国第一任国王钱镠的母亲水丘氏墓出土的白玉、银器、越窑青瓷等器皿，其上的传统装饰纹样线条隽秀，构图饱满，特别是古代玉片上的纹样，更是吸引了设计师（图 2-3-3 至图 2-3-8）。临安的银杏树叶金黄灿烂（图 2-3-9、图 2-3-10），不禁让设计师联想到月下品茗、尝月饼、赏月，听泉声、观远山、闻夜鸟呢喃的情景。

创意构思：希望通过包装结构设计，打开月饼包装就如同打开一本蕴含历史文化的书籍。包装主色以“吴越翠皇”为主调，大气端庄，腰封以灯笼套封包裹着整盒月饼，慢慢拉开展现月亮从缺到圆的动态效果，传递团圆的寓意。中间佛塔在吴越群山中展现中秋月夜之美。包装盒内部简洁尊贵，打开后呈现的是 5 张熏炉状“钱氏家训”书签，在赏月吃月饼后，有更多优秀传统文

图 2-3-3　鸳鸯富贵玉饰梳背

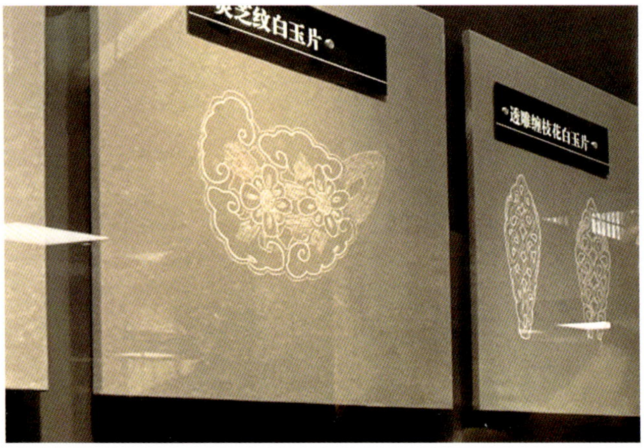

图 2-3-4　灵芝纹白玉片、透雕缠枝花白玉片

图 2-3-5　越窑青瓷褐彩云纹熏炉

图 2-3-6　越窑青瓷褐彩云纹盖罂

图 2-3-7　越窑青瓷褐彩云纹油灯

图 2-3-8　錾刻开光舞蹈纹鎏金银盖

图 2-3-9　临安风景

图 2-3-10　临安银杏

化传承的意味。盒内放 8 盒 4 种口味的月饼，以及两盒天目青顶茶，让人们在赏月吃月饼时喝一口绿茶，清油解腻。

结构设计：在抽屉纸盒结构的基础上，以多层模切叠套的形式，通过抽拉打开包装的过程，体验中秋月下的吴越人文情怀。

插画设计：设计师从临安博物馆特色典藏吴越熏炉外形中得到创作灵感，捕捉吴越文化的精髓，细腻勾勒出最有灵魂的气韵图案，还使用了临安博物馆文物上的装饰纹样、明月、银杏、花朵、茶叶、山水、吉祥鸟、书法等文化元素视觉符号（图 2-3-11、图 2-3-12）。

色彩设计：吴越文化源远流长，延绵至今。设计师汲取吴越文化精髓，展现新临安城市风貌，从深厚的吴越文化角度切入，提取色彩。历史沉淀下的“蓝”有着厚重深刻的色彩文化。从临安市树“金黄千年银杏”提取其色彩灵魂，蓝黄两色形成“吴越翠皇”，凝聚希望，生机勃勃，自然地透露着文化的气息，也有着丰收吉祥之意，使深厚的吴越文化融入自然的色彩（图 2-3-13）。

字体设计：“吴越”，谐音为“吴月”，即一轮明月。将吴越文化特色注入字体设计中，并与明月的外形结合，大胆自由，兼具传统文化魅力和现代时尚简约的特色。其中反映时代文化的各种字体更是精髓所在，包括隶书、篆书、行书、草书、楷书、象形字，与重新设计的现代字体交汇呼应，它们仿佛在和时空对话。自然洒脱的组合排版让千年吴越文化焕发新的生机，为传统文化的继承和发展创造出前所未有的突破，表达向文化致敬之情。18 种不同的字体设计将吴越文化表达得既神秘又安静，唤起人们的文化自信和民族自豪感（图 2-3-14、图 2-3-15）。

图 2-3-11　内包装插画设计

图 2-3-12　外包装插画设计

图 2-3-13 色彩设计

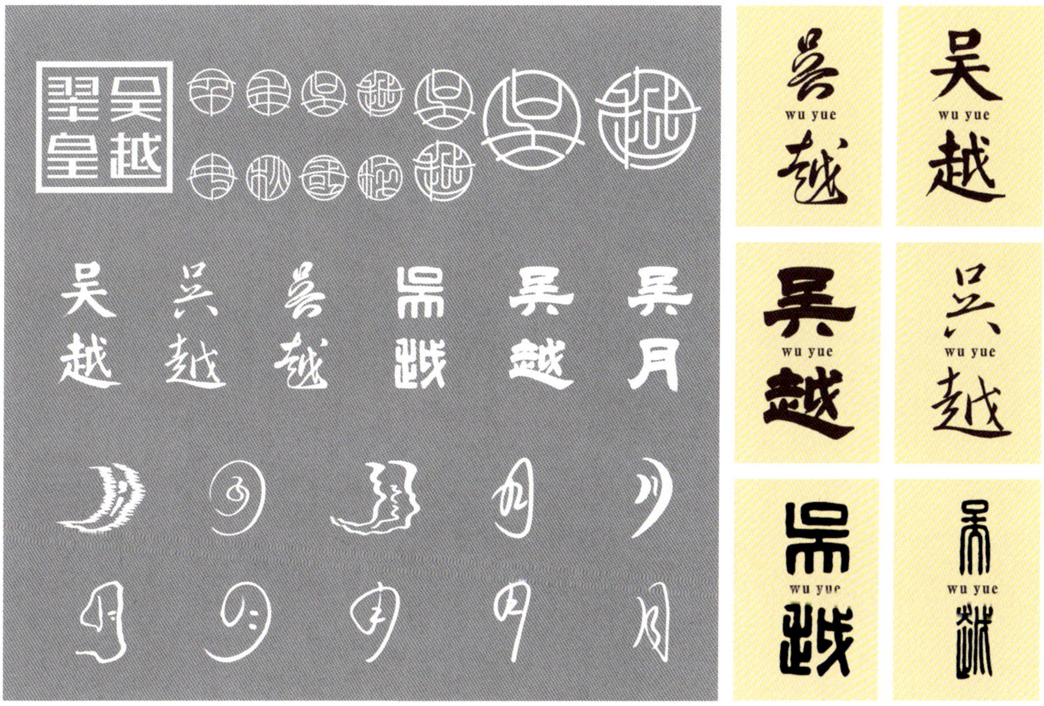

图 2-3-14 字体设计

图 2-3-15 月饼模具图稿

版面设计：包装上每个文字、每幅插画、自然大胆的排版，都透露着吴越文化神秘的影子，无不展现出对传统文化的敬意与创新（图 2-3-16）。

（六）印刷材料、色彩管理

包装整体以 350g 米色绵纸为主，让人感到中秋皎皎月光下的宁静；吴越文化视觉符号及特殊设计的字体自由地散布在包装的表面，凹凸工艺的印刷似乎让人触摸到吴越陶瓷表面凹凸不平的肌理。中间的月亮采用模切镂空工艺，透出下面的远山与香炉。120g 黄色绵纸上的蓝色香炉使用专色印刷、采用 UV 工艺，作为大包装衬纸；小包装 200g 米色绵纸上的黄色、蓝色、印章使用专色印刷（图 2-3-17）。套封以灯笼外形包裹着整个盒子，缓缓拉开，弯月慢慢变成一轮金黄色圆月。打开后，包装以一张米色艺术纸包裹，两边模切的曲线折叠后形成的群山与明月熏炉浑然一体，中间是一座吴越青瓷褐彩云纹熏炉，在群山环绕中眺望明月，心灵格外安静（图 2-3-18）。

钱氏书签：包装的内盒放有一套熏炉形状的书签，上面印有钱氏家训要义。设计师想以书签形式来传承与发扬钱氏家训精神，同时以此来增强与客户的情感联系（图 2-3-19）。

图 2-3-16　版面设计

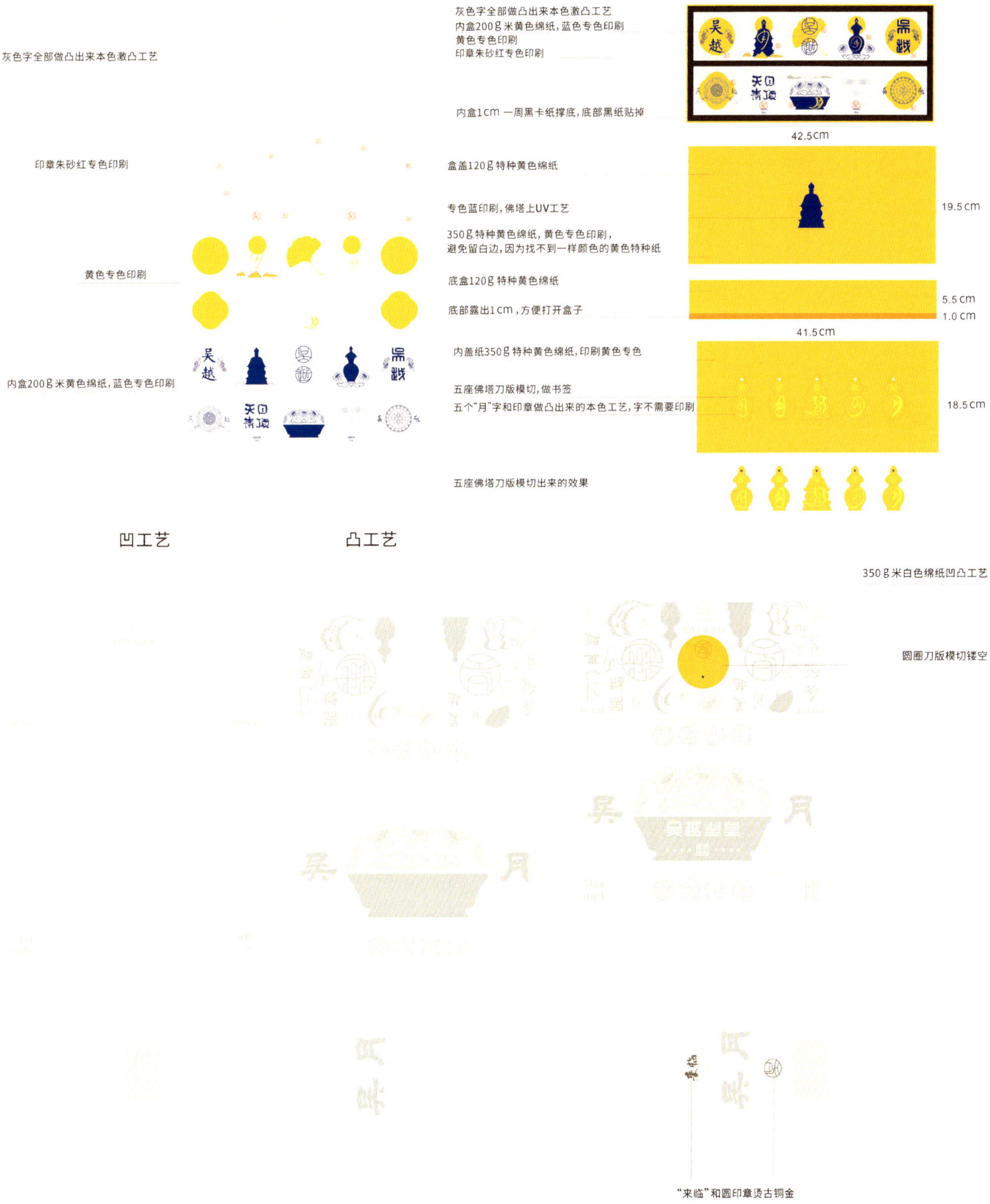

图 2-3-17 印刷工艺设计

图 2-3-18 “吴月”月饼包装成品

图 2-3-19　包装成品细节与钱氏家训书签

项目二：“吉泰龙”西湖龙井茶品牌包装设计

（一）项目背景

杭州这座美丽的城市，曾为南宋都城，不只有西湖自然景观这张名片，更有其深厚底蕴的宋韵文化为其背书。宋韵文化是具有中国气派和浙江辨识度的重要文化标识。茶起源的历史比较早，唐代陆羽所著《茶经》记载：“茶之为饮，发乎神农氏，闻于鲁周公。”“茶兴于唐，而盛于宋。”在宋代，“韵高致静”，饮茶文化被升华至艺术境界，并被赋予涵养与修为的意蕴。同时“茶为国饮”，含蓄内敛、韵味悠长。杭州是宋韵文化与茶文化自然融合的城市。千百年来，优雅的龙井茶结伴神秘的西湖书写着杭州的历史文化典故，它扁平光滑似书签，散发着淡淡的清香。西湖之上，有倾诉美丽传说的断桥，文人墨客行游其上，儒雅而清幽。品天下茶，唯西湖龙井优雅且香郁。

（二）市场调研与设计定位

产业调研：龙井茶是浙江省特产，中国国家地理标志产品。西湖龙井是中国十大名茶之一，属于绿茶，产于浙江省杭州市西湖龙井村周围群山，并因此得名，具有 1200 多年历史。特级龙井茶扁平光滑挺直，色泽嫩绿光润，香气鲜嫩清润，滋味鲜爽甘醇，叶底细嫩呈朵。“宋雅茶韵传千古，只此龙井茗天下。”绿茶行业竞争格局较为分散，企业规模普遍较小，大多数均为未上市的中小企业，以私营企业为主。从企业品牌影响力来看，西湖龙井和杭州正浩茶叶属于全国茶品牌第三梯队。头部茶生产企业通过垂直整合产业链的方式，增加附加值环节的参与，如产品加工、包装和销售等，从而获得更多的利润。因此，西湖龙井的高端品牌可以借鉴这样的做法，通过包装设计升级，增加产品附加值。

品牌定位：“吉泰龙”是西湖龙井茶的高端品牌之一，一直致力于传播龙井茶文化，打造高品质西湖龙井茶。

消费者定位：“吉泰龙”定位为西湖龙井的顶级高端礼品茶，有“安泰传吉音，龙腾品好茶”之说。产品不仅要带给消费者极致的西湖龙井茶高品质饮用体验，还要将西湖龙井宋雅茶韵文化传递给对茶文化尊崇的社会精英消费者。

（三）设计策略

以文化为中心的策略与以包装设计元素为中心的策略相结合。

（四）价值主张、卖点提炼

宋韵文化、文人美学、优雅西湖、高端品茗、社交属性。

（五）包装创意设计

创意构思：通过设计，将茶文化与宋韵文化相结合、宋古城楼与西湖美景相关联，打造具有地理标记与历史文化内涵的“吉泰龙”品牌高端茶包装。

素材收集：杭州西湖是世界文化和自然遗产。杭州西湖的地标景点断桥、三潭印月具有地域典型识别性。杭州宋代古城楼造型稳重端庄，记录着杭州宋韵文化源远流长的历史，散发着神秘的光辉（图 2-3-20）。

结构设计：茶叶罐造型吸取南宋都城老城门造型，下宽上窄，厚重稳定；盖纽运用西湖标志景点断桥元素设计，正视图就如断桥横卧在湖面上；茶叶罐俯视图前后轮廓如断桥与其倒影组成的截图，情景交融，使人看到这简洁具有神韵的断桥，就能联想起发生于其上的生动缠绵的故事（图 2-3-21）。

插画设计：一根曲线一段情，一片茶叶一思念。西湖龙井茶利落的外形通过形神兼备的简约插画，仿佛在向消费者述说着杭州宋古城、西子湖上的众多历史与典故！茶罐侧面四周贯通一条波浪线，将杭州西湖、断桥与“三潭印月”组合成一幅充满水墨宋韵的诗境美卷，寓意“吉泰龙”顶级西

图 2-3-20　设计素材

湖龙井茶能带给爱茶人士品茗如品杭州西子湖畔之人、之事、之文化历史（图 2-3-22）。悠悠茶香，淡淡回甘，不禁使人感慨人生。

色彩设计：无色胜有色，安静的金属亚银灰渲染着宋韵的格调（图 2-3-23）。锡罐在光线的移动下波光粼粼，朦胧闪烁。断桥横跨湖面，水中有桥。这一抹安静的银灰，使消费者对珍贵的西湖龙井产生无限遐想！

字体设计：西湖水，龙井茶。“西湖龙井”4个字与西湖水缠绕出一根跨越时空的宋韵之线，环绕包装一周，表达了西湖水与龙井茶的密不可分（图 2-3-24）。西湖山泉水清甜可口，龙井茶的回甘、茶香离不开西湖山泉水的冲泡。一根线、一杯茶、一段讲不完的故事……

版面设计：茶叶包装的排版，运用中国水墨画虚实相生、计白当黑的构图原理表达包装的意境之美。其留白，既体现了设计师的智慧，又让品茶人品茗回甘，感悟人、事、历史时空，把宋韵留白审美意境发挥到了极致，让人感受到“吉泰龙”西湖龙井优雅的宋韵审美情趣。

（六）包装材料与工艺

“吉泰龙”西湖龙井茶的包装选用锡材料，锡不仅可以让茶叶延长保存时间，更有趣的是，锡罐在阳光的照射下如同西湖水面波光粼粼。这个锡罐包装历时 8 个月，经过 20 多次手工打样调整，终于形成一个浓缩的宋韵西湖美景（图 2-3-25）。顶部是俯视的西湖景观，四周是远眺的西湖美景，充分展现了西湖龙井茶的地域文化特色。锡罐的外盒包装使用实木材料，运用雕刻工艺制作而成。印刷的银灰颜色同锡罐保持一致，使内外包装颜色统

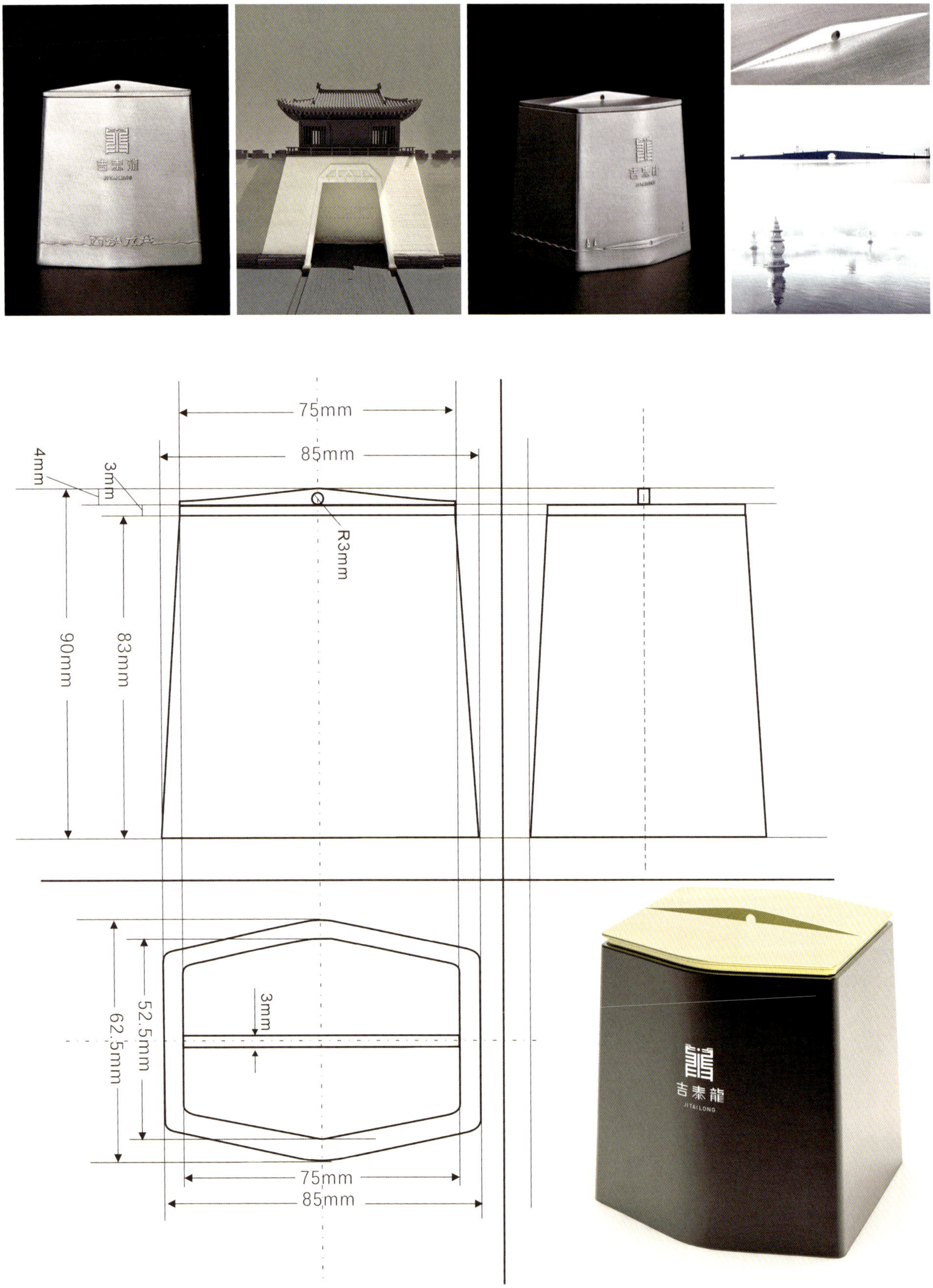

图 2-3-21　茶叶罐造型设计

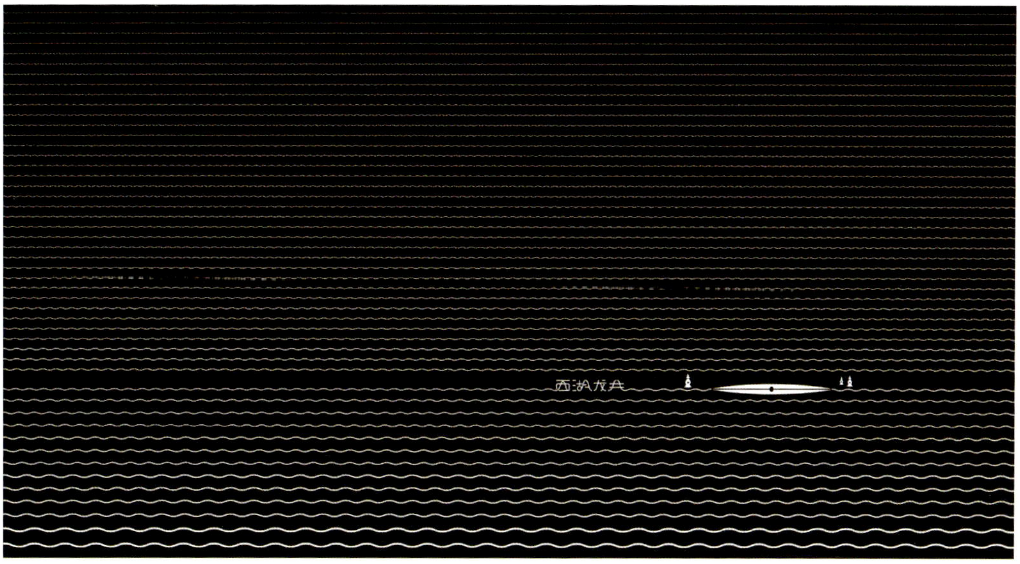

图 2-3-22　插画设计

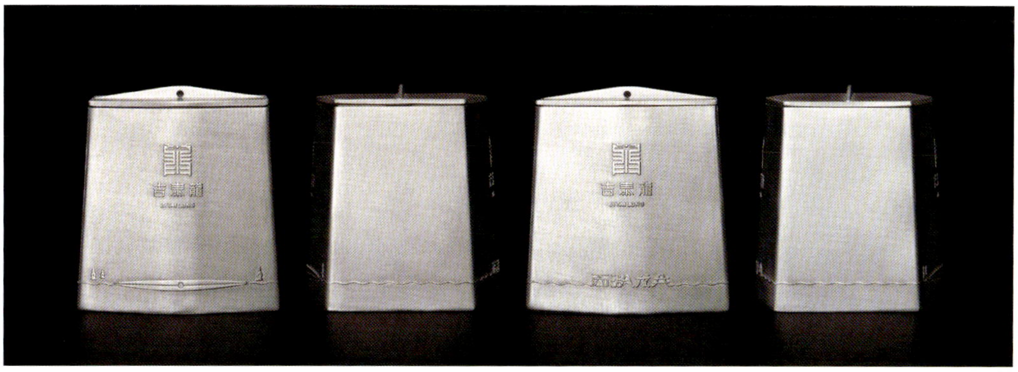

图 2-3-23　色彩设计

图 2-3-24　字体设计

图 2-3-25　全套包装实物

一，彰显出品牌的高级感。

设计师对外包装木盒的颜色经过十几次调色打样，因为深了太沉闷，浅了不稳重。他不接受一个“差不多”的产品包装，因为不想一念之差造成的效果让自己后悔，让客户失望。他要把包装的调性打造得能匹配上顶级西湖龙井的品质，匹配上饮用之人的品格，从而达到内外一致的效果。

项目三：“包大人”黑麦面包品牌包装设计

设计：梅竞放

奖项：2020 年，英国 pentawards 铜奖；2022 年，英国 pentawards 银奖。

（一）项目背景

德焙面包是一家有着奥地利风味的欧洲品牌，其创始人王磊先生曾在奥地利生活、学习 10 年，回国后创立了“德焙”面包品牌，把欧洲健康饮食习惯带给国人。德焙面包在上海有 8 家门店，年营业额达 8000 万元左右，还在持续发展，力争做杂粮面包第一品牌。

（二）市场调研与设计定位

产品调研：黑麦是一种主要产自欧洲中东部和北部地区的谷物，曾作为德国、奥地利、瑞士及北欧等国家最主要的食物之一。黑麦的主要制成品是黑麦面包，口感通常比白面包更有韧性和嚼劲。黑麦面包含有较多的麦麸和胚芽，让面包吃起来更有弹性，并且有坚果的香气和微甜的口感。

黑麦面包的主要营养元素：蛋白质是小麦的 1.3 倍；膳食纤维含量是普通小麦的 3 倍左右，不仅可促进肠道蠕动，还对保护消化道功能具有重要作用；矿物质铁元素含量是普通小麦的 12 倍。

产品定位：健康食品。“德焙”将欧洲的黑麦面包引入中国，为国人提供一种崭新的健康生活方式。黑麦面包是一款不添加任何防腐剂的健康面包，“德焙”将健康生活理念带入千家万户。

（三）设计策略

以文化诉求为中心的策略与以商品诉求为中心的策略相结合。

（四）价值主张、卖点提炼

健康、养生、美味、自信、美学、环保。

（五）包装创意设计

设计概念：设计灵感来源于中国历史上著名的清官包拯，老百姓尊称他为包大人，其人物形象特点是面部黝黑，飘胸长须，额顶月牙，头戴长翅帽。黑麦面包的外观和颜色与其人物形象神似。包拯为官时期秉公执法、铁面无私，处处为老百姓着想，是正直清廉的象征，与黑麦面包的无添加剂、自然纯真相吻合，用作该产品的 IP 形象非常有识别性，因此给该品类黑面包取名为“包大人”。

素材收集：根据概念收集了包大人的剧照。

插画设计：插画在设计上将包大人正直严肃的形象幽默化：时尚的眼镜、开心的笑容，让包大人的形象生动有趣，更具亲和力。将常规吐司面包的封条巧妙地和官帽的帽翅结合，既可以达到密封的效果，又可以保证其展开后是官帽的帽翅，使它们在终端并排陈列时更具视觉冲击力。设计师把包大人身边四个护卫形象（张龙、赵虎、王朝、马汉）与产品原料和工具进行幽默化设计，严格把关表情，生产出高质量黑麦面包包装（图 2-3-26）。此外，设计师还将中国居民平衡膳食宝塔设计到包装上，提醒着人们平衡膳食，享受健康生活。

结构设计：包装采用立袋设计，使官帽的长翅延伸立袋包装一周，既方便取用，又方便再次使用前的封口（图 2-3-27）。

色彩设计：包装视觉元素使用强烈的色彩进行

黑麦（张龙）　核桃（赵虎）　南瓜（王朝）　南瓜子（马汉）

图 2-3-26　插画设计

图 2-3-27　结构设计

对比，不同色彩表示黑面包的不同口味，使引起消费者的兴趣，并使其与包装有了有趣的互动。

字体设计：从黑麦面包的圆形形状中汲取灵感，现代设计风格的字体时尚又兼具产品的特点，具有极强的符号联想（图 2-3-28）。

版面设计：将生动的插画形象充斥整个版面，信息层明确、识别性强并具有设计感（图 2-3-29）。

（六）印刷材料、色彩管理

黑麦面包的包装材质及印刷工艺，体现了其对健康环保和自然纯真的承诺（图 2-3-30）。设计师接触了数十种包装材质才选出 80g 的食品级环保纸，轻盈低碳，并且具有很好的生物可降解性。包装给人一种接触大自然的真实质感，同时让人产生亲近感。包装采用专色单色印刷，以尽量减少油墨污染。

图 2-3-28　字体设计

图 2-3-29　版面设计

图 2-3-30　包装成品

项目四："江南四大才子"折扇品牌包装设计

设计：梅竞放

奖项：2019 年，英国 pentawards 银奖

（一）项目背景

扇子是引风用品，夏令必备之物。中国扇文化有着深厚的文化底蕴，是民族文化的一个组成部分，与竹刻文化有密切关系。中国历来有"制扇王国"之称。扇子在人们的生活中扮演着一个重要角色：摇扇纳凉，题诗作画。在时代潮流的不断追赶下，让扇子传递生动的中国文化，使其具有自己的特色，在同类产品中脱颖而出，为此设计师对全新的扇品牌包装发起了新的挑战！

（二）市场调研与设计定位

产品调研：现代社会空调、电扇的普及使用，使得扇子成为可有可无的降暑工具。我国古代文人雅士常在扇面上题诗作画寄情抒怀，成为一种追赶潮流的风尚。明朝更是达到了高潮，明永乐帝曾主导过折扇潮流，一时折扇大贵，成为一种时尚。电影《唐伯虎点秋香》中，四大才子摇着扇子出场的情节让许多人过目不忘。手持折扇，成为生活中高雅文化人的象征。当下，折扇大都作为文化艺术的载体被广大文人购买、备用或收藏。

消费者定位：文化艺术爱好者、书法绘画创作者。

（三）设计策略

凸显地域文化的策略与系列化策略相结合。

（四）价值主张、卖点提炼

历史、文化、创新、交流、趣味、雅致、国粹、艺术。

（五）包装创意设计

创意构思：用目标消费人群都熟悉的江南四大才子为 IP 形象，进行包装插画设计，让折扇焕发新的活力，改变人们对折扇以往的刻板印象，使其具有良好的识别度与情感共鸣，在带动销售的同时，对促进国粹扇子的多元化发展起到推动作用。

素材收集：“唐伯虎”潇洒飘逸，傲世不羁，擅长诗书绘画；“祝枝山”性格幽默，能言善辩，擅书法，尤擅狂草；“文徵明”儒雅随和，谦谦君子，书画为明代之冠；“徐祯卿”天性聪颖，清冷高傲，以诗歌名满士林，被称为吴中诗冠。

插画设计：折扇是中国传统的国粹工艺品，作品设计灵感来自中国传统文化的典故——江南四大才子，每个人物都有独特的个性和才华。插画在设计上用寥寥几笔线条勾勒出潇洒生动的执扇才子形象（图 2-3-31）。4 款形态各异的立体绒布帽子

图 2-3-31　插画设计

时尚有趣，展现出扇子文化的多样性及产品的多元化开发。设计者邀请消费者玩一个有趣的互动游戏——从人物的五官找扇子，大家才发现，原来插画人物不仅手执纸扇，其鼻子也是一把收起的扇子，隐藏着江南四大才子与折扇的神秘故事。

色彩设计：视觉元素上使用强烈的色彩进行对比。根据 4 位才子的性格特点来确定包装的色彩定位：唐伯虎是潇洒不羁的红，祝枝山是机智幽默的蓝紫，文徵明是儒雅随和的黄，徐祯卿是清冷高傲的湖蓝。每种配色都高级典雅，个性的颜色能瞬间吸引客户的注意力。

字体设计：手写字体文雅灵动，个性十足（图 2-3-32）。

版面设计：版面简洁明了，四大才子与扇子的生动组合、大面积的留白，凸显了四大才子手摇扇子的视觉记忆点，让行业属性更明确。

（六）印刷材料、色彩管理

包装采用特种纸专色印刷，人物帽子采用手工绒布，工艺简洁，质感细腻，给予客户最真实的视觉冲击与触觉感受（图 2-3-33）。人物惟妙惟肖的面部表情，给传统的工艺品增添了互动性，从而带动了销售。

图 2-3-32　字体设计

图 2-3-33　包装成品

项目五："万水千山'粽'是情"粽子品牌包装设计

设计：梅竞放

奖项：2021 年，纽约 One Show 入围奖；2022 年，101 届纽约 ADC 入围奖

（一）项目背景

端午节与春节、清明节、中秋节并称为中国四大传统节日。提到端午节，人们就会想到中国最悠久的民间美食粽子，以及我国古代伟大的爱国主义诗人屈原。美食与文化故事的奇妙组合，促使我们对中国传统文化礼品设计进行重新思考。

（二）市场调研与设计定位

端午节既是中国人纪念屈原的日子，也是家人团圆的节日。每到端午节前夕，市场上到处都是粽子的身影，如何设计一款与众不同的粽子礼盒，通过其中蕴含的文化传递每位消费者在端午佳节对亲人、好友的思念？诗情画意的江南山水风景里包裹着美味的粽子，将对亲人和友人的思念全浓缩在这幅迷人的山水里，通过立体盆景山水视觉感观，使消费者感受爱的力量。

（三）设计策略

凸显传统文化的策略与环保再利用策略结合。

（四）价值主张、卖点提炼

文化、历史、怀念、创新、情怀、祝福、精致、艺术。

（五）包装创意设计

创意构思：这款粽子礼盒包装设计灵感来源于《万水千山总是情》这首歌名，设计师将其谐音为万设计师水千山"粽"是情，突出了产品，并与情感表达相吻合。"Over the hills to see you"，英文名的意思是翻过千山万水来看你，我们可从命名中体会深刻的含义！

素材收集：粽叶、山水、屈原（图 2-3-34）。

结构设计：根据天地盖结构设计了产品与立体山水结合的立体装置上盖，侧面边缘设计成连绵起伏的山脉。设计能容纳三盒不同口味的产品，并留出上盖装置空间的下盒（图 2-3-35）。

插画设计：在包装中游玩江南山水，打开盒子浮现在你面前的是一幅立体的江南山水画：弯弯的梯田，耕田的人和牛，划行的小舟，在画面中突然耸立起三座立体的小山，小山就是粽子的形状，和山水浑然一体，很是巧妙，里面装的是送给客户的香袋，万水千山"粽"是情，给每位客户送上节日的祝福（图 2-3-36）。

在粽叶实物收集拍摄中，设计师惊奇地发现，粽叶中间的叶脉如同湖面的水平面一样把叶子一分为二，于是设计师顺其自然，把屈原及其倒影以粽叶叶脉为分界，印在了粽叶上，成为第一位让屈原

图 2-3-34　设计素材

图 2-3-35　结构设计

图 2-3-36　插画设计

站在“粽叶”上的人。屈原、粽叶、倒影、英文祝福组合成了一幅充满诗意的画面：他乘风而立，仰头望向远方，欣赏山川美景，期盼与亲朋好友共度佳节。设计师把这片叶子做成了书签送给客户，让这份思念时常与客户相伴。

色彩设计：包装的颜色为黑、白、黄、绿，呈现出丰富的大自然色调，简约高级，让人有一种身临其境的真实感（图 2-3-37）。

字体设计：灵动的书法字体，文化感厚重，倾注着对端午节，对亲人、友人的祝福（图 2-3-38）。

版面设计：排版简洁大气，尽显山水人文气韵，并达到突出主体的目的（图 2-3-39）。

图 2-3-37　色彩设计

图 2-3-38　字体设计

（六）印刷材料、色彩管理

设计用了艺术环保纸，尽可能避免过度印刷带来的污染，且用最简洁的工艺呈现包装的艺术效果。客户拿到这款粽子礼盒后，会把包装留下来当收纳盒，盖子翻过来就是一个山水盆景（图 2-3-40）。这是中国第一款立体盆景式包装设计。

设计师感受：“每次做成品都要经过几十次的调整，爱折腾不是我们的天性，看不过去的成品对我们来说是要命的。印刷厂师傅一听到我们要去，常常调侃道：‘那个要命的又来了。’我们需要在不断的打样中发现设计的漏洞，及时调整，呈现在市场上的产品包装只有禁得起消费者的不断检验才能赢得消费者的青睐。”

三、知识点：传统文化元素融入包装设计

（一）包装中的民族文化传承

中华民族具有 5000 多年的文明历史，创造了博大精深的中华文化，为人类文明进步做出了不可磨灭的贡献。中华文化积淀着中华民族最深沉的精神追求，包含着中华民族最根本的精神基因，代表着中华民族的独特精神标识，是中华民族生生不息、发展壮大的丰厚滋养。中华民族伟大复兴包含文化的复兴。党的二十大提出的中国式现代化发展新理论，为设计界打开了一扇窗，使广大设计师回望历史，从中华民族传统文化中探索中国传统设计思维，与现代包装艺术创新设计相结合，形成具有中国特色的现代艺术设计思想。

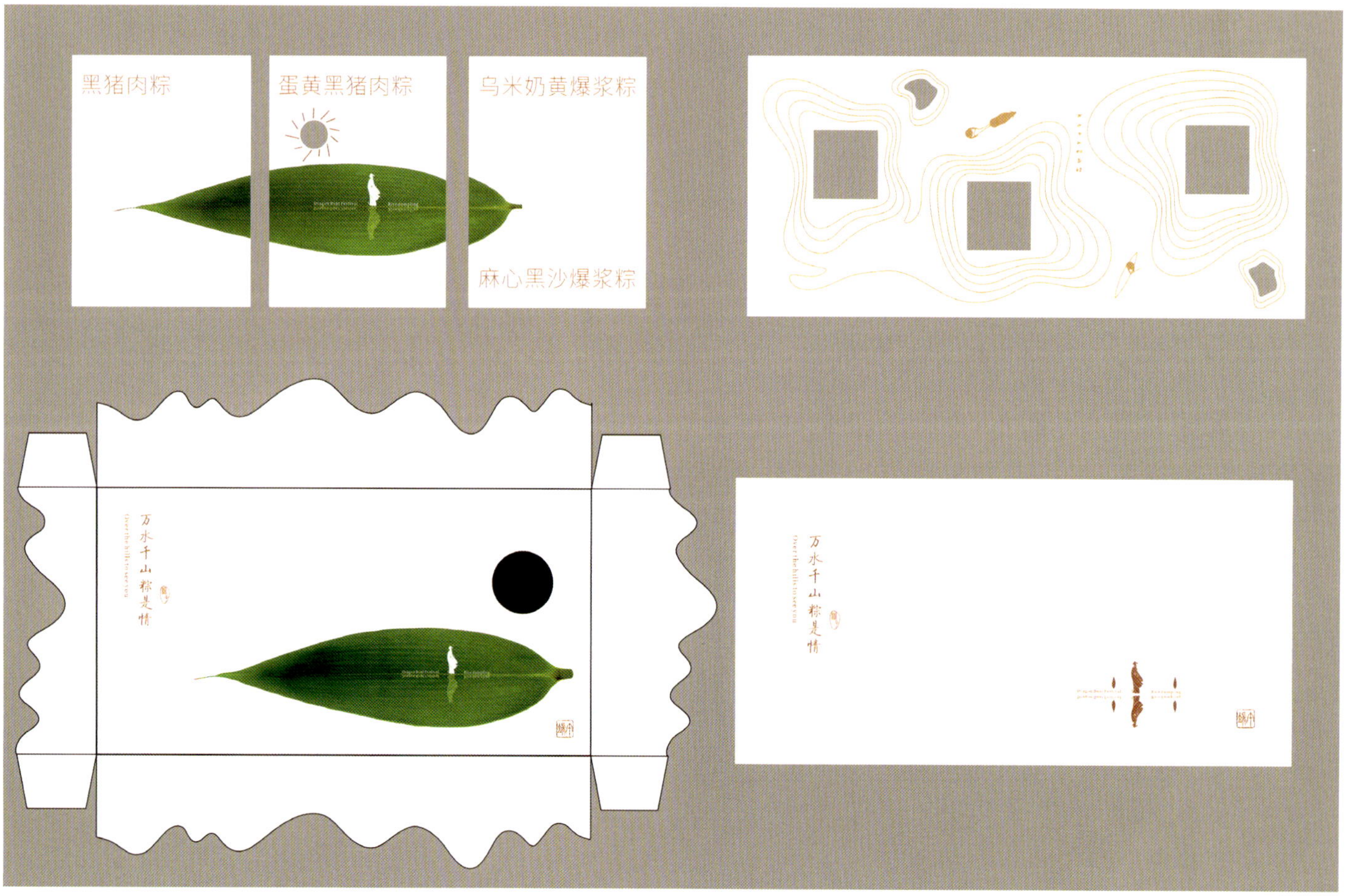

图 2-3-39　版面设计

图 2-3-40　成品包装

包装设计推动了商业化的发展，融入中国传统文化的包装设计，增加了文化气息，激活了沉寂在人们灵魂深处的民族文化基因，拉近了与消费者的距离，提高了品牌产品的推广力。产品包装也对融入其中的传统文化具有广泛的传播作用。优秀传统文化融入包装设计，不仅能提升品牌的文化内涵，也能促进优秀传统文化在当代的传承与创新。优秀传统文化包括物质文化和精神文化两个层面：物质文化是以显性的物质形态、色彩、造型、图案、材质等被人们感知的；非物质文化是以物质为载体而存在的宇宙观、世界观、人生观，具体表现为造物理念与方法、审美精神、传统造物技艺等，如中国传统“天人合一”的宇宙观。

（二）优秀传统文化元素挖掘

在进行品牌产品包装设计时，挖掘消费者熟悉的文化，不仅能降低消费者的学习成本，还能提升产品的传播效果。设计师要根据产品特点、地域习俗、人文景观等视角挖掘优秀传统文化。

1.研究传统文化

了解中国传统文化的发展历程，研究不同历史时期的艺术风格、文化特点以及民族特色。通过对传统文化的深入了解，可以更好地挖掘出符合产品特点和品牌形象的文化元素。

2.挖掘文化符号

从传统文化中挖掘具有代表性的符号和图案，如代表中国传统文化的龙、凤、牡丹、祥云等，这些都是中国文化的重要象征。将文化符号和图案融入包装设计中，可以营造出具有中国特色的视觉效果。

3.借鉴传统艺术

从中国传统艺术中汲取灵感，如中国画、书法、剪纸、泥塑、刺绣等。这些传统艺术形式具有独特的审美特点和表现形式，可以从中提取出符合现代审美的元素，运用到包装设计中。

4.挖掘民俗元素

中国民俗文化丰富多彩，如春节的春联、剪纸，端午节的龙舟、艾草等，挖掘这些民俗元素，并将其融入包装设计中，可以营造出具有浓厚中国气息的包装设计。

5.传承文化遗产

关注中国文化遗产的传承和保护，如传统手工艺、古建筑等，将这些文化遗产的元素融入包装设计中，不仅可以提升产品的文化内涵，还可以传承和保护这些文化遗产。

在包装设计中挖掘优秀传统文化需要深入了解中国传统文化的历史、符号、艺术和民俗等，同时注重文化遗产的传承和保护。通过挖掘这些文化元素，可以创造出具有独特中国魅力的包装设计。

（三）传统文化精神理念的融入与创新

在儒家思想的中庸之道里，“中”是指在两种极端中找到中间的位置，而“庸”则是指平常，中庸是适度、和谐的意思。在包装设计中，中庸就是不能为了追求外观美而破坏自然环境，不能为了追求前卫时尚而抛弃传统，不能为了追求商业利益最大化而忽视消费者的需求与感受，而应在对比中追寻平淡，在人、包装、自然之间寻找平衡，以此构建一种和谐之美。从禅宗的思想中我们领悟了“空”的境界，这种“空”是“空故纳万境”的空灵。在包装设计上，空灵就是没有华丽的外表，没有繁复的装饰，用纯净的色彩、简洁的线条去勾勒一种深邃灵动的美，表面看似空空如也，实则包罗万象。道家思想认为，矛盾的事物双方是相互关联、辩证统一的。这看似简单的话语却充满了哲理与智慧，给人以深深的启迪，正是这种思想孕育了中国文化中的含蓄之美。包装设计上的含蓄，具体而言就是在设计上采用少而精的图形元素，含蓄表达设计意图或同一图形表达多种含义等方式，给消费者留下想象的空间，从而引发观者的好奇和兴趣，实现包装设计的升值。

（四）传统显性文化元素在包装设计中的运用

传统显性文化元素是指通过人的五感能感受到的传统文化元素，如剪纸、书法、皮影、戏剧、年画、彩陶、刺绣等，在运用到包装设计中时，要将其解构出色彩搭配、图案、图形、材质、结构等。

1.包装设计中中国传统色彩的运用

（1）了解中国传统色彩的内涵

中国传统色彩内涵丰富，具有中华民族文化特点。中国传统色彩观中影响最深远的是“五色观”，它形成于先辈们长期的生产和实践中，在先秦诸子百家思想的推动下，逐步完善成一套以自然观和社会观相结合的色彩理念——“五色体系”，即通过青、赤、黄、白、黑 5 种单色来传达人们的情感和意志。古人认为宇宙间的万物都可以归纳为金、木、水、火、土 5 种元素，这 5 种元素各自对应着不同的颜色：金色代表金属，其色白而光；木色代表树木，其色青而翠；水色象征流动与深沉，其色黑而幽；火色代表热情与活力，其色赤而烈；土色则代表稳重与包容，其色黄而润。五行色彩在中国传统建筑、服饰和绘画中均有体现，展现了古代人们对自然和宇宙的理解和敬畏。

（2）根据产品的属性和特点使用色彩

产品的属性和特点也是选择传统色彩的重要考虑因素。不同类型的产品需要使用不同的传统色彩来强调其属性和特点。例如，传统的红色、金色等色彩可以用于传统节日礼品的包装，以营造喜庆和欢快的氛围。

（3）注重色彩搭配

在包装设计中运用传统色彩需要注意色彩的搭配和组合。不同的色彩搭配会产生不同的视觉效果和情感效应。设计师需要根据产品的特点和目标消费者的喜好，选择合适的传统色彩进行搭配，以创造出理想的视觉效果。

（4）考虑现代审美需求

虽然传统色彩具有独特的文化内涵和象征意义，但是现代消费者的审美需求也在不断变化。设计师需要在保持传统色彩文化内涵的基础上，结合现代审美需求，创造出既具有传统韵味又符合现代审美的包装设计色彩搭配。

2.包装设计中传统图纹的运用

在包装设计中运用传统图纹，可以提升产品的文化内涵和品牌价值，这里的传统图纹统指一切传统图案、文字、书法、印鉴、绘画，使用时需要注意以下几点。

（1）选择适合的传统图纹

选择适合的传统图纹需要根据产品的属性、目标消费者和品牌形象等因素进行考虑。例如，如果产品是传统工艺品，可以选择相应的传统图纹来强调产品的传统特色；如果产品是面向年轻消费者的，可以把传统图纹进行时尚转化来吸引他们的注意。

（2）要注重图纹的再设计

直接使用传统图纹可能难以符合现代消费者的审美需求，因此需要进行再设计。设计师可以对传统图纹进行简化、变形或创新，以使其更符合现代审美标准。

（3）包装材质要有利于表现图纹效果

包装材质会影响传统图纹的表现效果。不同的材质，如纸制品、塑料、金属等，会对图纹产生不同的视觉效果和质感，因此在选择包装材质时，需要考虑传统图纹的表现效果。

（4）避免传统图纹的过度使用

在包装设计中，过度使用传统图纹可能会使设计显得过于烦琐或杂乱，因此需要适量使用传统图纹，以使其与整体设计相协调。

3.包装设计中传统造物结构的运用

在包装设计中运用传统造物结构可以增加包装的文化内涵和独特性，通常从以下角度思考。

（1）研究传统造物结构

了解中国传统造物结构的发展历程和特点，包括不同时期和地区的建筑、家具、器物等。通过对传统造物结构的深入了解，可以选择适合产品特点和目标消费者的文化元素在包装设计中进行运用。

（2）借鉴传统包装形式

关注中国传统包装的形式和材质，如古代的陶器、青铜器、木盒、传统纸包装结构形式等。借鉴这些传统包装的形式和材质，可以营造出具有独特中国韵味的包装设计。

（3）结合现代设计理念

虽然传统造物结构具有独特的文化内涵和历史价值，但也需要结合现代设计理念和审美标准进行创新再造。在运用传统造物结构时，可以将其与现代包装材料相结合，进行简化、变形或创新，以符合现代消费者的审美、实用性需求。

（4）考虑产品属性

不同的产品需要运用不同的传统造物结构。例如，食品类产品可以采用传统的陶器或瓷器进行包装，而文化用品类产品则可以借鉴古代的文具或书写形式进行设计。

总之，在包装设计中运用传统造物结构需要深入了解中国传统造物结构的历史和特点，并结合现代设计理念和审美标准进行创新。同时，需要考虑产品的属性和目标消费者的需求，选择适合的文化元素进行运用，以打造出具有独特中国魅力的包装设计。

四、笔墨宫坊品牌包装设计实训

学生：张晴　指导教师：路玲娟、孙晓晨

（一）市场调研与设计定位

品牌背景：2011 年，周虎臣制笔、曹素功制墨被评为国家级非物质文化遗产，2014 年列为国家级生产性保护示范基地，2022 年该基地建成笔墨生产性博物馆——笔墨宫坊（图 2-3-41）。

设计定位：因为书写方式的变化，中国传统笔墨业从历史舞台逐渐退出。笔墨文化在中国传承近 2000 年，但是如今的年轻人对中国传统笔墨了解

图 2-3-41　笔墨宫坊

甚少。希望通过笔墨宫坊 IP 形象的打造，吸引更多孩子了解并使用中国传统笔墨。IP 形象是一个年轻、现代化的概念，一个令人喜爱的 IP 形象是品牌的化身，在凸显个性化的同时能让受众加深记忆点。打造笔墨宫坊 IP 形象，让更多年轻人了解笔墨文化，有利于提升笔墨宫坊传播。IP 形象的运用也能开拓笔墨宫坊的文创市场，促进笔墨宫坊的发展。通过现代设计风格能够展示传统文化故事、传播传统笔墨文化，因此打造个性化的笔墨宫坊，有利于提高宫坊识别性，拓宽笔墨宫坊笔、墨及其文创产品市场。

产品消费群体定位：针对书画初学者，开发以中低端产品为主的书画笔墨产品套装；针对书画爱好者，开发以中高端笔墨产品为主的套装；针对书画精英群体，则开发笔墨定制套装。

（二）包装创意设计

1.IP形象设计

以 IP 形象为包装设计主视觉，开发生日礼品装、成人礼礼品装、节日礼品装，为笔墨宫坊品牌开发新品类，焕发非遗新活力。

“毫毫”形象设计：根据笔墨宫坊的周虎臣制笔匠人，花费 48 年时间集齐珍稀的超长黄鼠狼尾部长毫，制作的笔锋 9cm 长（笔锋最长）的狼毫笔，设计出活泼、好奇、爱探索的形象（图 2-3-42）。

“毫毫”活泼、好奇、爱探索，爱好：玩耍、书法、绘画。

“墨墨”形象设计：以笔墨宫坊的镇馆之宝、“最大的如意墨”为原型，设计出平和、阳光的贵公子形象。如意墨，堪称墨苑奇宝，清康熙御制，镌刻有“云海烟霭，一柱擎天”图案，有着海晏河清的美好寓意。制作时，手工师傅需要每天矫正如意的弯折度，使之完美成如意造型。墨锭上的图案色彩明丽，在乌黑的墨身衬托下显得富丽华贵（图 2-3-43）。

“墨墨”平和、内敛、阳光、奉献，爱好：旅游、收藏、做手工。

2.包装色彩设计

包装色彩以具有节日氛围的中国红、墨锭的乌精黑、狼毫的金棕色、羊毫的米白色为主色（图 2-3-44），以少量的对比色为辅色。

3.包装创意设计

笔墨宫坊根据礼品包装开发需求，针对中低端启蒙书画笔墨开发生日礼品装与节日礼品装，希望通过礼品仪式感增强消费者对中华传统书画的积极

图 2-3-42　IP“毫毫”形象设计

图 2-3-43　IP“墨墨”形象设计

C20M100Y100K0 中国红　　C92M88Y88K80 乌金黑　　C20M42Y96K0 狼毫金棕　　C6M9Y17K0 羊毫白

图 2-3-44　主色设计

关注，增强民众崇尚传统书画的文化气息。以“妙笔生花，锦绣前程”为主题，将品牌 IP 形象与富有美好寓意的“笔饱墨酣铺锦绣”“染翰成章展宏途”“大处落墨显魄力”相结合，以具有趣味的视觉形象，满足中小学生的审美情趣，同时带给消费者美好的祝愿。

结构设计：套装使用天地盖结构，通过纸结构卡扣设计在盒内组合毛毡、砚台、墨条、大中小各号毛笔，满足书画初学者的使用需求。

插画设计：将 IP 形象“墨墨”与“毫毫”欢庆节日的情景、挥毫行笔的姿态相结合，体现笔墨功能与才子的意气风韵，激起消费目标群体内心对多才多艺的向往（图 2-3-45）。

字体设计：在具有趣味性的方正劲黑简体的基础上进行字角微调，使之与消费者审美趣味相吻合。

版面设计：按照点、线、面形式美法则布局点、线、面，根据目标消费群体营造节日气氛，排版活泼动感（图 2-3-46）。

4.效果图

包装立体效果图如图 2-3-47 所示。

（三）实训点评

这是一个老字号品牌的包装设计项目，和许多非遗项目一样，因为人们生活、行为习惯方式的改变，曾经辉煌的具有中国智慧的产业受到冷遇。如何使昔日的文化技艺融入我们当下的生活、发扬其智慧、启迪当下设计，这是每位设计师都应该思考、实践探索的事情。

思考与练习

1. 现代艺术设计是否需要融入传统文化？如何融入能符合现代审美？

2. 完成一项以文化诉求为中心策略的品牌包装设计项目。

图 2-3-45　插画设计

好
运
年
年
【曹素功&周虎臣】
妙笔生花
锦绣前程
笔墨套装
染翰成章
展宏途
品牌：笔墨宫坊
品名：笔墨套装（生日款）
产品信息
毛笔：白云兼毫*3
墨条：9.6*2.4*1
砚台：10*10*4.2
笔搁：11*2.2*2
书签：生日金属书签
产品货号：GB GSGV-2024
产地：中国 上海
电话：0875-2220122c
等级：合格品
生产地址：上海市杨浦区
军工路1300号
书法专用纸

图 2-3-46　版面设计

图 2-3-47　包装立体效果图

第四节　国际交流，推动设计对话的包装设计

品牌包装在促进产品商业化的同时，也成为国际跨文化交流的载体。它不仅能传递产品信息、建立消费者信任，还能帮助不同文化背景的人们更好地了解彼此的文化，进而促进国际文化交流。尤其是在全球化的背景下，包装上展示的文化元素和风格特点，可以让不同文化背景的消费者更好地了解和欣赏彼此的文化，同时为品牌带来更广泛的市场和商机。

项目来源：云南保山小粒咖啡。

项目内容：云南保山小粒咖啡系列品牌包装设计。

项目设计要求：模拟大赛评审标准。

一、实训概况

（一）实训内容

根据 pentawards 比赛评分要求，进行包装设计。

（二）实训目的

训练能使参与者注重产品包装的整体概念和理念设计，注重产品包装的独特性和创新性；能从 pentawards 赛事，感受国际包装设计理念、趋势，注重培养与国际接轨的设计思维；能遵循中华民族和而不同的设计理念，融入国际包装设计步伐，加强文化交流，传播中华文化。

（三）重点

选择感兴趣的产品类别进行概念包装设计。

（四）难点

包装理念的创新与体现设计的独特性。

（五）学习方法

课前自主学习 pentawards 赛事内容，研习以往比赛获奖作品；课中提问、讨论参赛选题，开展头脑风暴；课后线上线下边学边练，积极完成项目各阶段任务。

（六）作业要求

根据 pentawards 赛事征稿要求完成概念包装设计。

二、设计项目分析

项目一：“SELF LINE 素线”眼线液笔品牌包装设计

设计：梅竞放

奖项：2021 年，Tokyo TDC（东京字体指导俱乐部）优异奖；2023 年，GDC（平面设计在中国）佳作奖；2023 年，102 届纽约 ADC 佳作奖；2023 年，360 佳作奖。

（一）项目背景

CHEMICOS 是一家日本公司，该公司诞生于 2002 年，是全球最大的眼线液笔的生产商，也是包括迪奥等世界一流大牌的生产商。服部胜高会长是液体黑色染料、眼线液笔的发明者。他希望他的产品能为亚洲女性服务，因此设计中要蕴含中国文化元素，目标是要把这款产品打造成日本著名眼线液笔企业的高端品牌。

（二）市场调研与设计定位

市场调研：通过查阅证券公司对国内外美妆行业各品牌的市场占比情况，以及未来发展趋势的研究报告分析，发现中国美妆行业有较大上升空间。CHEMICOS 公司希望打造自己的高端眼线液笔品牌，突破代工厂的经营范畴。

消费者定位：CHEMICOS 把委托设计的产品市场定位在以中国为主的亚洲市场，是为亚洲女性打造的世界顶级的眼线液笔高端品牌，要体现中国文化与产品属性。

设计风格定位：简洁、素雅，体现东方女性的柔美。

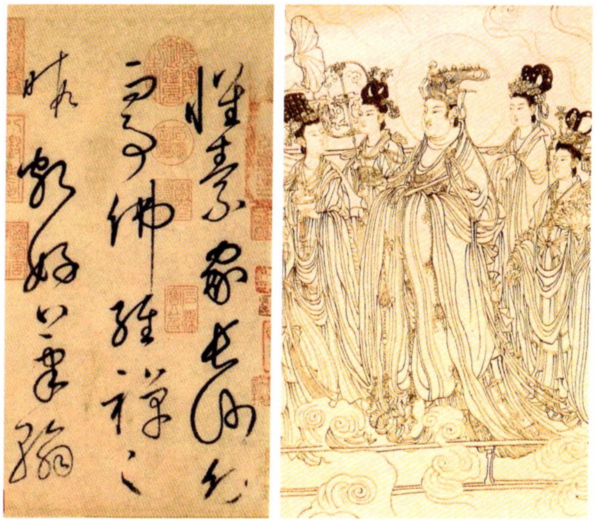

图 2-4-1　素材收集

（三）设计策略

以消费者为中心，满足消费者对文化与环保需求策略。

（四）价值主张、卖点提炼

自信、美丽、素雅、灵魂、气质、东方美学。

（五）包装创意设计

设计师根据“主要为亚洲女性”的消费市场定位，从中国书法与绘画中获取“线”的灵感（图 2-4-1），与产品画“眼线”的属性相结合，起名“SELF LINE 素线”，“SELF LINE”英文意思是一条个性的线，让每位爱美的女人“一笔入魂”，画出美丽个性的自己，“素线”汉字意思为最简单的线条。

LOGO 设计：从天下第一草书唐代书法家怀素的《自叙帖》，吸收其变幻莫测、神采激荡的运笔之势；从天下第一白描吴道子的《八十七神仙卷》中吸取圆润劲健的线条之美；用极简的线条进行文字设计，表达“素线”品牌简洁、素雅和东方女性柔美的气质（图 2-4-2）。

插画设计：曲线贯穿画面，富有中国文化的设计强调了产品属性，用极简的线条勾勒出最具灵

图 2-4-2　LOGO 设计

魂的作品，与设计理念“一笔入魂”不谋而合（图2-4-3、图2-4-4）。

色彩设计：设计采用中国画常用的朱砂红、品红、杏黄三种经典色，让中国色在国际性设计作品中绽放光彩（图2-4-5）。“用余光看见最美的自己”这个创意灵感来源于设计师的一次试妆，他发现笔尖靠近眼睛时莫名缺少一种安全感。于是，设计师探索一个问题：如果笔头第二节有颜色，会不会使产品变得具有指示性，使用者用余光可以看见有颜色的笔头，使用时是否变得有安全感？设计师把他的想法向日本公司进行了提议，没想到被公司采纳了。

这种微妙的从消费者使用体验设计的改变，使设计师得到了服部胜高会长的尊重。会长说：“本来这个案例要由日本设计中心设计，但是感觉中国设计师更懂中国文化，现在看来，我对设计师的选

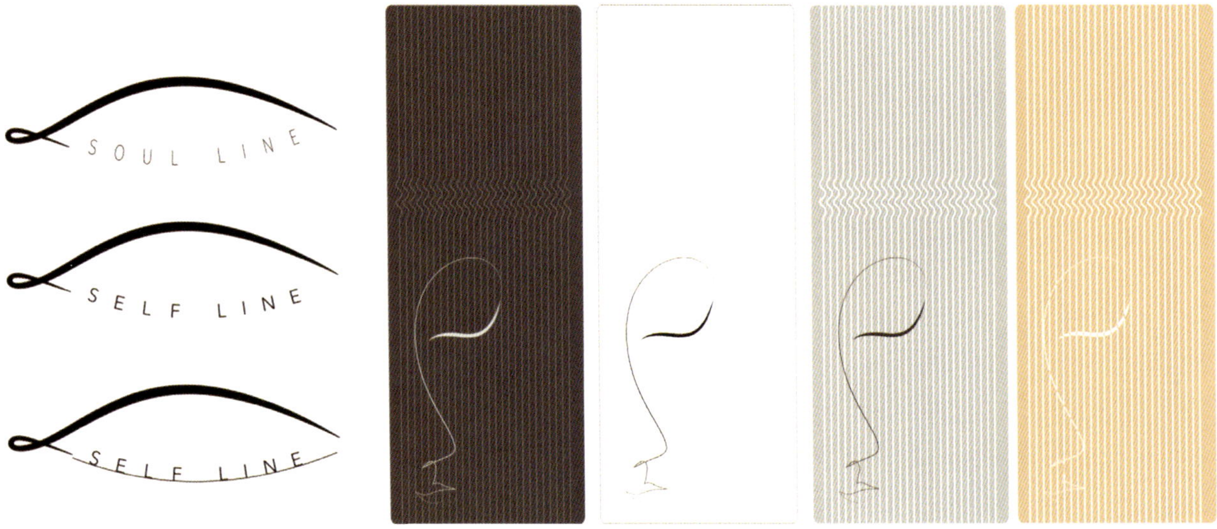

图 2-4-3　前两稿插画设计

图 2-4-4　插画设计终版

图 2-4-5　色彩设计

择是正确的。”

包装的艺术色系选择极为苛刻。黑色包装选用博苒优黑，它是一种高级黑。黑是世界上最复杂的颜色，博苒优黑纯木浆，使用长纤维抄造工艺，让黑色更自然纯粹，越黑越高级，纤维质感在黑色的隐秘下静静流淌。其冷漠、孤傲以及疏离感，让品牌更增添几分神秘且迷人的魅力。

白色包装选用博苒原白，在绚丽多彩的色彩中，总让人对轻盈的白系留恋。博苒原白洁净温润、坚强、沉静，印刷效果好，即使是纯白色也能让人感觉到包装独特的纯净之美。

结构设计：从开始的悬挂式、开窗式改为充满神秘而具有高级感的管式折叠纸盒装（图 2-4-6）。

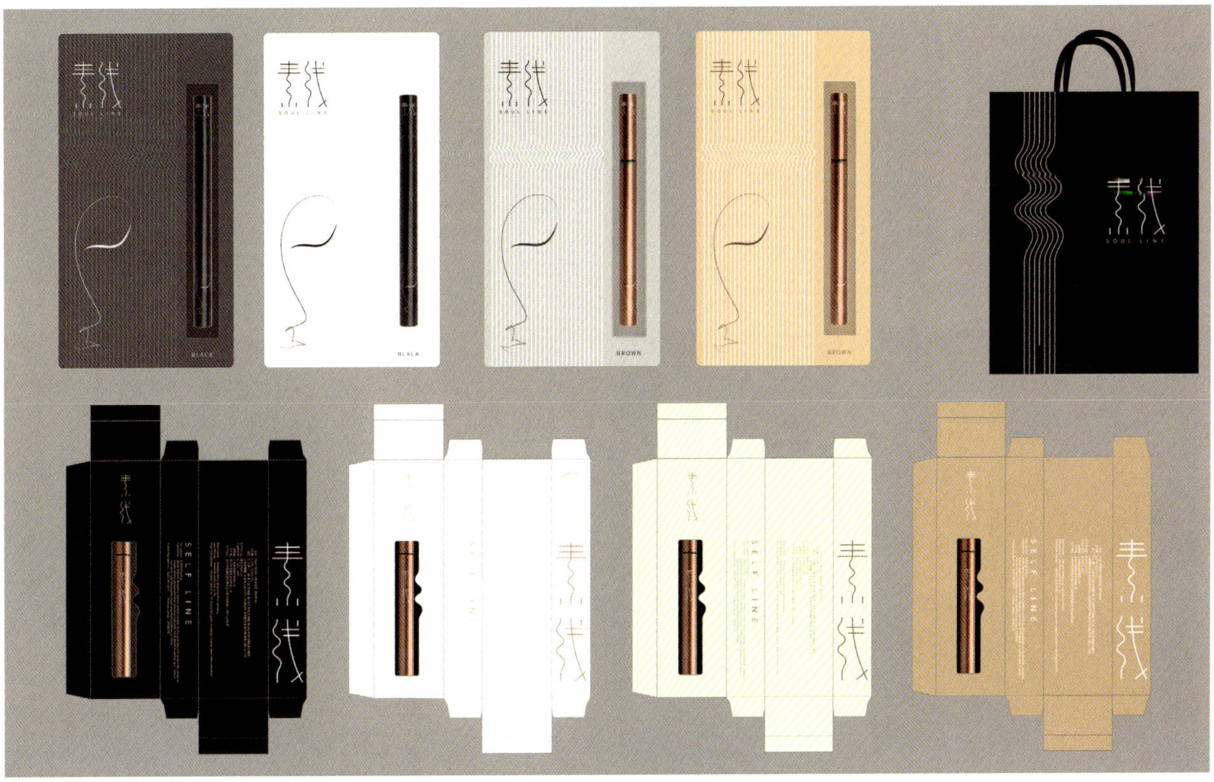

图 2-4-6　结构设计

版面设计：在包装版面设计中，中国绘画艺术构图思想渗透到品牌设计的每个角落，“疏可跑马，密不透风”，大面积的留白给最美的天使无限的想象空间，使包装高贵轻盈的气质油然而生（图 2-4-7）。

（六）印刷材料、色彩管理

包装使用击凸工艺，简洁而质感唯美（图 2-4-8）。

黑色包装使用博苒优黑：330g 环保绵纸；笔体线条：烫进口颜料黑；文字：烫银；内笔体：丝印原白。

白色包装使用博苒原白：330g 环保绵纸；笔体：空烫绵纸；线条：烫进口珍珠白；文字：烫进口颜料黑；内笔体：丝印原白。

包装还增加了产品中回收材料的使用，减少或消除因生产所造成的危害，具有极好的生物可降解性和环境相容性。包装纸通过了 FSC（国际森林管理委员会）的认证，纸张通过了国际 SGS 产品质量认证和 GRS（全球回收标准）认证。

日本非常重视包装生产的标准化，设计师为后续生产提供了眼线液笔笔体包装制作标准文件（图 2-4-9）。

图 2-4-7　版面设计

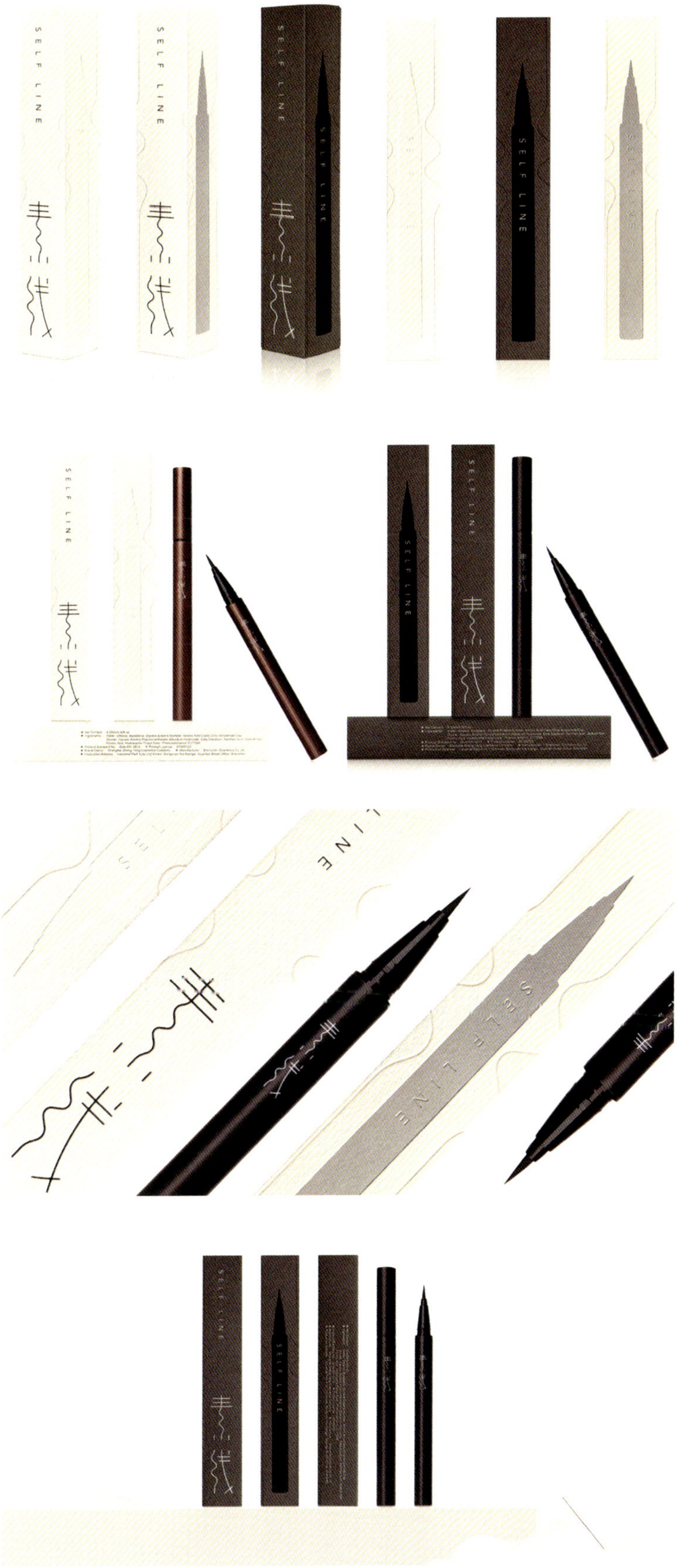

图 2-4-8　包装成品

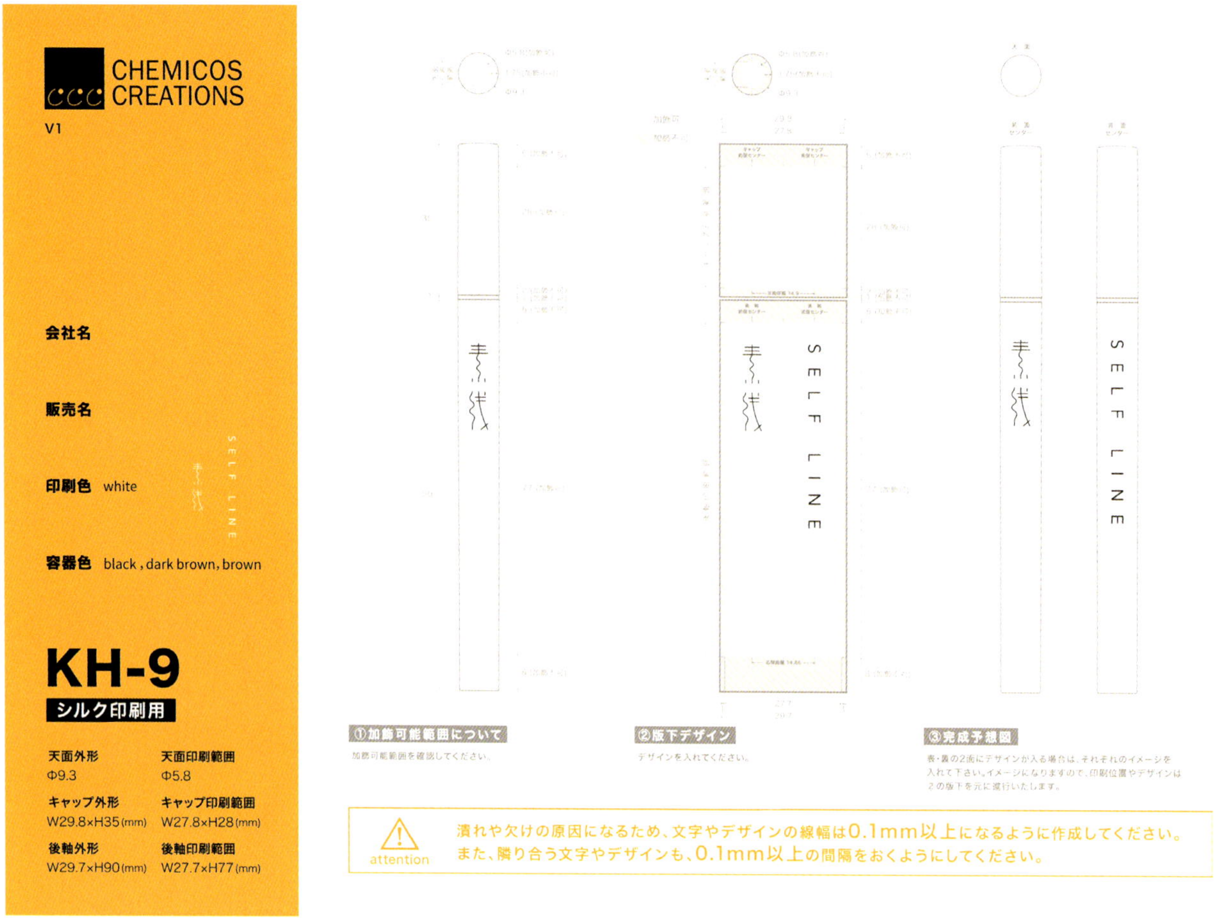

图 2-4-9　眼线液笔笔体包装制作标准文件

项目二：“孔雀开屏”合金筷品牌包装设计

（一）项目背景

味家宜是中国合金筷研发销售的最大公司，其生产的合金筷具有 100 年不变形的特性。合金筷是由高分子材料和玻璃纤维合成的材料生产制造而成的，其声清脆，犹如金属相击时发出来的悦耳凤鸣，其质细腻，如摸玉石般清爽温润。味家宜合金筷集二者精髓于一身，不仅象征着中国制造的匠心匠制，还承载着中华传统饮食文化，具有独特的文化魅力。味家宜合金筷以做工考究、声音清脆悦耳赢得中央电视台的青睐。

味家宜的项总在收看“匠心中国 100 人”的访谈节目时认识了设计师。隔着屏幕，他认同了设计师的设计理念——将美学与匠心发挥到极致。项总不惜开车 4 个小时去见设计师，详细地向设计师说明了他的来意。他风尘仆仆，但眼神坚毅，并留下一把筷子——希望设计师可以让这套筷子在央视的中华传统饮食文化纪录片上大放光彩。设计时间紧迫，只有 1 个星期，除了视觉外观设计，还需要设计筷子保存的结构，完成后要拿出 10 个包装好的成品送到北京，参加中央电视台节目录制，这对于设计师来说是一次极大的挑战。

什么样的包装设计能让它在央视上大放光彩，还能承载起中华五千年饮食文化的丰富内涵？这是设计师想为它达成的效果。

（二）市场调研与设计定位

产品文化：中国是一个具有约 5000 年历史

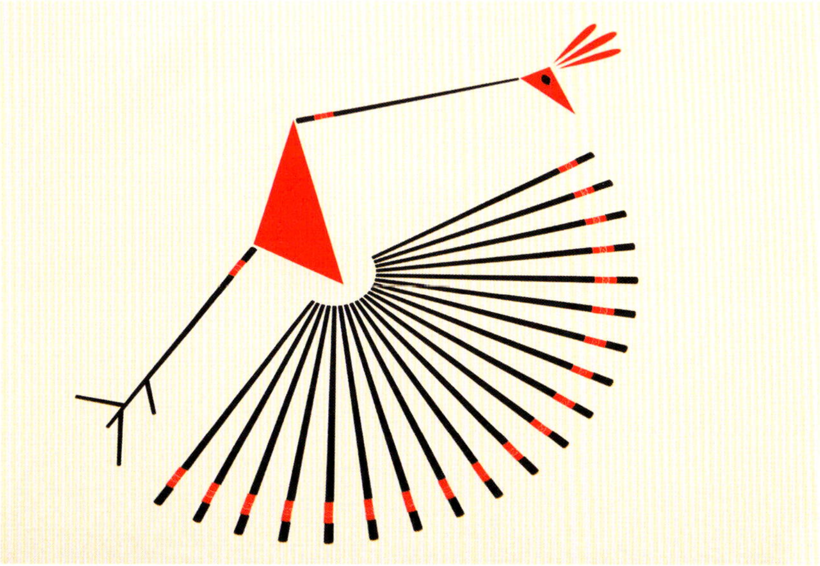

图 2-4-10　插画设计

的文明古国，而筷子至少有3000多年的历史。千百年来，筷子文化融入了中国传统文化宇宙观、世界观、人生观的深厚内涵。我国筷子的标准长度是七寸六分，约25.3cm，代表着人有七情六欲；筷子的形状是上方下圆，这又代表着天圆地方；使用筷子时，食指在上，中指在中，无名指在下，又对应着天地人三才之象。优雅又神奇的味家宜合金筷将作为餐桌上不容忽视的华夏饮食文化标志之一，通过中央电视台的中华传统饮食文化纪录片，作为中华传统饮食文化的象征推送到海内外观众面前。因此，其包装设计要用当代国际化视觉语言传播中华饮食文化，达到与国际观众进行文化交流的目的。

设计定位：体现中华优秀传统文化。

（三）设计策略

凸显传统文化与时尚审美相结合的策略。

（四）价值主张、卖点提炼

文化自信、匠心匠制、高贵优雅、传承交流、东方美学。

（五）包装创意设计

筷子在设计师的手中被摊开又合起，合起又摊开。他不停地拨动着筷子，或者拿起几根在空中比画。手中，桌子上……思路慢慢在散落的筷子上凝聚，一刹那，交叉错落的筷子犹如开屏的孔雀，让人心旷神怡。

插画设计：“孔雀吉祥鸟，送筷送健康。”筷子摊开又合起，合起又摊开，交叉错落犹如孔雀尾羽，这是设计师的设计灵感来源。优雅细长的筷子和简约唯美的几何形重构出的孔雀，婷婷而立，高贵优雅，不仅展现出合金筷大国匠心制造的高贵气质，还蕴含着中国人的高尚礼节，尽显大国风范。散落的筷子犹如开屏的孔雀。孔雀高贵吉祥，用孔雀的高贵形象来代表合金筷的高贵品质，意义深刻，让人过目不忘（图 2-4-10）。

色彩设计：采用中国传统颜色中的精华——中国红、水墨黑、宣纸黄，温润雅致，醒目内敛，有着文化沉积后的视觉享受，将大国雅物的气质烘托得淋漓尽致（图 2-4-11）。

字体设计：“人间烟火气，最抚凡人心。”设计师将文字上部结构笔画设计成房顶，呈现家的感觉，人间烟火气的氛围时刻萦绕在筷子上，又将筷子底部的圆融入字体中，这是对客户家庭和睦、团团圆圆的美好祝福（图 2-4-12）。

版面设计：画面自由奔放，留白韵美，大面积的留白给客户留下了无穷无尽的无言之美（图 2-4-13）。

（六）印刷材料、色彩管理

包装采用环保低碳的艺术纸与牛皮纸，通过刀版模切、折叠成型来践行对绿色生产的承诺（图 2-4-14）。

图 2-4-11　设计色彩

图 2-4-12　字体设计

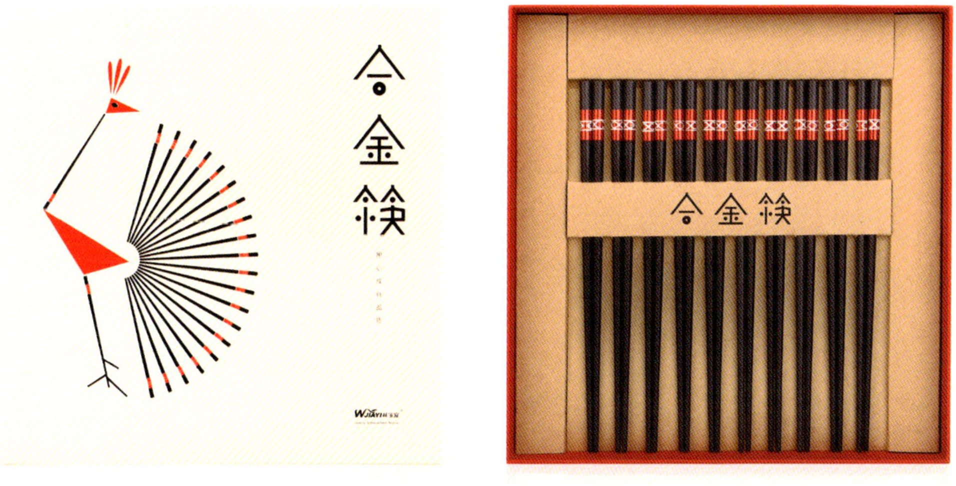

图 2-4-13　版面设计

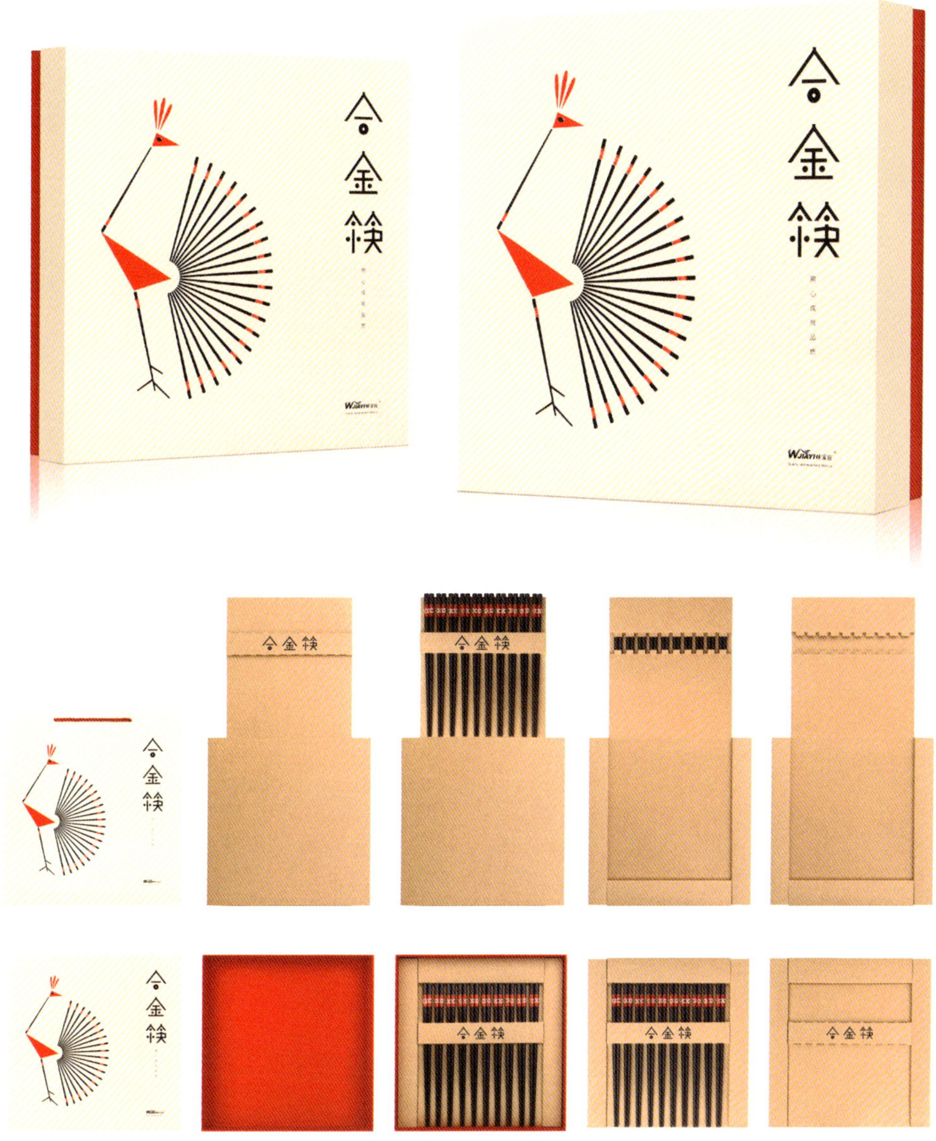

图 2-4-14　包装成品

项目三：帽仕汇博物馆伴手礼——“中国印沙琪玛”品牌包装设计

（一）项目背景

帽仕汇博物馆坐落在江苏省南通市，这里聚集了来自世界各地的奇特帽子，是集不同文化背景、民俗习惯、社会形态下产生的帽子文化交互融合的盛宴，是传播世界帽子文化的知识宝库。2023 年，帽仕汇博物馆举行全球帽子大会，参会嘉宾为来自世界各地的帽子设计师、帽业人士。什么样的伴手礼能匹配帽仕汇博物馆的属性与格调，并能传播帽子文化呢？是神秘的、高高在上的，还是平易近人、文化内涵十足的？无论如何，它必须是博物馆的“代言人”，这就是设计师的初衷！

（二）市场调研与设计定位

设计背景：帽仕汇博物馆有着来自世界各地的帽子，它像外交家一样诉说着每个国家的文化。每顶帽子后面都有耐人寻味的故事。格调是一种品位，在很多重要的社交场所，帽子本身具备社交属性。而该设计项目的作品，主要是作为伴手礼赠送给参会嘉宾，也会作为博物馆的常设专卖产品。

设计定位：符合世界帽子大会调性的独特伴手礼包装。

（三）设计策略

凸显中西文化交流策略。

（四）价值主张、卖点提炼

精致、高端、品位、健康、温馨、幸福、关怀、美味、文化。

（五）包装创意设计

创意构思：“帽子传递文化，甜点点亮心情”，两者的不期而遇变得神秘又浪漫。设计师把礼品包装设计成一顶礼帽的形状，帽子里珍藏着给与会友人奉上的美味点心，希望来自世界各国的友人在品味美味的同时，也开启品味帽子文化的旅程，期待着去揭开它神秘的面纱……

提到中华文明，四大发明之一的活字印刷术深入人心，对世界文明的发展起到了巨大的推动作用。礼帽与活字印刷的结合寓意中西文化的交流，与帽仕汇博物馆举办的世界帽子文化交流活动异曲同工。

设计元素收集：中国活字印刷字模（图 2–4–15）、西方绅士礼帽（图 2–4–16）。

图 2–4–15　活字印刷字模

图 2–4–16　CHICMAX 礼帽

结构设计：在造型上，包装设计灵感来源于富美集团旗下的高端帽饰品牌 CHICMAX 的帽型。外包装使用拟仿帽子造型的天地盖结构，内部放 16 个长宽一致、高低错落的小包装，形成一个完整的礼盒（图 2-4-17）。帽仕汇博物馆的礼品同样承担着帽子文化交流的使命，故此次设计师将活字印刷术精髓运用到伴手礼礼品包装设计中，诞生出主题为“中国印沙琪玛”的伴手礼品类。

插画设计：帽顶上的花纹设计来源于帽仕汇博物馆里一款藏品的图案，以刺绣的艺术表达形式来呈现，精致低调（图 2-4-18）。制帽工匠的精神呈现在包装设计上，代表对每位收到礼品贵宾的敬重。

字体设计：在礼帽内，如“活字”般有序排列着 16 个以中国历史上表示帽子含义文字的小包装，侧面有对帽子的介绍（图 2-4-19）。例如，“冠”是古代贵族戴的帽子，“盔”是古代将士戴的帽子……标有“礼”“品”“贵”“祥”具有吉祥含义文字的四个包装突出，方便产品取用。每个印章用心形的刺绣纹理组合而成，内涵丰富，将文化、工匠精神的细腻体现在包装上。

色彩设计：内包装用郁黄、新绿、粉红、浅蓝四色，清丽温馨，让人瞬间联想到甜软美味的甜

图 2-4-17　结构设计

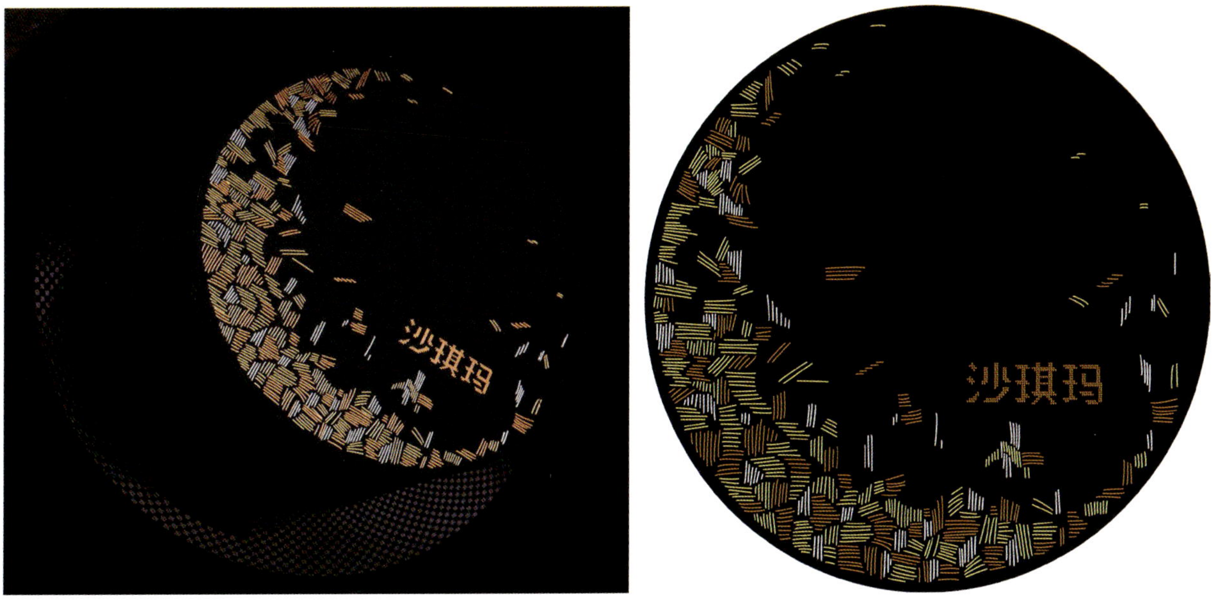

图 2-4-18　插画设计

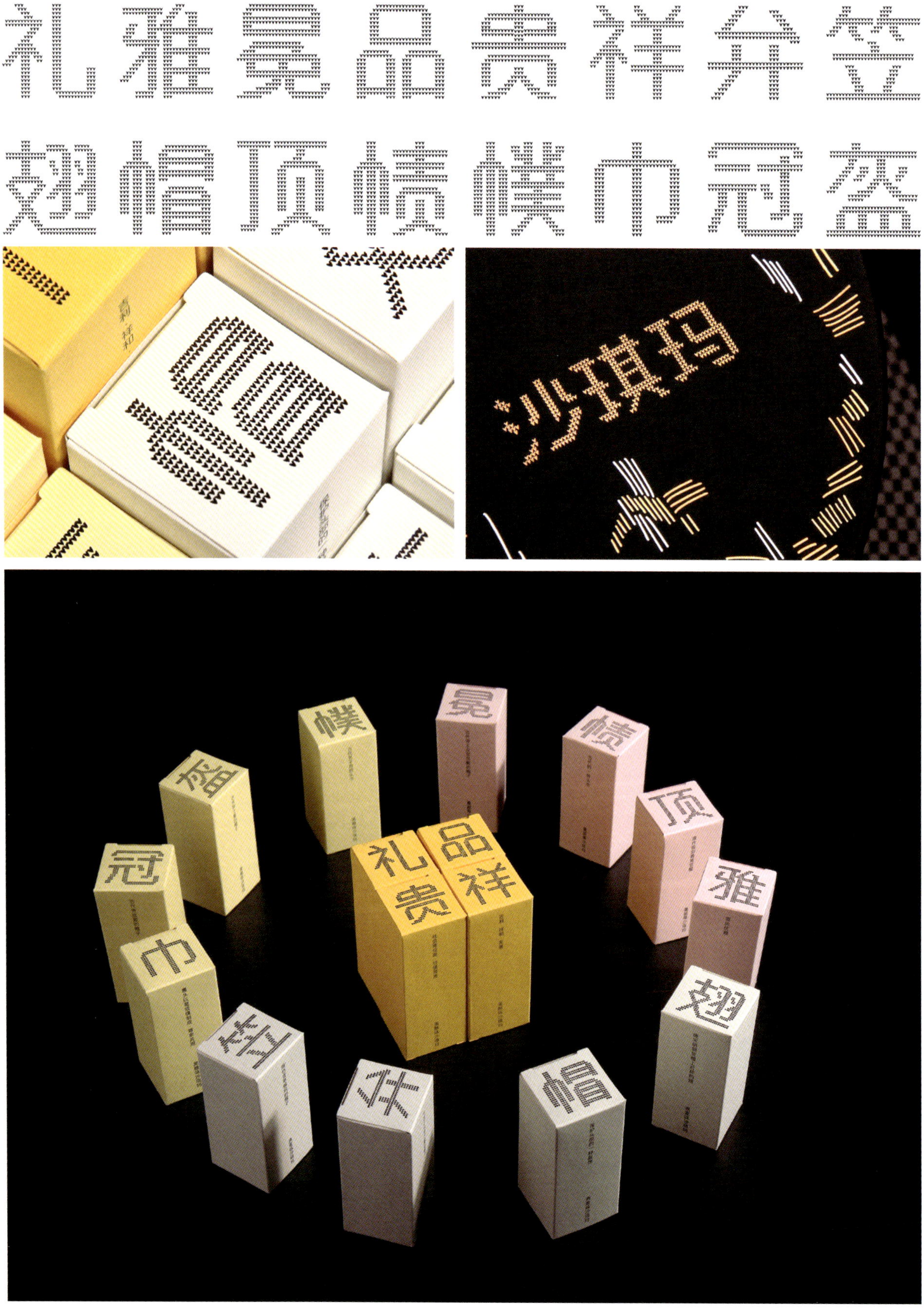

图 2-4-19　字体设计

品，与黑色外包装产生鲜明的对比，显得高级低调（图 2-4-20）。

版面设计：外包装使用聚散构成方式，将抽象的点、线、面用不同色彩的烫金沿礼帽顶装饰一周。小包装上将古今中华文明对帽子的尊称、祝福及释义进行了精心设计，让消费者在品尝美味的同时还能学习帽饰文化，引起人们对帽子文化的共鸣，体现出中国人送礼待客的高尚礼节。

（六）印刷材料、色彩管理

在包装工艺上，用刺绣纹理的艺术表达形式一比一还原帽仕汇博物馆中儒雅内敛的绅士之帽。通过烫金、UV 等工艺让其变得活灵活现，带给友人真实的视觉、触觉感受（图 2-4-21）。在帽子的围框裱一圈竖纹纸代表礼帽上的丝带，还原帽子相似度。工艺简洁环保，其内沙琪玛的包装采用低饱和度环保纸张单色印刷，更突出设计的环保意识。

整个设计中西文化融合，传统与现代呼应（图 2-4-22）。该伴手礼引起了各国来宾的极大兴趣与喜爱，好评如潮。

图 2-4-20 色彩设计

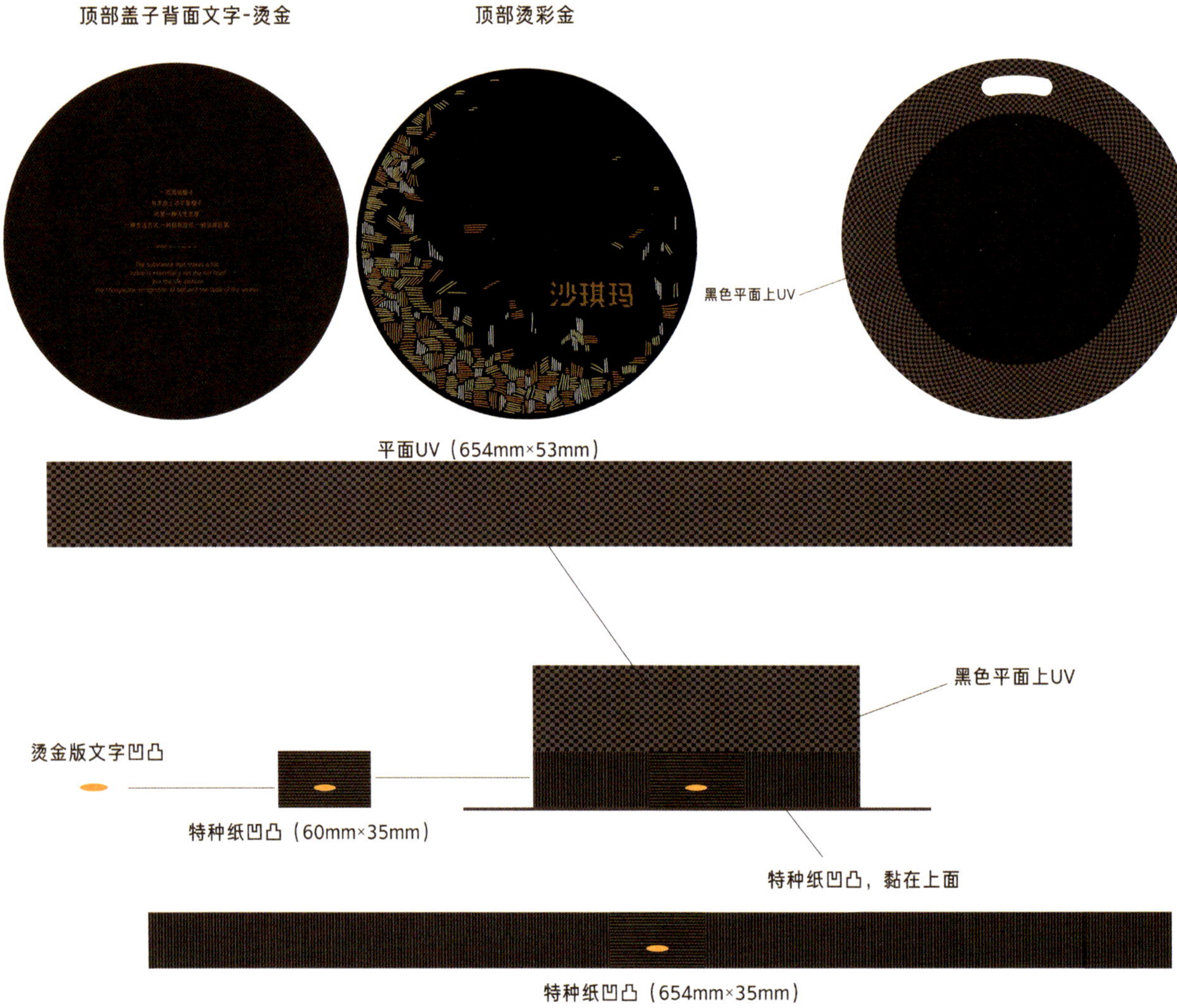

图 2-4-21　印刷材料、色彩管理示意图

图 2-4-22　包装成品

项目四：“闪亮的森林”坚果系列品牌包装设计

设计：梅竞放

奖项：2015 年，澳大利亚入选 Images 国际著名出版集团；2017 年，英国 pentawards 金奖；2017 年，GDC（平面设计在中国）15 项优异奖；2018 年，德国国家设计奖银奖；2018 年，入选法国《etapes》杂志（引领国际平面设计潮流的杂志之一）；2018 年，97 届纽约 ADC 银立方奖；2019 年，英国 D&AD 黄铅笔奖。

（一）项目背景

设计师从小在农村长大，野生小核桃是几代人赖以生存的经济来源。每年白露，设计师都会放下手头的工作，回老家采摘核桃。而最暖心的收获是坐在核桃树下和父母唠嗑，感受大自然小精灵的精神抚慰。相聚一周的时间感觉比过年相聚时间还要长，氛围更热闹温馨，因为这时身边还有许多可爱的小精灵在陪伴，这是最使设计师感动的来自大自然的厚重礼物！因此“回馈自然”就成了设计师这些年最想传递到城市各个角落的环保思想。这种思想也是国际包装设计的主流思想之一。

（二）市场调研与设计定位

产品调研：临安小核桃属于纯野生坚果品类，是纯天然绿色食品，具有地标特色的产品。临安小核桃营养价值尤为丰富，常吃可以健脑益智，特别是对当下脑力工作者益处颇多。

设计概念：9 月白露是核桃收获的季节，由于山核桃树都长在海拔比较高的山顶，因此凌晨 5 点就要从山脚出发，草木露水与之相送，明月清辉前来照亮。当设计师到达山顶核桃林时，黎明前的黑暗刚刚退去，刹那间山核桃林被点亮了，蝉鸣乍起，一束金粉色光线直冲核桃林，核桃林中的晨雾在阳光的直射下就像被切成了两半一样（图 2-4-23）。设计师的内心被深深震撼到，萌生“闪亮的森林”概念——记住阳光对地球生物的每一次闪亮馈赠，使消费者对大自然心怀感恩之情。

（三）设计策略

生态环保策略与趣味化策略相结合。

（四）价值主张、卖点提炼

生态、自然、健康、美味、治愈、美学、欢乐。

（五）包装创意设计

创意构思：“闪亮的森林”包装设计最大的创意点是 4 种让人过目不忘的可爱精灵，即与野生山核桃生长过程中有密切关系的 4 种动物，它们分别有各自的生态角色。

设计师将小核桃林里生态环境中动物与坚果的自然生长联系在一起，生态趣味满满，将具有社交属性的产品通过情趣浓浓的包装，唤起消费者珍惜大自然赐予的礼物的意识。

素材收集：山核桃树是汁液丰富的树种，吸引了知了、毛毛虫停在上面，它们边吸树皮里的汁液，边欢乐地歌唱与生活。汁液丰富的山核桃树叶非常招毛毛虫的喜爱，而以毛毛虫为食的啄木鸟就会经常光顾山核桃林。小松鼠是最喜欢野生坚果的家伙，丰收季的山核桃林怎能不去光临。因此，每年收获山核桃的时候，这 4 种可爱的生灵就在核桃林里演绎一场大自然的音乐聚会，而设计师就是最忠诚的听众。

系列产品名称：设计师将 4 种口味的小核桃分别关联 4 种小动物，起了 4 个动听的名字：“有知有味”“叶公好食”“精桃细啄”“香吻松情”。设计师从 4 种小动物钟爱食物的情感入手，更容易引起客户对野生山核桃的情感共鸣，使消费者从 4 个名字中感受到手工炒制小核桃的匠心工艺。

插画设计：设计师根据小动物们的特性，将

图 2-4-23　设计素材

它们与山核桃树进行互动。拟人化的插画生动传神（图 2-4-24），趣味性十足，营造出小动物们在山核桃林里聚会的氛围，不留痕迹地透露出山核桃林里的和谐生态，凸显出野生山核桃纯天然健康的纯正品质，并将这种美好欢快的自然、和谐、健康的生活状态传递给人们。

交互设计：随着消费者需求层次的提升，包装设计不仅要实用、美观，还要具备社交属性，满足消费者情感交流的需求。设计师设计包装的互动性，来源于对生活的细微观察。有一次，设计师去幼儿园接女儿放学回家，幼儿园正在上“给小动物们粘眼睛”的手工课，那小眼睛转啊转，好像活了一样。设计师灵机一动：如果把这眼睛粘到小动物眼睛上，小动物就活了，就能和消费者通过动态的眼睛进行交流，仿佛向消费者述说山核桃林的生动故事。于是，设计师在网上买了三维小眼睛粘到包装小动物的眼睛上，瞬间小动物们就活灵活现了，整个包装突然就“变活”了，可与受众产生有趣的互动了（图 2-4-25）。闪亮的森林，在小眼睛布灵布灵下，一下子更闪亮了。

色彩设计：视觉元素使用了强烈的色彩对比，同时不失对色彩平衡的精准掌控。红橙黄的暖色调温暖愉悦，中性色的紫与绿，为小精灵们和小核桃的趣味互动增添愉悦和谐的色彩基调。

字体设计：中英文字体设计采用手写体，给人们呈现出山核桃树自然生长的朴质与真实。

版面设计：字体、插画、实物混合排版，大面积的留白还原了山核桃林里的自由自在、生机盎然（图 2-4-26）。

图 2-4-24　插画设计

图 2-4-25　粘上眼睛的精灵们

图 2-4-26　版面设计

（六）印刷材料、色彩管理

整体包装没有使用过多的工艺，将小核桃的绿色健康、自然朴素贯彻到底。包装所选的纸张具有极好的生物可降解性和环境兼容性，可旋转密封的透明塑料罐子能长时间保持坚果的新鲜度（图 2-4-27）。产品食用完，包装可以拿来多次使用，存储家里的小物件，上面可爱的精灵会和你继续对话。

图 2-4-27　包装成品

项目五："音月会"中秋月饼品牌包装设计

（一）市场调研与设计定位

产品特点：古往今来，中秋节这天，人们都要一边吃月饼一边赏月，这是个阖家团圆的重要日子。而随着社会的进步、生活节奏的加快，那份家人在一起说说笑笑、悠然自得的状态，越来越难寻回了，忙碌的工作把人内心焦虑的情绪堆积成了厚厚的苔藓。设计师希望通过设计一款中秋礼，帮助忙碌的人们停下来，增进人与人之间的亲情、爱情、友情。无论是城里的月光还是村里的月光，有亲人在身边才算是过节，就如有理想支撑的事业才有灵魂一样。

设计概念：黑胶是一个时代的记忆，也是现代音乐追求者对品质音乐的终极追求，用黑胶概念设计的中秋馈品无疑是对爱的最好表达（图 2-4-28）。让"音月会"中秋礼盒给你带去最温暖的爱，对亲人最美好的祝愿。

设计定位："老歌情怀，治愈的月饼。"希望能通过黑胶这一具象的载体和 6 首代表各个年代的关于月亮的歌曲，让每个年龄段的人对号入座，几代人一起重温往日情怀，回忆走过的路（图 2-4-29、图 2-4-30）。一首首不同年代的关于月亮的歌曲，让大家在这个重要的日子里，将忙碌的身体停下来、浮躁的心静下来。在音乐的包裹下，溯回到爷爷奶奶、爸爸妈妈的那段时光长河中，用耳朵聆听、用心去感受他们的经历，再回到自己童年的乐园里，和朋友一起去拾取被遗忘的回忆。那么，洗净双手，带着笑意，慢慢地打开这份"黑胶回忆中秋礼"，点开音乐，取出月饼，和家人、亲朋好友一起分享音乐、共享月饼，让亲情、友情、爱情，在音乐声中、在月饼的香气中，更浓烈、更香醇一点。中秋时节，愿我爱的人和爱我的人共勉。

图 2-4-28　"音月会"概念设计

图 2-4-29　黑胶

图 2-4-30　黑胶“月亮集”

（二）设计策略

以消费者为中心的设计策略。

（三）价值主张、卖点提炼

温暖、怀旧、治愈、创新、感恩、幸福、纯粹、优雅、环保、艺术。

（四）包装创意设计

创意构思：设计师在听黑胶播放的一首首不同年代的关于月亮的歌曲时，想到要突破传统中秋月饼包装设计，注重形、色、味的氛围营造，增加听觉感受，让人们随着熟悉的老歌旋律，引起情感记忆共鸣，从而增进人与人之间的情感。工作中，总是那些记忆深处的老歌在治愈着我们的心灵，因此看着复古的黑胶外衣，静听优雅的老歌旋律，不知不觉就让你打起了盹，松弛的心其实早就跟着旋律跑到了亲人的身边——这是每年的约定。

插画设计：黑胶唱片的“年轮”，镌刻着不同年代对月亮音乐的印记（图 2-4-31）。人们可以一起聆听，回忆走过的路，重温往日情怀。

色彩设计：将中秋的黎明、暮晚，以及明月当空时的颜色应用到包装上。大自然的色彩自然又亲近、明快又淡雅，对亲人的爱表露得既豪放又内敛（图 2-4-32）。

字体设计：捕捉月亮在不同时刻的形状，将其作为笔画融入“音月会”的字体设计上，让人从中感受吃月饼、品茗的情景，还可以看到亲人的笑容（图 2-4-33）。纯粹直白的设计，能引发人们美好的想象力。

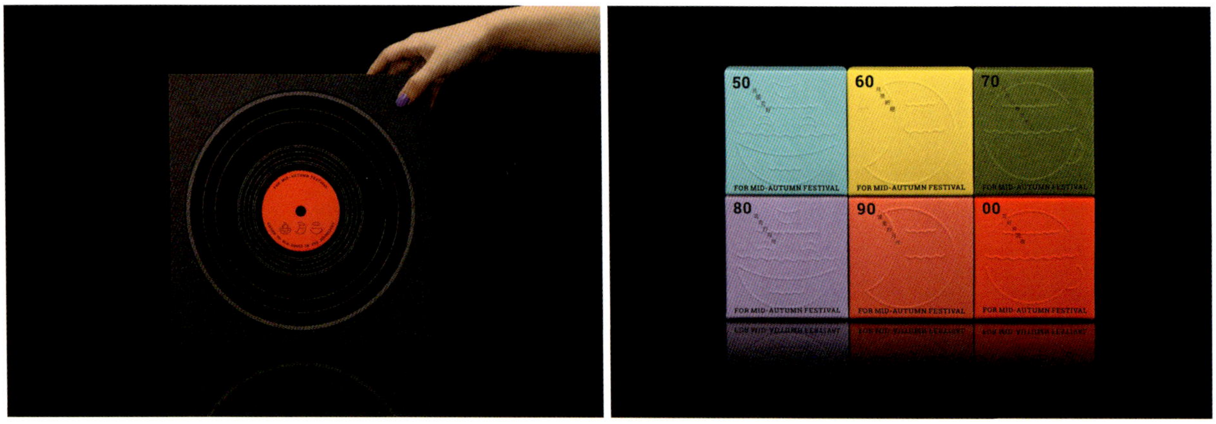

图 2-4-31　插画设计

图 2-4-32　色彩设计

图 2-4-33　字体设计

版面设计：产品推广的文案都是围绕着核心品牌“音月会”设计的，表达了三层含义：用经典的音乐回忆往事，享受美味的月饼，汇聚家人的亲情。整个版面年轻时尚，节选不同年代关于月亮的歌曲丰富了排版，在传播年代文化、思念亲人的同时又不失雅致时尚的基调。

（五）印刷材料、色彩管理

纸张选择了植物染料生产的 6 种彩色艺术纸，

工艺只做了凹凸和烫黑金，尽一切可能减少印刷带来的二次成本和污染。环保设计的细节处理是每个作品必须考虑的步骤，就像这个内盒一样，没用一点胶水去糊盒，刀版巧妙地一次成型，像一朵盛开的花，花开富贵，亲情满堂，给亲人和友人带去健康和祝福（图 2-4-34）。

三、知识点：国际设计对话的桥梁

在全球化的浪潮中，包装设计不只是商品的外在装饰，更是品牌与消费者沟通的桥梁，承载着文化、价值和生活方式。随着国际市场的日益融合，包装设计的重要性越发凸显，它不仅影响产品的市场表现，还是国家文化软实力的体现。在这种背景下，包装设计成为连接不同文化、促进国际交流的重要工具。包装设计的国际对话能够促进不同文化背景下的理解和尊重，为全球设计界提供共同探讨和解决问题的平台。面对全球化带来的挑战，如文化差异、市场多样性以及可持续发展的要求，国际对话成为设计师共同进步的必由之路。通过交流，

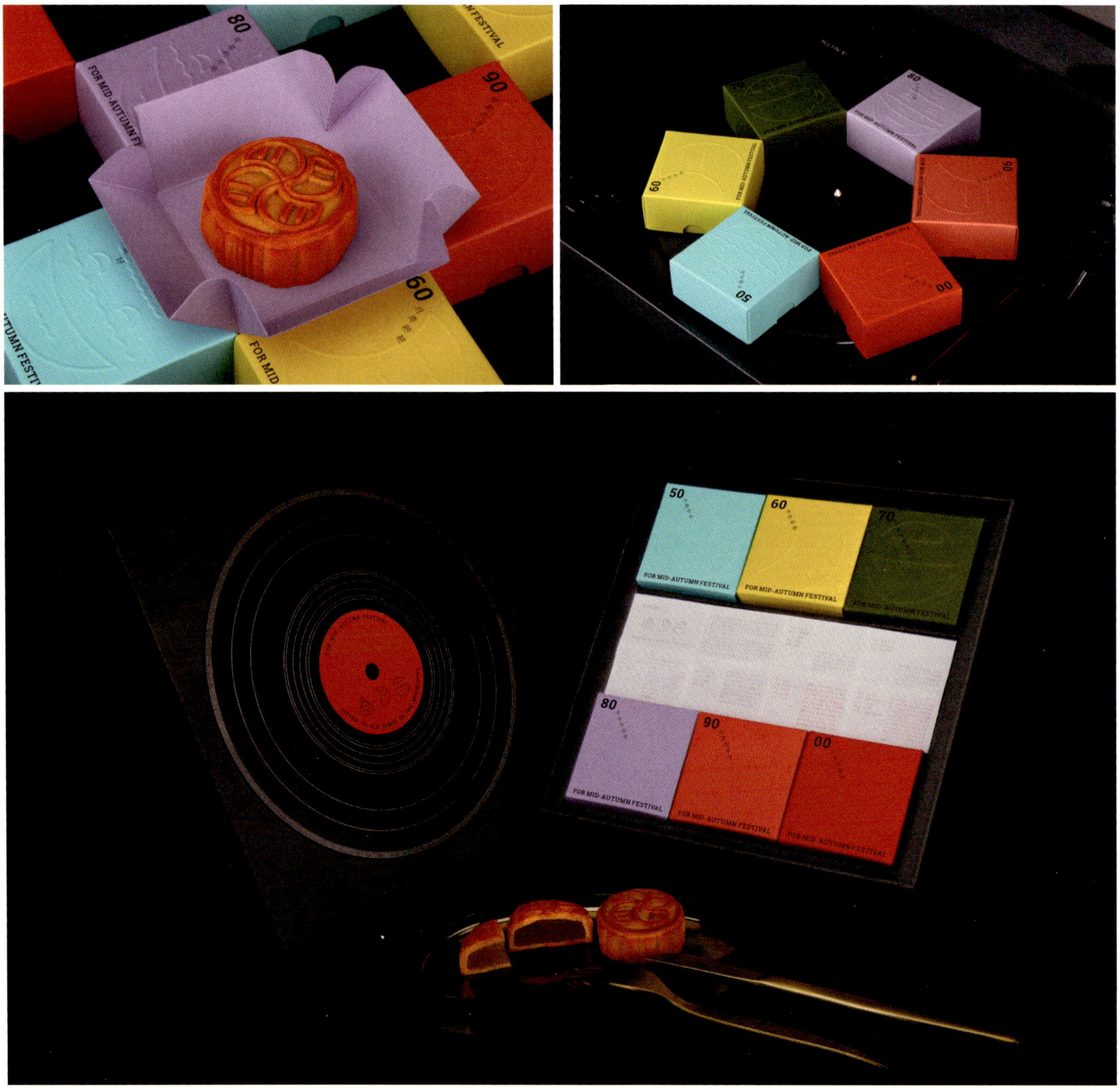

图 2-4-34　包装成品

设计师可以共享创意，学习最佳实践，共同推动设计行业的创新与发展。包装设计作为文化沟通的载体，其在国际对话中的作用不容忽视。它能够无声地讲述品牌故事，传递国家形象，甚至在无声中促进文化的相互理解和尊重。在这个过程中，设计师不仅是创意的实践者，还是文化交流的使者，他们的工作超越了美学的范畴，成为连接世界的纽带。

（一）国际交流中的包装设计

在全球化的今天，国际设计大赛与展览已成为设计师展示才华、学习新知的重要平台。这些设计大赛与展示交流活动不仅为设计师提供了一个展示自己作品的舞台，还是一个国际视野下的学习和交流的机会。

1.国际设计大赛与展览：展示与学习的平台

pentawards：是一个全球性的包装设计竞赛，被誉为包装设计界的“奥斯卡”，旨在表彰和奖励在包装设计领域取得卓越成就的设计师和品牌。它涵盖了多个类别，包括食品、饮料、身体护理、家居用品等。

Dieline Awards：专注于消费者产品包装设计的全球性奖项。Dieline Awards 致力于发掘和表彰优秀的包装设计作品，强调创意性、适销性、创新性、执行力和包装品牌化。

Marking Awards (MA)：由食品饮料创新论坛（FBIF）发起，专注于食品饮料行业的包装设计大赛。MA 鼓励本土与国际设计力量的切磋，推动食品品牌包装的创新速度、功能优化及审美认知。

iF Design Award：德国 iF 设计奖是全球设计界的重要奖项之一，它不仅包括包装设计，还涵盖了产品设计、通信设计、建筑设计等多个领域。iF Design Award 以其独立、严谨、可靠的评奖理念而闻名。

The One Show：这是一个国际性的创意奖项，虽然主要关注广告设计，但包装设计也是其评选的一部分。The One Show 旨在表彰那些在创意和工艺方面有杰出贡献的设计师。

D&AD Awards：英国设计与艺术指导协会奖，是全球创意和设计界最享有声望的大奖之一，它涵盖了包括包装设计在内的多个设计领域。

PDN Photo Annual：虽然这个奖项主要关注摄影，但它也包括包装设计类别，表彰那些在包装上使用摄影作品的优秀设计。

The International Packaging Design Awards (PDAs)：这是一个国际性的包装设计奖项，旨在表彰在包装设计领域有创新和卓越表现的设计师和品牌。

The Package Design Awards：这个奖项专注于包装设计的创新和实用性，鼓励设计师在包装设计中融入新的材料、技术和设计理念。

The International Design Excellence Awards (IDEA)：由美国工业设计师协会（IDSA）主办，是一个国际性的工业设计竞赛，包括包装设计在内的多个类别。

这些大赛和展览不仅为设计师提供了展示自己作品的机会，也为行业提供了最新的设计趋势和创新思路，促进了全球设计文化的交流与合作。

2.设计奖项：国际认可与激励

设计奖项是对设计师才华的国际认可，也是激励他们不断创新的动力。通过评选优秀包装设计作品，展示全球设计界的最高水平。这些奖项不仅为获奖者带来荣誉，也为全球设计师提供一个学习和借鉴的范例。

各类国际大赛获奖作品，都展示了包装设计的多样性和创新性。这些作品不仅在视觉上吸引人，还在材料选择、用户体验和环保理念上体现了设计师的深思熟虑。通过这些获奖案例，设计师可以看到国际设计界的最新趋势，从而激发自己的创造力，推动包装设计领域的进步。

3.设计对话活动：思想碰撞与创新

设计对话活动是设计师思想交流的熔炉，它们促进了不同文化和设计理念的碰撞，激发了新的创意火花。IDD 世界领先设计对话活动通过邀请国际知名的设计大师，分享他们的设计哲学和实践经验，为设计师提供了一个与世界顶尖设计师直接对话的机会。这些对话不仅拓宽了设计师的视野，也为他们提供了解决实际设计问题的新思路。通过这样的活动，设计师能够更好地理解国际设计趋势，提升自己的设计水平，同时为推动全球设计行业的发展做出贡献。

（二）包装设计与文化表达

在当今全球化的市场中，包装设计不仅是商品的保护层，还是品牌文化和价值观的传播者。文化元素的融入使得包装设计成为一种无声的语言，能够跨越语言和地域的界限，与消费者建立情感联系。

1.包装设计中的文化元素

包装设计中的文化元素是品牌故事和地域特色的视觉表达。设计师通过色彩、图案、形状和材料的选择，将文化符号和传统艺术融入包装，从而赋予产品独特的个性和识别度。例如，中国风的包装设计常常采用红色和金色，结合剪纸、书法等传统艺术形式，传递出浓厚的东方韵味。这些文化元素不仅增强了产品的吸引力，也让消费者在购买过程中体验到一种文化的传承和尊重。

2.国际市场对文化包装的需求

随着全球市场的多元化发展，消费者越来越渴望在购买过程中体验到不同文化的魅力。国际市场对文化包装的需求日益增长，这就要求设计师在包装设计中融入多元化元素，以满足不同文化背景消费者的需求。例如，一些国际品牌在进入中国市场时，会特别设计具有中国特色的限量版包装，如星巴克的中国风系列咖啡杯，不仅吸引了中国消费者，也成为国际市场上的热门收藏品。

3.跨文化设计策略

国际品牌在全球化战略中往往采取跨文化设计策略，以更好地融入当地市场。例如，可口可乐公司在全球范围内推出了“Share a Coke”活动，将当地语言印在瓶身上。这种策略不仅拉近了与消费者的距离，也展示了品牌对当地文化的尊重和理解。又如，宜家在全球的产品设计中融入了当地的生活方式和审美习惯，使得宜家的产品能够适应不同文化背景下的家居需求。这些策略不仅提升了品牌的国际形象，也增强了消费者的品牌忠诚度。

通过这些案例，我们可以看出包装设计在文化表达中扮演着至关重要的角色，它不仅能传递品牌故事，还能促进文化的交流与融合，为品牌在国际市场上的成功打下坚实的基础。

（三）可持续发展理念下的包装印刷工艺

在 21 世纪的今天，可持续发展已成为全球关注的焦点。随着环境问题的日益严峻，包装设计行业正面临着前所未有的挑战与机遇。设计师被赋予了新的角色——不仅要创造出美观实用的包装，还要在设计过程中考虑到环境保护和资源的可持续利用。这不仅是一种社会责任，也是设计创新的新方向。在全球呼吁可持续发展的主旋律下，从早期的减少使用塑料袋到使用纸吸管、无标签瓶来减塑，各个行业都在探索可持续包装的新模样。那么用纸替代塑料、撕掉标签，就是环保的终点了吗？“无印刷、无油墨”包装让我们看到，环保包装还可以这么做。

1.环保材料与可持续设计

环保材料的应用是可持续设计的核心。设计师越来越多地采用可再生、可回收或可生物降解的材料来替代传统的塑料和金属包装材料。这些材料不仅减少了对环境的负担，也为消费者提供了更加安全的产品。可持续设计的理念逐渐深入人心，成为包装设计的新标准。设计师通过创新思维，将环保材料与现代设计美学相结合，创造出既美观又环保的包装解决方案。

2.生物降解材料的应用

生物降解材料的应用是环保包装设计的一大突破。例如，某些品牌已经使用由玉米淀粉、甘蔗纤维等可再生资源制成的包装材料，这些材料在一定条件下可以自然分解，减少了塑料垃圾的产生。一家名为 Eco-friendly 的公司就推出了一系列使用生物降解材料制成的包装袋，这些袋子在土壤中几个月内就能完全分解，不会对环境造成长期影响。这种创新不仅体现了企业的环保意识，也为消费者提供了更加环保的选择。

3.国际环保法规对设计的影响

随着国际社会对环保问题的重视，各国政府纷纷出台了一系列环保法规，对包装设计行业产生了深远影响。这些法规要求包装材料必须符合一定的环保标准，限制了有害物质的使用，并鼓励使用可回收或可降解材料。设计师在设计过程中必须考虑到这些法规的要求。这不仅推动了环保材料的研发和应用，也促使整个行业向更环保、可持续的方向发展。

4.设计师的责任与挑战

在可持续发展的大背景下，设计师肩负着重大的责任。他们需要不断探索新的设计理念和技术，以减少设计活动对环境的影响。同时，设计师也面临如何在满足市场需求的同时，实现环保目标的挑战。这要求设计师具备前瞻性思维，能够在设计中平衡美观、实用与环保之间的关系。通过持续的教育和实践，设计师正在成为推动包装设计行业可持续发展的重要力量。

（四）“和而不同”走中国特色包装设计之路

在全球化的大潮中，中国包装设计正以其独特的文化魅力和创新精神，走出一条“和而不同”的发展之路。这条路不仅体现了中国传统文化的深厚底蕴，也展示了中国设计师在现代设计语言中的创新实践。

1.传统文化的现代诠释

中国传统文化是包装设计中不可或缺的灵感源泉。设计师通过对传统元素的现代诠释，将中国风融入包装设计，创造出既具有民族特色又不失现代感的作品。例如，将中国古典纹样与现代几何图形相结合，或者运用中国传统色彩搭配现代简约风格，这样的设计不仅传承了文化，也满足了当代消费者的审美需求。

2.地域文化的多样性

中国地域文化丰富多彩，各地的特色文化为包装设计提供了丰富的素材。设计师深入挖掘地方文化，将地域特色融入包装设计，如四川的川剧脸谱、江南的水墨画等。这些具有地域特色的包装设计不仅增强了产品的识别度，也让消费者在购买过程中体验到地域文化的韵味。

3.环保理念的融入

在追求经济效益的同时，中国包装设计也积极响应环保理念。设计师采用环保材料，减少包装的过度装饰，倡导简约而不简单的设计理念。这种设计不仅减少了对环境的影响，也符合了当代消费者对绿色生活的追求。

4.创新技术的运用

中国包装设计在传统与现代的融合中，不断尝试运用创新技术。例如，通过数字印刷技术实现个性化包装，或者利用智能包装技术提升用户体验。这些技术的应用，使得中国包装设计在保持文化特色的同时，也展现出现代科技的魅力。

5.国际视野下的本土化策略

在国际市场上，中国包装设计正通过本土化策略，将中国元素与国际审美相结合。设计师在理解国际市场的同时，巧妙地将中国元素融入设计，使得产品在国际市场上既具有辨识度，又不失国际范儿。

总结来说，“和而不同”的中国特色包装设计之路，是在尊重和传承传统文化的基础上，融入现代设计理念，结合地域特色，运用创新技术，以及在国际视野下进行的本土化策略。这条路不仅为中国包装设计带来了新的发展机遇，也为全球设计界提供了新的视角和灵感。随着中国设计力量的不断壮大，我们有理由相信，中国特色的包装设计将在世界舞台上绽放更加耀眼的光芒。

四、云南保山小粒咖啡品牌包装设计实训

学生：孙佳毅　指导老师：张勇、路玲娟、孙晓晨

（一）市场调研与设计定位

产品调研：保山小粒咖啡是中国乃至全球品质较好的咖啡之一，颗粒均匀饱满，气味清新，香气浓郁，口感醇厚，浓而不烈，以独到的极优品质享誉全球，20 世纪 50 年代末在英国伦敦市场上被评为一等品，获“潞江一号”美称，1980 年的全国咖啡会议上公认其为“全国咖啡之冠”。提起“咖啡之都”，很多人的第一反应都是上海，一说咖啡，似乎它总是和现代商业文明联系在一起，而咖啡豆在国内的最大产地，是距上海西南 2900km 的云南。

以前，云南是各大咖啡巨头在中国的原料来源地，仅星巴克在过去 10 年就在云南收购了 5 万多吨咖啡。随着国内咖啡消费市场的火热，瑞幸、Manner、永璞甚至蜜雪冰城都在云南加大了收购力度。但对于云南咖啡产业来说，一直给其他品牌提供原料，显然处于价值链的底端。想要拿下更多的咖啡市场主导权，保山咖啡需要从幕后站到舞台中央，成为新的主角（图 2-4-35）。

市场调研：咖啡消费在全球范围内持续增长，尤其在中国市场，随着消费者对咖啡文化接受度的提高和生活品质的追求，咖啡消费呈现出强劲的增长势头。根据艾瑞咨询报告，中国咖啡市场规模在 2022 年达到 979 亿元，预计到 2025 年将达到 2700 亿元。这一增长得益于咖啡品类的多样化，包括速溶咖啡、瓶装咖啡、现磨咖啡等多种形式，以及咖啡消费场景的多元化，如居家、办公、社交等。

云南保山作为中国咖啡豆的主要产区，拥有得天独厚的自然条件和丰富的种植经验，然而，云南咖啡豆在国际市场上的知名度和影响力相对较低，主要原因是缺乏品牌化和精品化。

消费者定位：爱好咖啡的人士。

产品品类定位：挂耳咖啡、速溶咖啡、精品咖啡豆。

（二）设计策略

以产品为中心的策略与凸显品牌策略相结合。

（三）价值主张、卖点提炼

大众、亲民、绿色、醇香、高品质、社交。

（四）品牌包装设计

LOGO 设计：以咖啡豆造型融入咖啡生长的环境，展现小粒庄园品牌形象，体现高品质咖啡源于优质生态环境（图 2-4-36）。

字体设计：围绕小粒庄园的稳步发展打造精品化产品的企业经营理念，以稳健的黑体为原型进行笔画的精细调整，传递品牌致力产品精品化方向的坚定信心。

插画设计：通过提取云南保山小粒咖啡生长环境的山川、流水、阳光、云雨、咖啡果等自然元素与当地咖啡人文元素，抽象归纳为一幅生态人文的插画

图 2-4-35 设计素材

（图 2-4-37）。

色彩设计：根据咖啡不同口味或不同烘焙工艺进行色彩设计，体现咖啡本来的味道（图 2-4-38）。

版式设计：以插画为背景，在 2/5 白色上排版品类名、品牌 LOGO、口味以及其他商品信息（图 2-4-39 至图 2-4-41）。

（五）印刷材料、色彩管理

挂耳咖啡选用纸基铝塑复合材料作为包装材料，隔湿防水，能保持咖啡醇香的持久性，外包装使用触感绒柔的 200g 艺术纸进行四色印刷（图 2-4-42）。

（六）项目点评

在信息技术、人工智能的快速普及下，要加强国际设计对话，增进人类各民族的理解与包容。发现中华民族传统哲学与世界各民族的差异性，求同存异，发扬本民族文明，创作能被国际理解、认同、共鸣的设计形式，增进人类设计共同体的构建。

思考与练习

1. 你对设计的国际对话是怎么理解的？

2. 假如让你为中国某品牌的海外市场做推广，你在包装设计时会如何思考完成一个品牌的海外市场包装设计？

图 2-4-36　LOGO 设计

图 2-4-37　插画设计

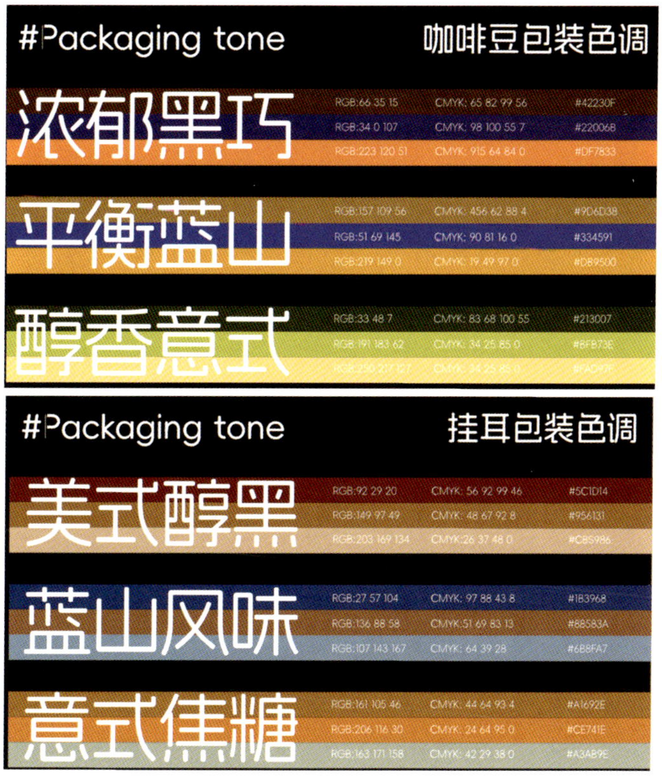

图 2-4-38　色彩设计

图 2-4-39　内包装版式设计

图 2-4-40　外包装四面排版

图 2-4-41　速溶咖啡系列版面设计

粒香系列
ARABICA COFFEE BEANS
浓郁黑巧风味
平衡蓝山风味
#35 深度烘焙
#55
#65 中度烘焙
净含量 250g
Bule
Mountion Coffee
意式焦糖
merican
llow Coffee
美式醇黑
talian
aramel Coffee
意式焦糖
ARATICA COFFEE BEANS

图 2-4-42　立体效果图

模块三　品牌包装设计发展趋势与获奖作品赏析

第一节　新消费时代品牌包装设计发展趋势

第二节　国内外获奖包装设计作品赏析

模块三　品牌包装设计发展趋势与获奖作品赏析

模块概述

本模块第一节首先分析新消费时代品牌包装未来发展的 6 个趋势，帮助学生以国际视野洞察设计问题，顺应国际包装设计趋势开展品牌包装设计，满足消费者对包装的使用功能，审美、文化等精神情感以及使用体验的需求。第二节通过对国内外在 iF、德国红点奖、pentawards 等获奖作品的分析，提升学生的鉴赏能力。

第一节　新消费时代品牌包装设计发展趋势

随着“Z 世代”成为主体消费群，元宇宙时代消费个体即将崛起，用户需求更加多元化、个性化，消费进一步升级促使消费者注重商品的附加值。商品品质、审美甚至人格认同成为消费动因，消费者对待包装（产品）不再是人与视觉信息的关系，而是人与物的关系。包装的功能也不再只是单纯的“包”与“装”，包装被赋予了新的定义，同时被赋予了更多的社会责任及价值要求，未来包装发展具有以下趋势。

一、可持续性和环保材料的应用——包装设计的绿色革命

在当今世界，可持续性和环保已成为全球关注的焦点，包装设计领域也不例外，设计师正致力于通过创新材料和技术，推动包装行业的绿色转型。以下是可持续性和环保材料在包装设计中的应用，以及这些实践是如何引领行业的未来发展的。

（一）生物降解和可回收材料的广泛使用

生物降解材料，如聚乳酸（PLA）和聚羟基脂肪酸酯（PHA），正逐渐成为包装设计的新宠。这些材料来源于可再生资源，如玉米淀粉、甘蔗或植物纤维，能够在自然环境中分解，减少对环境的长期影响。PLUS 洗护用品采用可溶解包装，撕开用完后，扔在浴室就能被水溶解。设计师希望给消费者一个“更有意义的淋浴”和“一个更快乐的地球”（图 3-1-1）。

图 3-1-1　PLUS 洗护包装

咖啡品牌 Peak State 推出的可堆肥咖啡袋（图 3-1-2），不仅减少了塑料的使用，还通过铝制材料实现了可重复使用和回收。英国诺普拉（Notpla）公司从海藻中提炼海藻酸钠凝胶代替塑料，制造了能食用的 Ooho 包装（图 3-1-3），能包装 100mL 以下容量的水、饮料、果酱或护肤品，并且能 100% 自然生物降解。

此外，卡夫亨氏公司推出的番茄酱纸瓶包装，以及日清的菜籽油纸盒包装，都是利用纸包装替代塑料，减少了塑料的使用量，同时提高了包装的可回收性。

（二）减少包装材料的使用，实现轻量化设计

轻量化设计是包装行业可持续发展的重要方向。通过优化包装结构和材料选择，设计师能够减少包装的重量和体积，从而降低运输成本和碳足迹。例如，索尼的 WF-1000XM4 耳机包装（图 3-1-4），通过使用竹子、甘蔗纤维和再生纸制成的新型材料，成功减少了 34% 的包装尺寸。这种设计不仅减少了材料的使用，还提高了产品的环保性能。轻量化设计不仅有助于减少资源消耗，还能提升消费者的环保意识，鼓励他们选择更环保的产品。

（三）循环经济模式下的包装设计创新

循环经济模式强调资源的循环利用，包装设计正逐渐从一次性使用向可循环、可再生的方向发展。设计师通过创新设计，使包装在完成其保护和展示功能后，仍能被回收再利用或转化为其他产品。例如，有声有色中秋礼盒包装（图 3-1-5），用白色甘蔗纸浆做的圆盒，寓意满月，加入声音和光，与茶和月饼组成一盒，可作为有香气、甜味、光和音乐的礼物，一个简单的盒子里仿若藏着一个宇宙。月饼吃完，盒子仍然可以作为音乐灯，直到废弃自然降解。包装的合理设计与生态设计相辅相成，既节约资源，又保护生态环境。Urban Forest 的颈枕包装（图 3-1-6）由硅胶材料制成，既可作为储物袋，又可用作充气泵，鼓励消费者重复使用。香奈儿为 N° 5 香水设计的降临节日历，采用了环保模制纸浆，每个小盒子上印有日期，整个产品在节日结束后可作为收纳盒使用，实现了包装的多功能性和循环利用性。

这些趋势和实践表明，可持续性和环保材料的应用正在成为包装设计的新标准。设计师正通过创新思维和实践，推动包装行业向更加环保、可持续的方向发展。随着消费者环保意识的提升和相关法规的完善，我们有理由相信，未来的包装设计将更加注重材料的可持续性，为地球的绿色未来贡献力量。

图 3-1-2　Peak State 可堆肥咖啡袋

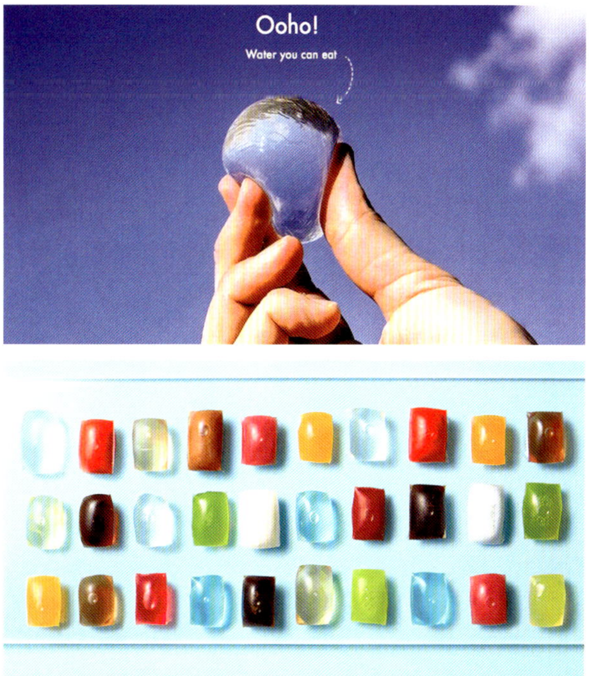

图 3-1-3　Ooho 包装

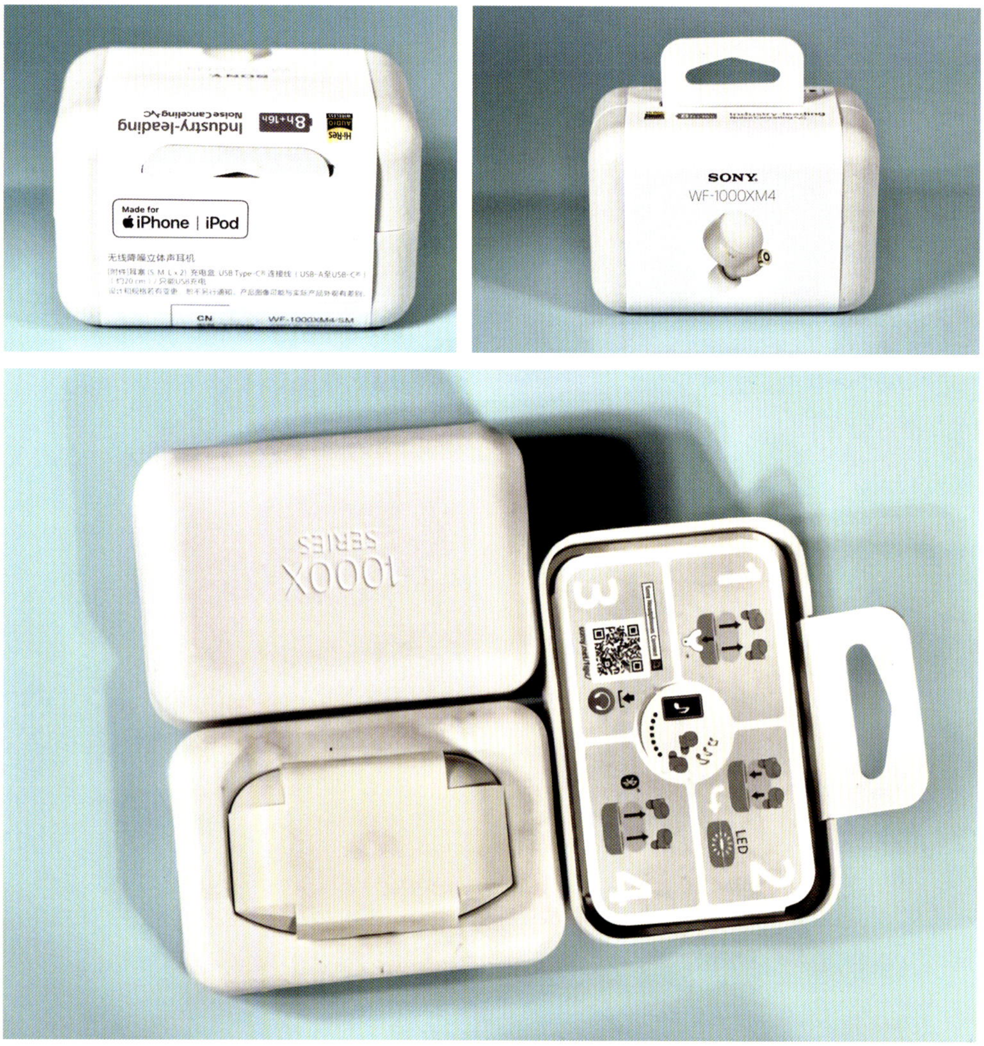

图 3-1-4　索尼的 WF-1000XM4 耳机包装　图片来源：AudioTOP 音频网

图 3-1-5　有声有色中秋礼盒包装　山田土

图 3-1-6　Urban Forest 的颈枕包装

二、智能化与技术融合——包装设计的科技革新

随着科技的飞速发展，智能化技术正逐渐渗透到包装设计的每个角落。这些技术的应用不仅提升了包装的功能和效率，还为消费者带来了前所未有的互动体验。以下是智能化技术在包装设计中的应用，以及这些创新是如何塑造包装行业的未来的。

（一）智能包装技术的发展

射频识别（RFID）和近场通信（NFC）技术的应用，为包装设计带来了革命性的变化。这些技术使得包装能够与智能设备进行无线通信，提供一种全新的互动方式。例如，RFID 标签可以嵌入包装中，用于追踪产品的生产、运输和销售过程，确保供应链的透明度和效率。NFC 技术则允许消费者通过智能手机与包装进行互动，获取产品信息、参与营销活动或直接进行购买（图 3-1-7）。这种技术的应用不仅提高了包装的功能性，也为品牌与消费者之间的互动提供了新平台。例如，沃尔玛和家乐福等大型零售商已经使用 RFID 技术来追踪农产品的来源，确保食品安全。通过扫描 RFID 标签，消费者可以了解到产品的种植地、收获日期等详细信息，增加了透明度和信任度。可口可乐公司在“Share a Coke”活动中，通过在瓶身上嵌入 NFC 芯片，消费者可以通过手机扫描参与互动游戏，分享个性化信息。这种创新的包装设计不仅提升了用户体验，也增强了品牌与消费者之间的互动。

（二）AR/VR 技术在包装设计中的应用，提升互动体验

增强现实（AR）和虚拟现实（VR）技术为包装设计带来了沉浸式的互动体验。通过 AR 技术，消费者可以通过手机或专用设备扫描包装上的特定图案，观看产品的 3D 模型或体验虚拟试穿、试妆等。例如，L'Oréal 的虚拟试妆应用，用户可以通过手机摄像头试用不同的妆容，这种创新的包装设计不仅提升了用户的购物体验，也增加了产品的吸引力。一些游戏公司在游戏包装中融入 VR 元素，如“Minecraft”的实体版包装（图 3-1-8），通过扫描包装上的二维码，玩家可以进入一个虚拟现实的建筑世界，这种设计让包装本身成为游戏体验的一部分。AR/VR 技术的应用不仅增强了消费者的购物乐趣，也为品牌提供了展示产品和讲述品牌故事的新方式，使商品及其包装对人类更具亲和力，使人机交互式沟通更为便捷，使得智能包装更加主动地呈现出物联网特性。

（三）智能追踪和数据分析，优化供应链管理

智能追踪技术结合大数据分析，正在改变包装

图 3-1-7　智能包装

图 3-1-8　“Minecraft”的实体版包装

设计和供应链管理的方式。通过在包装上嵌入智能追踪设备，企业能够实时监控产品的物流信息，预测库存需求，降低过剩或缺货的风险。同时，数据分析可以帮助企业更好地理解消费者行为，优化产品设计和营销策略。通过分析消费者的购买模式和偏好，企业可以设计出更符合市场需求的包装，提高产品的市场竞争力。

这些智能化技术的应用，正在推动包装设计向更加智能、互动和数据驱动的方向发展。例如，Dole Fresh Fruit 公司使用智能追踪技术来监控其水果从农场到消费者的整个过程。通过实时数据，公司能够确保产品新鲜度，同时减少因信息不透明导致的损失。随着技术的不断进步和成本的降低，未来我们有望看到更多创新的智能包装解决方案，为消费者带来更加便捷、个性化的购物体验，同时为企业和零售商提供更高效的运营方式。智能包装技术的发展，无疑将为包装设计行业带来新的增长点和无限可能。

三、个性化与定制化趋势——包装设计的个性化革命

在消费者需求日益多样化的今天，个性化和定制化已成为包装设计的新趋势。企业通过提供独特的包装设计，不仅能够吸引消费者的注意力，还能增强品牌忠诚度和市场竞争力。以下是个性化与定制化在包装设计中的应用，以及这些趋势是如何影响未来的市场发展的。

（一）消费者参与的个性化包装设计

消费者参与的个性化包装设计，意味着消费者在购买过程中可以根据自己的喜好和需求定制产品的外观和内容。这种趋势体现在许多品牌推出的定制化服务上，如可口可乐的“Share a Coke”活动（图 3-1-9），消费者可以选择在瓶身上印制自己的名字或特殊信息。此外，一些品牌还提供在线设计工具，让消费者可以自由选择图案、颜色和文字，创造出独一无二的包装。这种参与感不仅提升了消费者的购物体验，也使得产品更具个性化和情感价值。

（二）利用大数据和人工智能（AI）技术实现精准市场定位

大数据和人工智能（AI）技术的应用，使得企

图 3-1-9　可口可乐的“Share a Coke”包装

业能够更准确地理解消费者的需求和偏好。通过分析消费者的购买历史、在线行为和社交媒体互动，企业可以预测市场趋势，为不同消费群体设计定制化的包装。例如，AI 算法可以帮助企业识别目标消费者的喜好，从而设计出更符合他们审美和需求的包装。这种精准的市场定位策略，不仅提高了营销效率，也使得包装设计更加贴近消费者的真实需求。

（三）定制化包装满足特定消费者群体的需求

随着消费者对个性化和差异化产品的追求，定制化包装开始满足特定消费群体的需求。例如，对工艺品质有追求的消费者，企业可以定制特色工艺的包装设计与制作（图 3-1-10）。对环保意识较强的消费者，企业可以提供使用可再生材料和可降解包装的产品。对于追求健康生活的消费者，企业则可以设计出透明包装，让消费者直观看到产品的天然成分。此外，针对特定节日或文化活动，企业还可以推出限量版包装，以满足消费者对特殊时刻的纪念需求。

这些个性化和定制化的趋势，正在推动包装设计向更加灵活和多样化的方向发展。企业通过提供定制化的包装解决方案，不仅能更好地满足消费者的需求，还能在竞争激烈的市场中脱颖而出。随着技术的进步和消费者需求的不断变化，个性化和定制化包装设计将成为未来包装行业的主流趋势，为消费者带来更加丰富和个性化的购物体验。

四、简约与功能性设计——包装设计的实用主义回归

在快节奏的现代生活中，消费者越来越倾向于选择那些既简约又实用的产品。包装设计领域的简约与功能性趋势，正是对这一市场需求的回应。以下是简约与功能性设计在包装设计中的应用，以及这些趋势是如何影响消费者的选择和品牌策略的。

（一）简约风格的包装，强调功能性与实用性

简约风格的包装设计以其简洁的线条、清晰的布局和有限的色彩应用，传达出一种现代、高效

图 3-1-10　泾阳茯茶全运会定制版礼盒设计

图 3-1-11　透明或半透明的包装

的生活方式。这种设计风格不仅减少了视觉上的杂乱，还强调了包装的功能性。例如，一些食品品牌采用透明或半透明的包装（图 3-1-11），让消费者能够直观地看到产品本身，减少了不必要的装饰元素。此外，简约风格的包装往往更容易识别，有助于提升品牌在货架上的可见度。

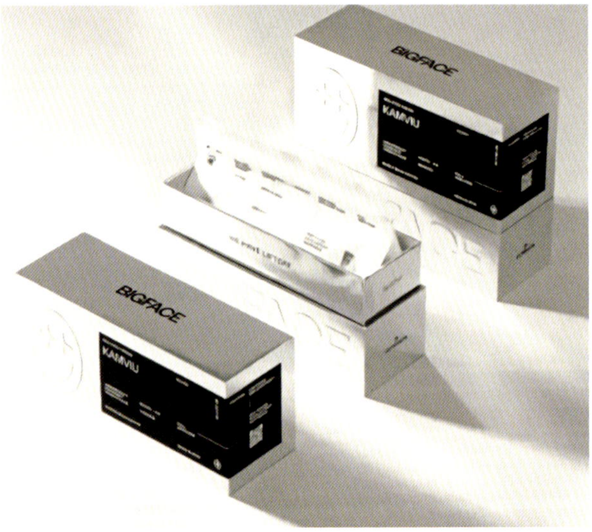

图 3-1-12　易打开包装

（二）设计中注重用户体验，简化开箱和使用过程

用户体验是简约与功能性设计的核心。设计师致力于创造易于打开、使用和储存的包装，以提升消费者的使用体验。例如，一些包装采用易撕口设计，使得消费者能够轻松打开（图 3-1-12）；而一些化妆品包装则采用磁吸式盖子（图 3-1-13），既方便使用又易于保持卫生。这些设计细节的考虑，不仅提高了产品的易用性，也体现了品牌对消费者需求的关注。

图 3-1-13　磁吸式盖子包装

（三）强调包装的多功能性

多功能性是简约与功能性设计的又一重要特点。设计师通过创新思维，赋予包装更多的用途。例如，一些饮料瓶设计成可重复使用的水杯，既

环保又实用；而一些礼品盒包装则可以转化为储物盒，增加了产品的附加值。这种多功能性的设计不仅延长了包装的使用寿命，也减少了资源浪费。

简约与功能性的设计趋势，反映了消费者对高效、便捷生活方式的追求。品牌通过提供简约、实用且具有多功能性的包装，不仅能满足消费者的基本需求，还能提升品牌形象，增强市场竞争力。随着消费者环保意识的提高和对生活品质的追求，简约与功能性的包装设计将继续成为未来包装行业的发展方向。

五、文化多样性与全球融合——包装设计的跨文化对话

在全球化的今天，文化多样性已成为包装设计领域的一大趋势。设计师通过在包装设计中融入多元文化元素，不仅促进了文化的理解和交流，也为品牌在全球市场上的本土化策略提供了新的思路。

（一）包装设计融入多元文化元素，促进文化理解和交流

包装设计作为文化传递的载体，其在促进文化理解和交流方面发挥着重要作用。设计师通过研究不同文化背景下的符号、色彩、图案和故事，将这些元素巧妙地融入包装设计中。例如，将非洲的图腾、亚洲的书法或拉丁美洲的民间艺术融入包装中，不仅为产品增添了独特的文化韵味，也让消费者在购买和使用过程中体验到不同文化的魅力。这种跨文化的包装设计不仅丰富了消费者的感官体验，也有助于打破文化隔阂，促进全球文化的相互尊重和理解。

（二）国际品牌本土化策略，适应不同市场的审美和文化需求

国际品牌在进入新市场时，往往需要采取本土化策略，以适应当地的审美和文化需求。这要求品牌在保持全球统一形象的同时，对包装设计进行适当的调整。例如，可口可乐在不同国家推出具有当地特色的限量版包装，如中国的春节特别版、巴西的世界杯版等，这些设计不仅吸引了当地消费者的注意，也加深了品牌与消费者之间的情感联系。通过这样的策略，国际品牌能够在尊重当地文化的同时，实现全球市场的拓展。

（三）设计语言全球化的同时，保持品牌核心价值的一致性

在全球化的背景下，设计语言的统一性对于品牌来说至关重要。设计师需要在包装设计中找到一种平衡，既要传达品牌的全球形象，又要体现地方文化特色。这要求设计师具备跨文化的设计思维，能够在不同文化之间架起沟通的桥梁。例如，苹果公司的产品包装设计简洁、现代，这种设计语言在全球范围内都得到了认可，同时，苹果公司也会根据不同市场的特点，对包装的细节进行微调，以更好地融入当地文化。这种设计策略不仅保持了品牌的一致性，也展现了品牌的灵活性和包容性。

总的来说，文化多样性与全球融合在包装设计中的应用，不仅为品牌提供了新的市场机遇，也为消费者带来了丰富的文化体验。设计师通过巧妙地融合多元文化元素，不仅促进了文化的交流与理解，也为品牌在全球市场上的成功打下了坚实的基础。随着全球化的不断深入，我们期待看到更多富有创意和包容性的包装设计，为世界带来更多色彩。

六、法规遵从与社会责任——包装设计的道德与法律基石

在全球化的市场环境中，包装设计不只要追求美观和功能性，更要严格遵守国际包装法规，强调社会责任，并通过设计传递品牌的社会价值。以下是包装设计在法规遵从与社会责任方面的应用，以及这些实践是如何影响行业的可持续发展的。

（一）严格遵守国际包装法规，确保产品安全合规

国际包装法规是确保产品安全、保护消费者权益的重要保障。设计师在创作过程中必须遵循这些法规，包括但不限于食品安全法规、标签法规、环保法规等。例如，欧盟的《包装和包装废弃物指令》（Packaging and Packaging Waste Directive）要求包装材料必须可回收或可再利用，以减少对环境的影响。在美国，食品药品监督管理局（FDA）对食品包装材料的安全性有严格的规定，设计师需要确保包装材料不含有害物质，不会对产品造成污染，同时包装上的信息必须真实、准确，不得误导消费者。中国的《限制商品过度包装要求——食品和化妆品》（GB 23350—2021）这一标准对食品和化妆品的包装提出了限制要求，包括包装空隙率、包装层数和包装成本，旨在减少过度包装。

（二）通过包装设计传递品牌的社会价值，强调社会责任

包装设计是品牌传达其社会责任和价值观的重要途径。许多品牌通过包装设计展示其对环保、人性关怀、公平贸易、动物福利等社会议题的关注。例如，联合利华设计了一款专属于残疾人士的香体剂“Degree Inclusive”（图 3-1-14）——易于开合的挂钩，易于识别的形状和盲文标记，更易于涂抹的大滚珠……包容性设计帮助各种残障人士解除汗味尴尬。

一些品牌选择使用可持续材料，如竹子或再生纸来制作包装，这不仅减少了对环境的破坏，也向消费者传达了品牌的环保理念（图 3-1-15）。此外，一些品牌在包装上标注社会责任信息，如“支持公平贸易”或“无动物测试”，这些信息增强了品牌的正面形象，同时鼓励消费者做出更负责任的购买决策。

（三）环保法规推动下的绿色包装设计，减少环境影响

随着环保法规的日益严格，绿色包装设计已成为包装行业的新趋势。例如，《中华人民共和国固体废物污染环境防治法》对包装废弃物的处理和回收提出了要求，强调了减少包装废弃物的产生，鼓励使用可回收和可降解的包装材料。设计师在设计过程中需要遵守法律，考虑如何减少包装材料的使用、提高包装的可回收性，以及如何通过设计延长包装的使用寿命。例如，设计师使用可降解的包装材料，这些材料在自然环境中可以自然降解。同时，设计师也在探索如何通过设计减少包装的体积，从而降低运输过程中的碳排放。这些绿色包装设计不仅有助于实现可持续发展目标，也为品牌赢得了市场竞争优势。

总的来说，遵守法规、具有社会责任是包装设计不可或缺的部分。设计师在创作过程中必须考虑法律法规的要求，同时通过包装设计传递品牌的社会责任，推动绿色包装的发展。这些实践不仅有助于保护消费者权益、提升品牌形象，也为实现全球可持续发展目标做出贡献。随着社会对环保和社会责任的日益重视，我们期待看到更多创新的包装设计，为构建更加绿色、公正的世界贡献力量。

除了上述特征，基于产业链更新发展的战略要求，未来的包装设计创新还需要跨地域、跨领域的合作平台。经济全球化的进程已经将包装业的发展置于一个全球化的平台上，国际间的合作势在必行。

思考与练习

1. 请你谈谈人工智能对品牌包装未来发展趋势的影响。

2. 作为未来设计师，你将如何应对未来包装设计的发展趋势?

图 3-1-14 “Degree Inclusive”香体剂包装

图 3-1-15 竹材包装

第二节　国内外获奖包装设计作品赏析

通过关注国际包装设计大赛，国际各类品牌包装设计大赛获奖作品，国际包装设计具有以下核心特征。

第一，文化与创新融合。优秀的包装设计往往巧妙地融合了地域文化元素与现代创新理念，通过独特的视觉语言和材料应用，创造出既有文化底蕴又具有时代感的产品形象。

第二，用户体验至上。包装设计注重实用性与便捷性，确保消费者在购买、使用和储存过程中的舒适体验。同时，包装设计也强调环保和可持续性，响应全球对绿色生活的追求。

第三，品牌与市场定位精准。包装设计紧密围绕品牌定位和市场需求，通过故事性、视觉冲击力和法规遵从性，有效传达品牌信息，增强市场竞争力。

一、国内获奖包装设计作品赏析

（一）小米骨传导耳机包装

奖项：2023 年 pentawards 铂金奖（家居、休闲及其他类）

获奖者：小米

小米骨传导耳机包装（图 3-2-1）的设计别出心裁，它区别于传统的几何外观，特别采用由竹子、甘蔗废料制作的天然纤维，按照耳机的造型压模而成。这款包装所使用的模制天然纤维解决方案可应对复杂的极简产品包装要求。对耳机的复杂线条进行包装是一项挑战，因为这要求包装材料具有高效、保护作用，并突出科技与艺术的融合。包装利用了纸浆模塑的可塑性，外形模仿了耳机产品的

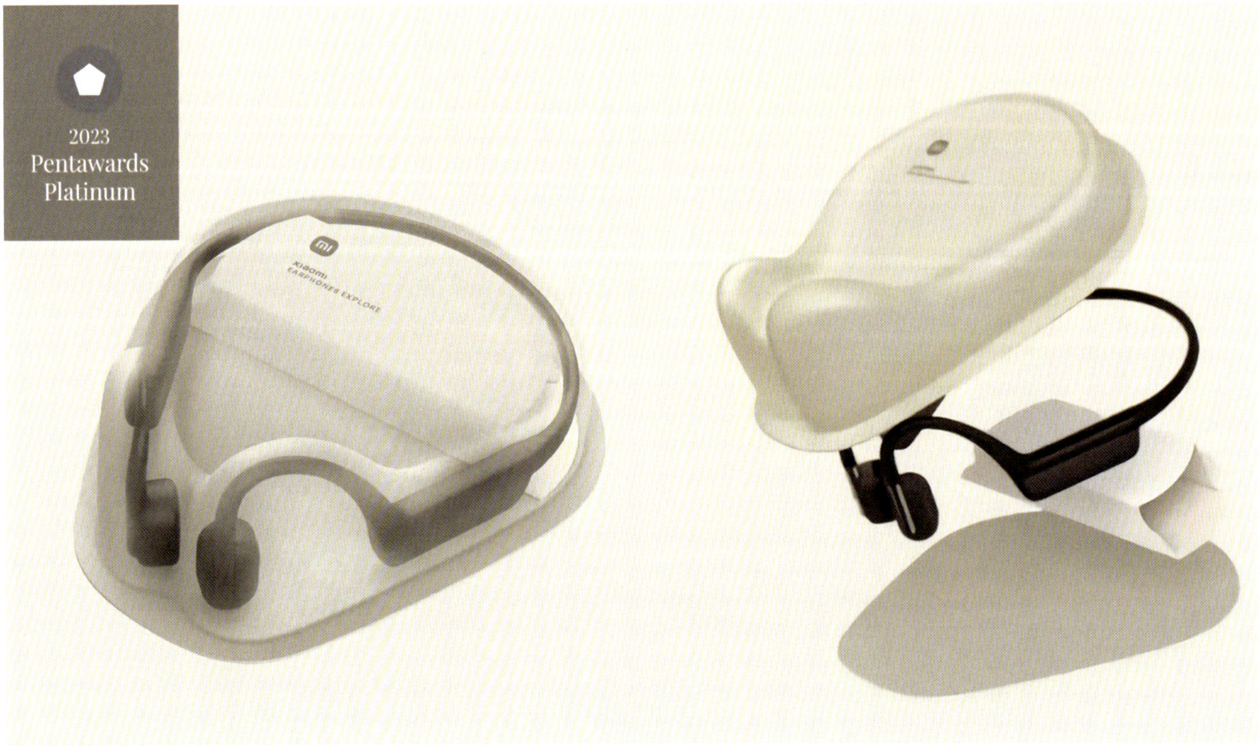

图 3-2-1　小米骨传导耳机包装

轮廓，使整件作品就像一件量身定做的外套，将产品紧紧包裹起来，同时兼顾了功能和美观的特点。

（二）壹品天物水包装

奖项：2023 年 pentawards 金奖（饮料类），2023 年德国红点奖

获奖者：中国深圳市甲古文创意设计有限公司

设计说明：壹品天物，以流动的自然为灵感，作为原始之美的探索者，打造更多符合现代人健康需求的优质好水。瓶身采用绿色，象征着自然与环保。圆锥体则呼应了泉水的来源，以及森林和山的形状。这款瓶身设计也让人联想到泉水源源不断的生命力，以及自然健康的品质（图 3-2-2）。

图 3-2-2　壹品天物水包装

（三）乐享其橙酒包装

奖项：2022 年德国红点设计奖

获奖者：武宽夫

设计说明：设计围绕“生态果园”概念，通过劳作的果农、动物、橘子树等勾勒出一幅美丽的图画。采用了极具个性的瓶形设计，体现了脐橙蒸馏酒的独特性和创新性。瓶体正背面使用了烤花纸工艺。外包装采用纸浆注塑成形，环保可降解（图 3-2-3）。

（四）台湾成功大学 90 周年纪念白酒包装

奖项：2023 年 iF 设计奖

获奖者：台湾泉池玻璃实业有限公司

设计说明：这是台湾成功大学（National Cheng Kung University）90 周年纪念白酒。酒瓶的环形瓶身代表了该校几十年来成就的积累，红绳的吊坠则传递着怀念之情（图 3-2-4）。

（五）The Good Cup 带一体式纸盖的纸杯

奖项：2023 年 iF 设计奖，2023 年德国红点奖

获奖者：选择行星 A

设计说明：全球每年生产的 5000 亿个一次性塑料杯产生了超过 100 万吨的塑料垃圾，设计师正在寻找方法来消除造成全球日益严重的环境危机的因素。The Good Cup 的创新是及时且必要的，一体化的设计在生产环节节省了成本，同时减少了存储和运输成本。其他所谓的环保杯会在产品的内部使用一种塑料涂层，但 The Good Cup 所使用的材料是 100% 可在家中堆肥的，且该产品经过认证可以在纸张流中回收，因此 The Good Cup 回收更快、更节能（图 3-2-5）。

图 3-2-3　乐享其橙酒包装

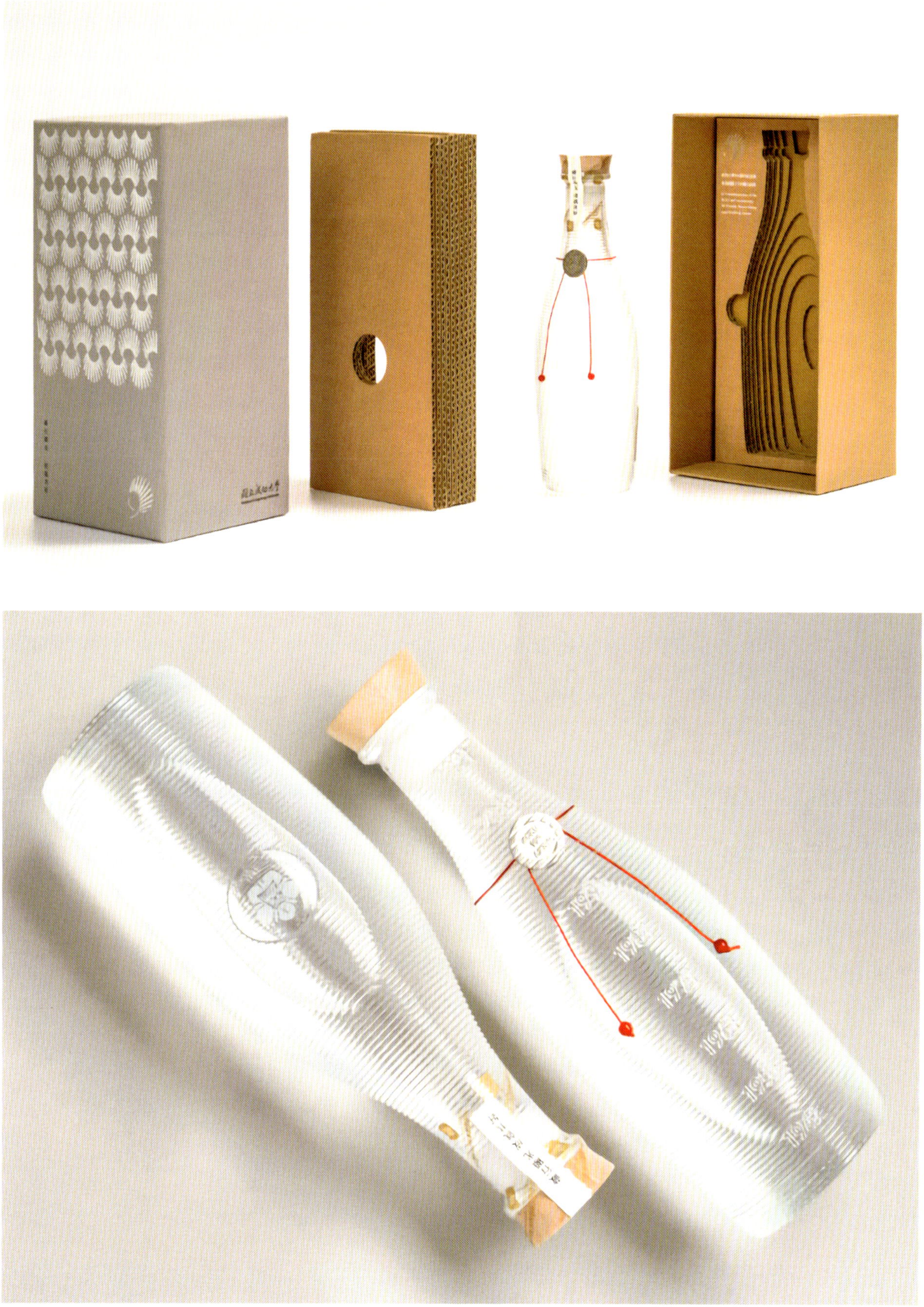

图 3-2-4　台湾成功大学 90 周年纪念白酒包装

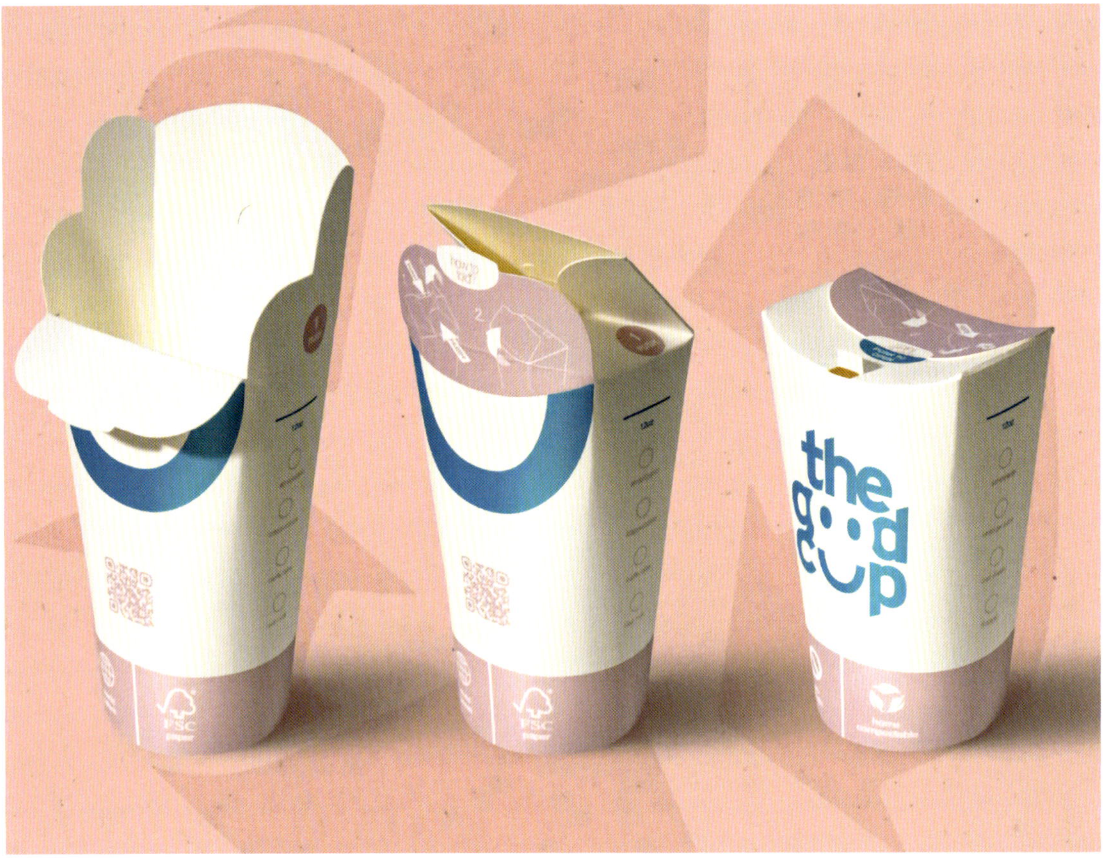

图 3-2-5　The Good Cup 带一体式纸盖的纸杯

（六）叁两山咖啡包装

奖项：2023 年 iF 设计奖

获奖者：贵州未名堂设计有限公司

设计说明：这是一款强调咖啡质量、摒弃不必要的浪费、最大限度地保证品质的咖啡包装。作品回归了包装设计的原始功能，没有夸张，只有真诚（图 3-2-6）。

图 3-2-6　叁两山咖啡包装

（七）在云端矿泉水包装

奖项：2023 年 iF 设计奖，2023 年德国红点奖

获奖者：深圳恩博科技有限公司

设计说明：云中落下的一滴水，山涧湖泊中流淌的矿泉水，就是大自然对人类最好的馈赠。在云端矿泉水包装的灵感，创造性地与云雨形成的自然现象相联系，强调空气质量对淡水资源利用的影响，呼吁人类保护自然。扁平的方形玻璃瓶便于携带，时尚简约的设计与环保主题相结合，使产品更具震撼力和神秘感（图 3-2-7）。

（八）“时间的朋友”白酒包装

奖项：2023 年 iF 设计奖

获奖者：四川光良酒业有限公司

设计说明：光良这款“时间的朋友”白酒包装，旨在提醒消费者友谊的珍贵。沙漏形的瓶子将时间的意义形象化，定格了与朋友畅饮的快乐时刻，也凸显了品牌对消费者享受和珍惜时间的渴望。瓶身顶部巧妙设计了一个相匹配的硬币形状开关，可以将瓶身拆分成两个更小的瓶子，与朋友分享，更有纪念意义（图 3-2-8）。

图 3-2-7　在云端矿泉水包装

图 3-2-8　“时间的朋友”白酒包装

（九）拾香园精油包装

奖项：2023 年德国红点奖

获奖者：乐芽（上海）生物技术有限公司

设计说明：创新设计的“似盒非盒的开放式包装盒”，采用可降解环保材质，集环保性、美观性和功能性于一体。德国进口 PE 长尾内塞和 PP 安全盖，既能防止儿童轻易开启，又能让精油不易挥发。深色玻璃瓶器，耐冲击并可循环利用（图 3-2-9）。

图 3-2-9　拾香园精油包装

（十）阿迪达斯 NEO Futro 混音卡带鞋盒

奖项：2023 年 pentawards 金奖（身体、健康与美容类）

获奖者：Anomaly

设计说明：复古时尚是现今的热门话题，什么单品能让你回味过去？阿迪达斯 NEO Futro 混音卡带鞋盒正是如此。这款鞋的设计灵感来源于 20 世纪 70 年代的经典跑鞋，配色与随身听鞋盒相呼应，采用多种颜色碰撞，既有层次感又具辨识度。鞋盒的设计灵感来源于随身听，打开方式相同，展现出复古韵味。鞋盒采用亚克力材质，质感出众，极具收藏价值。复古与未来的碰撞，展现了经典与活力的交叠（图 3-2-10）。

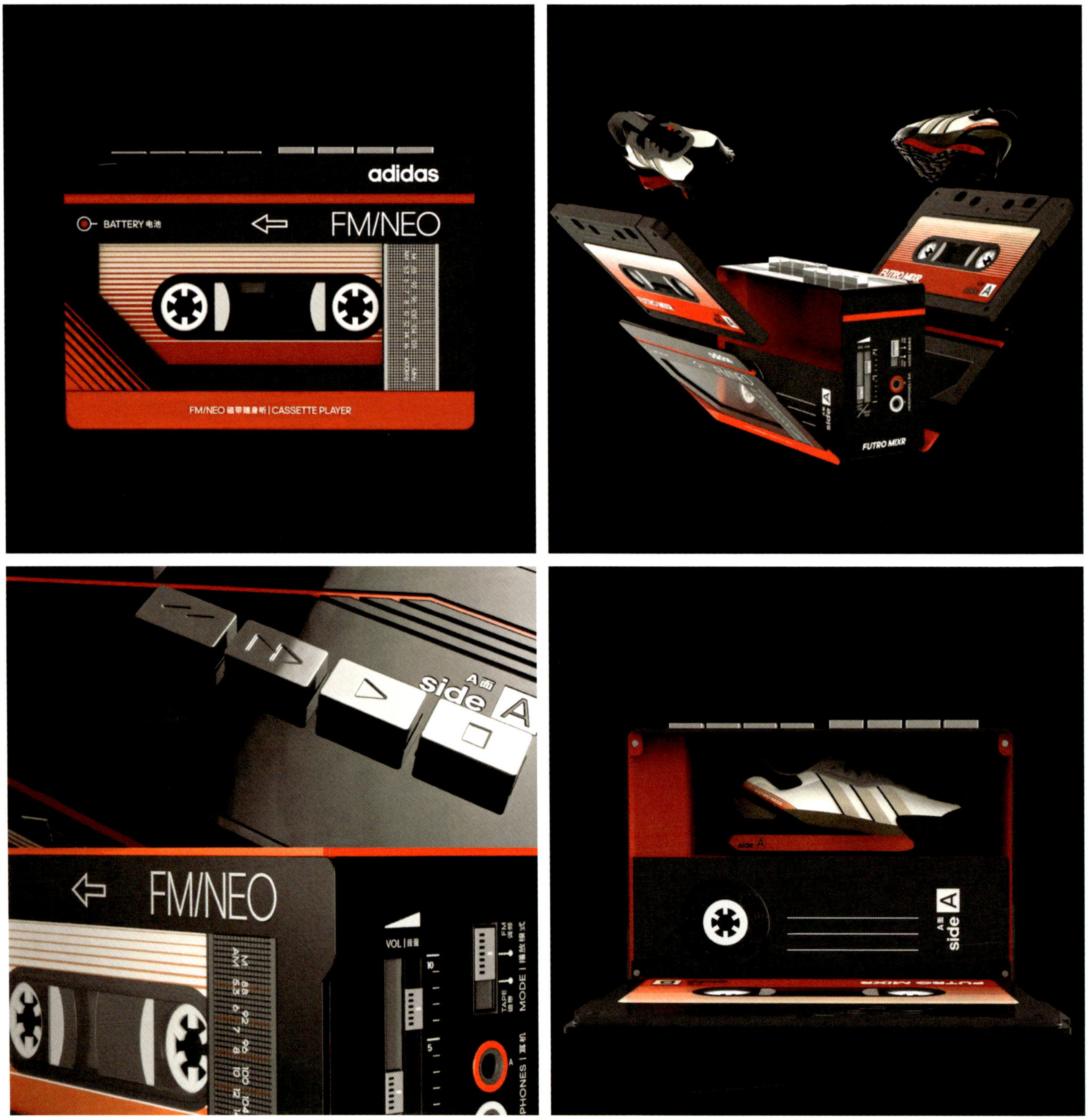

图 3-2-10　阿迪达斯 NEO Futro 混音卡带鞋盒

二、国外获奖包装设计作品赏析

（一）SALMARIM 调味品包装设计

奖项：2023 年德国红点设计至尊大奖

获奖者：坚果品牌（葡萄牙）

设计说明：这款设计是非常独特的，松软的材料结构造型成为易碎玻璃容器的天然保护屏障，不管是在物流中还是在家庭使用中，都使人感觉轻松自在。纸结构设计表面通过简约松紧有致的视觉元素安排，很好地传递了调味品的信息，结构本身又起到加固上盖与下盒、保护商品的作用（图 3-2-11）。

图 3-2-11　SALMARIM 调味品包装

（二）Casa Marrazzo 1934 酱料瓶包装

奖项：2023 年 pentawards 钻石奖（全场大奖）

获奖者：奥格设计（意大利）

设计说明：Casa Marrazzo 1934 酱料瓶是奥格设计为意大利酱料制造商 Casa Marrazzo 旗下优质酱料产品定制的包装设计。这款设计与 Casa Marrazzo 的经典怀旧风格相呼应，以独特性和高品质脱颖而出。它采用了丝网印刷工艺，将数十件家居物品的简约插画绘于酱料产品的玻璃瓶身。极具质朴感的白色几何插画图案与瓶内酱料的颜色相互映衬，增强了酱料产品的视觉表现力。瓶盖则使用了彩色烫金标签，呈现了别具匠心的吸睛设计（图 3-2-12）。这款设计体现了品牌的传统价值和工匠精神，赢得了 2023 年 pentawards 国际包装设计大奖的最高荣誉——钻石奖。

评委评语：“我们非常喜欢这个设计作品，它将全新的造型结构与精美、大胆的图案相结合，呈现了前所未有的创新设计。作品独具匠心、注重细节，与品牌的经典风格一脉相承，完美诠释了品牌形象。它生动地展现了不同设计元素的巧妙搭配，极具美感与震撼力，堪称惊艳。”（大卫·盖德，Mars Food 设计总监）

（三）Château Galoupet 桃红葡萄酒包装

奖项：2023 年 iF 奖

获奖者：巴黎未来品牌（法国）

设计说明：Château Galoupet 是普罗旺斯的一个酒庄，拥有独特的林地和葡萄树生态系统。该款产品灵感来自大自然，采用琥珀色生态玻璃瓶，由 70% 再生玻璃制成，瓶身上缀有手工制作的浮雕绘图。浮雕和蜡封等设计元素减少了印刷标签的使用，更具感性气质（图 3-2-13）。

图 3-2-12　Casa Marrazzo 1934 酱料瓶包装

图 3-2-13　Château Galoupet 桃红葡萄酒包装

（四）LAGG 威士忌包装

奖项：2023 年 pentawards 铂金奖（饮料类）

获奖者：Stranger & Stranger 设计工作室（英国）

设计说明：LAGG 威士忌的包装设计灵感来自苏格兰艾伦岛（Isle of Arran）上的自然风光，LAGG 酿酒厂正坐落于此。周边瓶身上的圆周线条代表了山脉和海岸波浪，圆形封口向传统的泥煤切割工具致敬，与岛上以盛产泥煤而著称的事实相呼应。LAGG 采用了大胆的品牌设计，与包装相得益彰，也反映了该品牌威士忌的来源（图 3-2-14）。

评委评语：“说实话，在众多优秀参赛作品中选出最佳设计是非常艰难的，而 LAGG 威士忌包装之所以在激烈竞争中脱颖而出，是因为这款作品打破了常规，以不落俗套的方式向原产地致敬，还直观地展现了 LAGG 威士忌的别致风味。”（乔•史密斯、帝亚吉欧——设计与视觉形象负责人）

（五）“PICK UP！”饼干包装

奖项：2023 年 pentawards 铂金奖（食品类）

获奖者：奥格设计（意大利）

设计说明：Auge Design 成功为德国家族企业百乐顺旗下的甜饼品牌“PICK UP！”重塑了包装，帮助其展现更加年轻、充满活力的品牌形象（图 3-2-15）。Auge Design 以不同尺寸和颜色的焕新设计为不同口味的饼干打造了独一无二的包装，使它们更易于区分。这款包装设计从外部纸盒到内部的箔纸包装，无不展现出品牌的个性与态度。此外，Auge Design 还从 20 世纪 90 年代的品牌设计中汲取灵感，对“PICK UP！”的品牌标识进行了现代化设计；同时，统一使用了明快、鲜艳的黄色字体展示品牌名称，使产品包装更显青春活力。

（六）“白日梦”香氛系列包装

奖项：2023 年 pentawards 铂金奖

获奖者：Vincent Villeger（英国）

设计说明：“白日梦”香氛系列为保加利亚时

图 3-2-14　LAGG 威士忌包装

尚品牌 By Far 旗下产品（图 3-2-16）。Vincent Villeger 为该系列产品的包装进行了设计，以消费者互动为核心理念，重新定义了香氛产品。该系列产品与传统香水不同，除了 100mL 的正装，还包括可以反复灌装 20mL 香水的随行香水挂件。随行香水挂件按季上新，消费者可在 7 种香型、6 种颜

图 3-2-15 “PICK UP！”饼干包装

图 3-2-16 “白日梦”香氛系列包装

色和 4 款皮带配件中任意挑选，自由搭配，可选组合多达 168 种，充分表达他们的个性。

评委评语：“这件作品获胜的原因在于它既美观又实用，设计意图传达清晰明确。它不是为了设计而设计，其中的每处细节都将功能发挥到了极致。”（奇洛·坦普尔曼、比格·菲什——创意执行总监）

（七）BIGFACE 咖啡包装

奖项：2023 年 pentawards 铂金奖

获奖者：Zenpack 设计工作室（美国）

设计说明：BIGFACE 是 NBA 迈阿密热火队球星吉米·巴特勒于 2020 年推出的咖啡品牌（图 3-2-17）。Zenpack 设计工作室以“突破常规、超越想象”为目标，为 BIGFACE 咖啡特别打造了包装设计。咖啡包装盒的盒身边缘平整，使整体盒型极具质感，其中，黑、白、银三色包装盒分别代表了浓缩咖啡、混合风味咖啡和浅焙咖啡。盒外采用纸质浮雕设计，呈现了立体文字与图案，盒内的咖啡则以黑、白半透明袋或银箔袋包装。此外，包装盒还配备了防伪安全贴纸，以及含有产品介绍信息的标签，消费者可以通过扫描二维码来获取咖啡产地的卫星图像和详细信息。

评委评语：“在咖啡的包装设计中，很容易采用完全不同的设计方向，也很容易采用更传统的方式，但这个作品的设计者打破了所有的规则。他们确实做出了一个与众不同的设计，无论是外包装、内包装还是对包装整体而言，都做到了让人会心一笑。产生的这种情感联系在设计中是很难做到的，他们却成功了。”（安尼塔·库伊特——华特迪士尼公司品牌与包装部全球产品创意总监）

图 3-2-17　BIGFACE 咖啡包装

（八）ECOALF 个人护理产品系列包装

奖项：2023 年 pentawards 铂金奖（可持续设计类）

获奖作品：ECOALF 个人护理产品系列包装

获奖者：Lavernia & Cienfuegos 设计工作室（西班牙）

设计说明：西班牙可持续时尚品牌 ECOALF 一贯以海洋塑料垃圾为包装材料，遵循环保理念。Lavernia & Cienfuegos 设计工作室为 ECOALF 的个人护理产品系列进行了符合产品定位的包装设计（图 3-2-18），还完整参与了产品和配方的开发，与 ECOALF 共同打造多功能、高效益的产品生产线，其中就包括固体或粉状产品。这类不含水分的产品，可以使用更轻、更环保的包装材料代替传统的塑料瓶包装，实现可持续的包装设计，而 Lavernia & Cienfuegos 设计工作室就采用了可重复使用的铝制容器和环保的外包装材料，为消费者提供更加绿色环保的产品消费体验。

评委评语：“我认为，从可持续发展的角度来看，铂金奖获得者的包装设计都是可重复使用的。这款包装的设计团队重新思考了包装的配方、手感，以及呈现出你想与它接触的方式。各个角度的问题、每种材料和组件都被设计者考虑到了，包

图 3-2-18　ECOALF 个人护理产品系列包装

装外观看起来也非常漂亮，所有方面都是一流的设计。它是当之无愧的冠军。”（珍妮•格林伍德、巴特利•坎农——创新与可持续发展经理）

（九）Cute Cure 医疗套装包装

奖项：2023 年 pentawards 铂金奖（专业概念设计类）

获奖作品：Cute Cure 医疗套装

获奖者：Cute Cure 志愿行动（立陶宛）

设计说明：非营利项目 Cute Cure 志愿行动推出了 Cute Cure 医疗套装，旨在通过提供基于故事性的包装解决方案，为接受长期医疗护理的儿童提供支持。创新的包装设计包括以动物为主题的 12 种封套，用于放置各种药物，提供情感安慰和激励。这款包装也可重复使用，促进了可持续发展。包装具有药物存储、纸质玩偶和房间装饰等多种用途（图 3-2-19）。此外，每个包装上都有一个用于艺术治疗的涂色空间，将可爱的 Cute Cure 故事角色变成陪伴的英雄。

图 3-2-19　Cute Cure 医疗套装包装

（十）飞利浦 OneBlade 包装

奖项：2023 年德国红点设计大奖至尊奖

获奖者：飞利浦体验设计、飞利浦结构包装设计（荷兰）

设计说明：使用易降解纸质悬挂一体式结构，设计有利于卖场悬挂展陈。视觉设计色彩感染力强，商品信息醒目，产品形象生动直观，有很好的视觉沟通效果，能使消费者在瞬间对产品特性一目了然，并做出购买选择（图 3-2-20）。

思考与练习

通过欣赏国际设计大赛中的获奖品牌包装设计作品，你觉得国内与国外的获奖包装作品相同特征有哪些？区别有哪些？

图 3-2-20　飞利浦 OneBlade 包装

参考资料

[1] 陈玉婷、熊科：《基于 4V 理论下老字号化妆品的品牌重塑研究——以百雀羚为例》，《现代商业》，2023 年第 3 期。

[2] 张宇征：《包装的力量》，机械工业出版社，2023。

[3] 何洁等编著：《现代包装设计》，清华大学出版社 , 2016。

[4] 唐帆：《传统文化内涵挖掘与包装设计本土化创新》，《文化创新比较研究》，2019 年第 22 期。

[5] 李立新：《中国设计需要有自己的语言——李立新谈“设计与文化”》，《设计》，2020 年第 2 期。

[6]〔日〕原研哉：《设计中的设计》，朱锷译，山东人民出版社，2008。

[7] 郑杭生：《论“传统”的现代性变迁——一种社会学视野》，《学习与实践》，2012 年第 1 期。

[8] 司马云杰：《文化社会学》，华夏出版社，2016。

[9] 彭修银、李娟：《解构与建构——德里达解构主义理论与徐冰艺术创作策略》，《文艺理论研究》，2010 年第 3 期。

[10] 张艳平主编：《产品包装设计》，东南大学出版社，2014。

[11] 赵佐良编著：《设计策略与表现》，上海画报出版社，2012。

[12][英] 加文 • 安布罗斯、[英] 保罗 • 哈里斯：《创造品牌的包装设计》，张馥玫译，中国青年出版社，2012。

[13] 王雅雯编著：《包装设计方法与解析专业教程》，人民邮电出版社，2023。

[14][英] 希琳 • 史密斯：《品牌力量 : 用品牌和知识产权策略抓住新商机》，中国科学技术出版社，2022。

[15][荷] 乔瑞 • 范 • 登 • 伯格、[荷] 马蒂亚斯 • 波赫尔：《品牌年轻化》，王琼、朱敏、汪雅文译，中信出版集团，2019。

[16] 彭冲：《赢战包装：竞争策略下的品牌包装设计》，中国建筑工业出版社，2021。

[17]gaatii 光体编著：《拆包装：从客户需求到成品的包装设计奖创意全过程 》，岭南美术出版社，2020。

[18] 包联网编：《包装作品年鉴 2019—2020》，文化发展出版社，2020。

[19] 包联网编：《包装作品年鉴 2021》，文化发展出版社，2021。

[20] 包联网编：《包装作品年鉴 2022—2023》，文化发展出版社，2023。

后记

2024年，是我踏入品牌包装设计领域的第20个年头。心中始终怀揣着一个梦想：除了继续我的商业设计工作，我渴望能有机会为中国的设计教育事业贡献自己的绵薄之力。

两年前，受路玲娟教授的邀请，我们共同编纂了这本关于品牌包装设计的教材。这本书并非仅凭笔力撰写，而是我在20余年的设计实践与探索中、从无数成功与失败的设计项目中萃取出来的朴素的设计观。它同样凝聚了路玲娟教授及众多教育工作者的教学智慧。因此，我们将这本书命名为《品牌包装项目实战教程》，旨在将理论与实践相结合，为设计学子们提供一本真正能够指导他们走向实战的宝典。

在这本书的编写过程中，我深刻体会到了设计教育的重要性。设计不仅仅是一种技能，更是一种思考方式、一种生活态度。木心先生曾说："艺术是要有所牺牲的。"包装设计，作为一门艺术，同样需要我们投入极大的热情与心血。最让我感慨的是，每年我接触到的无数毕业生在步入职场时，往往缺乏接触商业案例的机会。我希望通过这本书，能够让学生们理解到，设计不仅仅是表面的美观，更是一种深入人心的力量。

一个品牌的成长，从品牌平台的构建、品牌故事的讲述、品牌文化的塑造、品牌视觉的呈现、品牌信任的建立，到品牌定位的精准、核心价值的提炼、核心卖点的突出，再到品类创新的突破，每一步都离不开实战的磨砺与深刻的理解。我们希望学生们能够通过这本教材，不仅学会设计技巧，更能够学会如何将设计融入生活，如何通过设计去影响和改变生活。

一个人之所以显得有趣，是因为他的灵魂在空灵的世界中游荡，释放出更空灵的内心，为高贵的灵魂腾出一片奢侈的空间。我将这片空间称为"悟空"。在这样的空间里，你的设计作品才能保持纯净，不被世俗所扰。我希望这本教材能够成为学生们的"悟空"，帮助他们在设计的道路上，保持内心的纯净与热情。设计如同修行，需向内探索，而非外求。热爱生活，保持童心，所有的佳作，皆源于内心的真诚与热爱。

感谢所有参与这本教材编写的同仁们，感谢你们的智慧与汗水。感谢所有即将阅读这本教材的学生们，感谢你们对设计的热情与执着。愿这本教材能够成为你们设计道路上的一盏明灯，照亮你们前行的道路。

梅竞放

2024年7月25日于杭州